湖北省社会科学基金委托项目

历史在江城拐弯

中共中央在武汉全景录

方城 著

中共党史出版社

图书在版编目(CIP)数据

历史在江城拐弯:中共中央在武汉全景录 / 方城著
. -- 北京:中共党史出版社,2024.1
ISBN 978-7-5098-6420-3

Ⅰ.①历… Ⅱ.①方… Ⅲ.①中国共产党—党史—
1927 Ⅳ.①D23

中国国家版本馆 CIP 数据核字(2023)第 210129 号

书　　名:历史在江城拐弯——中共中央在武汉全景录
作　　者:方城

出版发行:中共党史出版社
责任编辑:赵雨　安胡刚(特约)
责任校对:申宁
责任印制:段文超
社　　址:北京市海淀区芙蓉里南街 6 号院 1 号楼　邮编:100080
网　　址:www.dscbs.com
经　　销:新华书店
印　　刷:北京汇林印务有限公司
开　　本:710mm × 1000mm　1/16
字　　数:240 千字
印　　张:17.5
版　　次:2024 年 1 月第 1 版
印　　次:2024 年 1 月第 1 次印刷
书　　号:ISBN 978-7-5098-6420-3
定　　价:45.00 元

此书如有印装质量问题,请联系中共党史出版社读者服务部　电话:010-83072535

序

石仲泉

今年“七一”前夕，方城同志打来电话，探问我疫情期间的情况。同时告诉我，他应中共党史出版社之约，在抗疫期间完成《历史在江城拐弯——中共中央在武汉全景录》书稿，还是想请我作序。前些年，方城同志先后与人合作的《烟雨莽苍苍——中共五大全景录》和《正是天塌地陷时——八七会议全景录》，都是请我写的序，这次我自然也不能推辞。

2014 年 1 月，习近平总书记对筹建武汉中共中央机关旧址纪念馆的报告作出重要批示，特别强调“修旧如旧，保留原貌，防止建设性破坏”。习近平总书记之所以如此重视武汉中共中央机关旧址的保护利用，是因为武汉中共中央机关旧址作为中国共产党早期革命活动的重要历史见证，承载着中国共产党历史上一段惊心动魄的探路岁月。武汉之所以成为英雄的城市，这段历史发挥了极其重要的作用。

中国共产党领导中国革命 28 年经历过多次重要转折。第一次重要转折——大革命运动由胜利走向失败，就发生在武汉。这时的中共中央机关，也是第三次离开它的诞生地上海而搬至大革命运动的中心地，以便直接领导轰轰烈烈的大革命。但是历史发展的逻辑往往与人们的主观愿望相悖，希冀胜利，却走向失败。

1927 年中共中央在武汉奋斗的历史，是中国共产党探索中国革命道路历程中极为曲折艰难的重要阶段。短短几个月，胜利和失败、高潮和低潮、顺境和逆境接踵交织，跌宕起伏。幼年时期的中国共产党在统一战线、武装斗争和党的建设三个基本方面尚缺乏经验，还不善于识别和对待以各种面目出现的敌人和同盟者，在成长的道路上留下了沉痛的教训，付出了难以避免的代价。但是，始终顺应历史潮流的中国共产党人从未停止探索前行的脚步，也决不为反动派的屠杀所吓倒。他们以坚定的信念、顽强的意志和聪颖的智慧，在绝境中奋起，纠正自身的错误，勇敢承担起挽救革命的历史使命，并逐步找到了一条推动中国革命走向胜利的道路。因此，从这方面说，武汉又是中国共产党走向新生的策源地。

中共中央在武汉期间有两起重大历史事件，一是召开中共五大，二是召开八七会议。2011 年，为纪念中国共产党成立 90 周年，方城同志应湖北人民出版社之约，与几位同志合作撰写《烟雨莽苍苍——中共五大全景录》。2017 年，为纪念八七会议召开 90 周年，方城同志又与两位同志合作撰写《正是天塌地陷时——八七会议全景录》，由中共党史出版社出版。这两本书均为纪实性学术著作，融学术性与文学性于一体，所以深受广大读者特别是各级干部欢迎。今年，为纪念中国共产党成立 100 周年，方城同志又应中共党史出版社之约，独力撰写《历史在江城拐弯——中共中央在武汉全景录》，填补整体反映中共中央在武汉历史的学术空白。它与前两本书一起，构成全面系统反映 1927 年中共中央在武汉历史的完整系列。

我看完方城同志发来的《历史在江城拐弯——中共中央在武汉全景录》书稿，感到这本书的写作仍然沿用了前两本书的方法，也是方城同志长期坚持的研究和表述党史的方法。一是历史把握。前设序章，后述结语，将中共中央在武汉的历史放在整个新民主主义革命时期乃至中国近现代历史的过程展现。二是整体把握。从中共中央领导重心向武汉转移到中共中央迁离武汉，全方位反映中共中央在此期间的重要活动。三是人文把握。在整体反映中共中央活动的同时，尽可能具体地表现历史人物的活动。四是审美把握。在表述历史的时候，注重对历史过程、历史人物、历史活动审美内涵的挖掘及所蕴含的革命精神的表现。本书与前两本书不同的是反映了更多的历史文献，这是表现中共中央活动特点的需要。这样无疑带来增强可读性的难度。欣慰的是，方城同志通过在表现手法上下功夫，解决了这一难题。

我是湖北游子，对家乡的历史很关注。我多次考察过武汉，十多年前也踏访过中共中央机关在武汉的旧址。那些旧址的面貌至今还历历在目，是我脑海中鲜活的红色资源。方城同志的《历史在江城拐弯——中共中央在武汉全景录》一书，通过讲述 1927 年中共中央在武汉奋斗的历史故事，就将 90 多年前的那段惊心动魄的革命情景激活再现了。本书透过历史真实揭示历史发展规律，表现历史审美内涵，也彰显了这段历史“不忘初心、牢记使命、继续前进”的时代价值，回答了“中国共产党为什么能”这个时代之问。

我相信，新时代共产党人能够通过这本书同先辈先烈对话、对照，从党的非凡历史中找寻初心、激励使命，并不断守护初心、担当使命，向党和人民交出满意答卷。

是为序。

2020 年 7 月于北京

（作者系著名中共党史学家、研究员，原中共中央党史研究室副主任）

目 录

CONTENTS

序章　壮志凌云

中国是一个有着数千年历史的文明古国。中华民族以自己的勤劳和智慧，曾经创造出世界上独领风骚的灿烂的物质文明和精神文明。然而，从1840年第一次鸦片战争开始，中国开始由一个独立的封建国家逐步成为半殖民地半封建社会，中华民族和中国人民沦入亡国灭种的边缘。这时，历史向全体中国人民提出两项非常严峻、非常紧迫的历史任务，这就是争取民族独立、人民解放，实现国家富强、人民幸福。为了完成这两项历史任务，历代中国人民和无数仁人志士进行80年艰辛探索和浴血奋斗，包括历次反抗帝国主义侵略的战争，以洋务运动为代表的统治阶级中有识之士的探索，以太平天国为代表的农民起义，以戊戌变法为代表的资产阶级改良派维新运动，以孙中山为代表的资产阶级革命派领导的辛亥革命，却全部以失败告终。这失败的原因，就是没有找到能够指导中国人民进行反帝反封建革命的先进理论，没有找到能够领导中国社会变革的先进社会力量。所以，这时历史就急切地呼唤这种力量。就在这时，这种以先进理论指导的先进社会力量诞生了！它，就是中国共产党！

1921年7月23日，在上海法租界望志路106号一座石库门房子里，中国共产党第一次全国代表大会召开，宣告中国共产党正式成立。从此，在古老落后的中国出现了完全新式的，以马克思列宁主义为行动指南的，以实现社会主义和共产主义为奋斗目标的统一的无产阶级政党。这是中国历史上开天辟地的大事件！

中国共产党从1921年7月在上海成立，到1933年1月中共临时中央政治局被迫迁至中央革命根据地瑞金，中央机关大部分时间在上海，中间曾三次短期迁移其他城市。第一次是 1922 年 10 月由上海迁到北京，为的是领导已经形成高潮的第一次工人运动，不料 1923 年 2 月京汉铁路工人大罢工失败，4 月又由北京迁回上海。第二次是 1923 年 5 月由上海迁往广州，为的是召开第三次全国代表大会，6 月三大召开以后，8 月再迁回上海。第三次是 1927 年 4 月由上海迁移到武汉，10 月再迁回上海。比起前两次迁移，这一次面临的形势大不一样，出现的情况前所未有。中共中央为什么在 1927 年迁移武汉呢？这还得从 1921 年中共一大说起。

中共一大通过的《中国共产党的第一个纲领》明确将“本党定名为‘中国共产党’”，规定“本党纲领如下：（1）革命军队必须与无产阶级一起推翻资本家阶级的政权，必须支援工人阶级，直到社会的阶级区分消除为止；（2）承认无产阶级专政，直到阶级斗争结束，即直到消灭社会的阶级区分；（3）消灭资本家私有制，没收机器、土地、厂房和半成品等生产资料，归社会所有；（4）联合第三国际”。这个纲领表明中国共产党从建党之日就立下凌云壮志，旗帜鲜明地把实现社会主义、共产主义作为自己的奋斗目标，同时表明这时中国的共产主义者还没有深刻认识中国国情和中国革命的特殊性，只是从十月革命胜利后的世界总体形势出发，得出中国革命必然是以无产阶级为主体的社会主义革命的结论。

此后一年里，中国共产党集中全力从事工人运动，同时在宣传马克思主义，发展党、团组织，开展农民运动、妇女运动和探索同国民党建立联合战线等方面取得明显成绩。为加强对工人运动的统一领导，中共中央局在上海成立领导工人运动的公开机构——中国劳动组合书记部。随后，又在北京、汉口、长沙、广州、济南成立北方、武汉、湖南、广东、山东分部。各分部在本地区开设工人夜校，创办工人刊物，领导罢工斗争。从 1921 年下半年开始，上海、武汉、广东、湖南、直隶、长沙等省市和航运、铁路、采矿等行业相继爆发工人罢工斗争。1922 年 1 月，震惊中外的香港海员大罢工爆发，标志全国第一次工人运动形成高潮。5 月，第一次全国劳动大会召开，成为全国第一次工人运动高潮向纵深发展的标志。

一年的马克思主义学习和革命斗争实践，使中国共产党对国际国内形势、中国社会状况和中国革命基本问题有了进一步认识。1922 年 6 月 15 日，中共中央发表《中国共产党对于时局的主张》，第一次就中国民主革命的重大问题向社会各界公开自己的政治主张。《中国共产党对于时局的主张》明确指出，帝国主义的侵略和军阀政治是中国内忧外患的根源，也是人民遭受苦难的根源；解决时局问题的关键，是用革命手段打倒帝国主义和封建军阀，建立民主政治。同时庄严宣告，为了完成无产阶级在目前最迫切的任务，中国共产党主张同国民党等革命党派及其他革命团体建立民主主义联合战线，反对共同的敌人。这是中国共产党运用马克思列宁主义分析中国社会状况、解决中国革命问题的新起点，为党的第二次全国代表大会完成制定党的民主革命纲领的历史任务奠定了基础。

1922 年 7 月 16 日，中国共产党第二次全国代表大会第一次全体会议在上海原公共租界南成都路辅德里 625 号召开。中共二大讨论并通过《中国共产党第二次全国代表大会宣言》。这篇由中共中央局书记陈独秀执笔起草的宣言，是中共二大最重要的成果，是一份具有重大历史意义的文件。宣言在分析资本主义、帝国主义列强侵略中国和中国社会演变为半殖民地半封建社会的历史以后，重申一大纲领所规定的党的最终奋斗目标即党的最高纲领，这就是“组织无产阶级，用阶级斗争的手段，建立劳农专政的政治，铲除私有财产制度，渐次达到一个共产主义的社会”。接着，提出党的当前奋斗目标即党的最低纲领，这就是“消除内乱，打倒军阀，建设国内和平”，“推翻国际帝国主义的压迫，达到中华民族完全独立”，“统一中国本部（东三省在内）为真正民主共和国”；为了实现这个奋斗目标，中国共产党要“使工人和贫农与小资产阶级建立民主主义的联合战线”。宣言提出的革命纲领，既坚持和包含无产阶级政党为实现共产主义而奋斗的最高理想，又第一次明确提出党在现阶段的行动方针和革命任务是进行反帝反封建的民主革命。这表明成立仅一年的中国共产党，就能够从中国国情出发，初步认识最低纲领与最高纲领的关系，开始认识到中国革命必须分“两步走”，从而为中国人民指明了争取民族解放的唯一正确道路，为轰轰烈烈的大革命做了思想上和理论上的准备，并为后来继续探索中国革命道路奠定了基础。

中共二大以后，全国第一次工人运动高潮持续发展。1923 年 2 月 4 日，以汉口江岸为中心的京汉铁路工人大罢工爆发，将全国第一次工人运动高潮推上顶点。可是，罢工爆发仅三天，北洋军阀即残酷镇压，造成二七惨案，致使全国第一次工人运动高潮跌入低谷。严峻的形势迫切要求中国共产党认真总结经验教训，把革命继续推向前进。从 1922 年 1 月到 1923 年 2 月，中国共产党领导的第一次工人运动高潮，前后持续 13 个月之久。在此期间，爆发的罢工斗争 100 多次，参加罢工的工人 30 万以上。第一次工人运动高潮之所以能够持续 13 个月，根本原因就是中国共产党能够领导和依靠工人阶级，组织广大工人群众为自身利益奋斗。而第一次工人运动高潮迅速从顶点跌入低谷，又为中国共产党提供了两条深刻的历史教训。第一，工人阶级不能孤军奋斗，必须争取一切可能的同盟军。第二，中国革命不能光搞罢工等合法斗争，还得搞武装斗争，因为革命的对象是武装到牙齿的反动派。年幼的中国共产党正是带着这些经验教训，进入以国共合作为基础的大革命时期。

1923 年 6 月 12 日至 30 日，中国共产党第三次全国代表大会在广州东山区恤孤院后街 31 号举行。中共三大主要是解决与国民党合作的问题。中共二大提出“建立民主主义的联合战线”以后，中共中央就相继派李大钊、陈独秀同孙中山等国民党领导人会晤，商谈国共合作问题。可是，共产党人主张两党实行党外合作，孙中山只同意共产党员以个人身份加入国民党，难以达成一致。后来，共产国际代表马林认为应当接受孙中山意见的建议得到共产国际批准，中共中央专门在杭州西湖召开会议讨论，决定在孙中山改组国民党的条件下，共产党员以个人身份加入国民党，实行党内合作。

中共三大通过的《关于国民运动及国民党问题的议决案》指出：“在被国际帝国主义压迫之殖民地及半殖民地，只有实现国民革命对帝国主义以有力的打击，是他在世界的革命之工作中所应尽的职务。”“此时统治中国的是封建的军阀，不是资产阶级。军阀政府名为独立政府，其实事事听命于帝国主义的列强，不啻是他们的代理人……所以半殖民地的中国，应该以国民革命运动为中心工作，以解除内外压迫。”然而，“工人阶级尚未强大起来，自然不能发生一个强大的共产党——一个大群众的党，以应目前革命之需要。因此，共产国际执行委员会议决中国共产党须与中国国民党合作，共产党党员应加入国民党。中国共产党中央执行委员会曾感此必要，遵行此议决，此次全国大会亦通过此议决”。同时，“我们加入国民党，但仍旧保存我们的组织，并须努力从各工人团体中，从国民党左派中，吸收真有阶级觉悟的分子，渐渐扩大我们的组织，谨严我们的纪律，以立强大的群众共产党之基础”。

国民党这时是民族资产阶级政党，领袖是孙中山。同国民党合作，是贯彻中共二大制定的民主革命纲领和建立民主联合战线的决议，也是共产国际的指示。中共二大作出加入共产国际的决议，中国共产党成为共产国际的一个支部，所以必须执行共产国际的指示。1924 年的 1 月，国民党第一次全国代表大召开，孙中山指定李大钊为主席团成员，李大钊、谭平山、毛泽东、林伯渠、瞿秋白等十名共产党员当选国民党中央执行委员或候补执行委员，约占委员总数的四分之一。从这时开始，内部情况相当复杂的国民党，成为工人、农民、城市小资产阶级和民族资产阶级的民主革命联盟。

按照惯例，中国共产党第四次全国代表大会应在三大闭幕一年后，也就是 1924 年召开，实际却推迟半年多，在 1925 年才举行。1924 年是中国共产党成立后最忙的一年。三大闭幕后两个月，中共中央就从广州迁回上海，领导全党全力投入国民党工作，帮助国民党改组，推进国民革命运动。1924 年 1 月，国民党一大召开，标志国民党改组基本完成和第一次国共合作正式建立。此后，大多数共产党员和青年团员加入国民党。经过国共两党共同努力，革命武装开始建立，工农运动恢复发展，国民党右派进攻遭到反击，反革命武装叛乱得以平息，革命浪潮日益高涨。

迅速发展的革命运动，迫切需要中国共产党加强领导，回答面临的许多新问题。正是在这样的背景下，中共四大于 1925 年 1 月 11 日至 22 日在上海虹口区东宝兴路 254 弄 28 支弄 8 号举行。中共四大的中心议题是如何加强对日益高涨的革命运动的领导。

中共四大在中共历史上第一次明确提出无产阶级在民主革命中的领导权问题。大会通过的《对于民族革命运动之议决案》指出："最受压迫而最有集合力的无产阶级是最有革命性的阶级。现在中国无产阶级在客观上的力量虽还幼稚，而他们革命的要求及决战的心理，在最近中国民族运动中，已站在最前进的地位。""因此中国的民族革命运动，必须最革命的无产阶级有力的参加，并且取得领导的地位，才能够得到胜利。"但是，大会对如何实现无产阶级领导权，特别是如何正确处理同资产阶级争夺领导权过程中遇到的复杂问题，没有作出明确具体的回答。

同时，中共四大还在中共历史上第一次提出工农联盟问题。大会明确指出，中国革命需要"工人农民及城市中小资产阶级普遍的参加"，其中农民是"重要成分"，"天然是工人阶级之同盟者"，无产阶级及其政党如果不发动农民起来斗争，无产阶级的领导地位和中国革命的成功是不可能取得的。

此外，中共四大还总结一年来国共合作的经验教训，提出了同时反对"左"、右两种倾向的问题。大会指出："我们参加民族运动，是为了全民族的解放，并且为了无产阶级自己的利益，决不是为了资产阶级的利益，若是忘了无产阶级在民族革命中自己阶级革命之准备，而沉溺在资产阶级的民族德谟克拉西运动之中，便遗无产阶级以不容挽救的大害，并且足以减少民族运动之革命性。这些右倾的危险，我们的同志应该时刻警戒在心。在另一方面也要提防左倾的错误，如反对无产阶级参加民族运动，……又或断定中国民族革命只有无产阶级自己担任，……及其成功便是无产阶级的革命或接着即是无产阶级的革命。"为此，中国共产党在国民党内和党外要坚持彻底的民主革命纲领，保持自己的独立性，在思想上、组织上和民众宣传上扩大左派、争取中派、反对右派，既帮助国民党在实际运动和组织上发展，又加紧同国民党内的妥协倾向作斗争。

中共四大是一次很成功的全国代表大会。后来，蔡和森在回顾中共历史时曾说，党发展到四大时，“革命的情形就与以前不同，以前是宣传的时期，现在到了行动的时期，即是说中国革命发展到了新的阶段，也就是将革命的起点，使党走上领导群众的路上去”。“第四次大会是形成群众党的开始的基础，因此在党的历史上有很大的意义”。正因如此，中共四大以后，即在全国范围内兴起以五卅运动为起点的工农运动和大革命高潮。

1925 年 5 月 15 日，上海内外棉七厂工人顾正红（共产党员）被日本资本家枪杀，同时受伤的还有十多名工人。当天，愤怒的上海内外棉各厂工人举行罢工，严正抗议。事件发生后，中共中央立即决定通过这一事件把工人的经济斗争引向政治斗争，发动一场全民族反帝运动。5 月 16 日和 19 日，陈独秀连续签发中共中央通告，指示各级党组织立即号召工会、农会等社会团体，采取行动，援助罢工工人，掀起反日爱国运动。5 月 28 日晚，中共中央召开紧急会议。陈独秀在会上指出，中国工人不但要扩大及巩固自己阶级的联合战线，并且急需成立工农联合会，这样才能够取得工人阶级在政治斗争和经济斗争上的初步胜利。会议决定，5 月 30 日在上海租界组织反帝示威运动。

5 月 30 日，上海学生、工人 3000 多人分散在公共租界繁华的马路宣传、演说、游行示威。下午，公共租界老闸捕房巡捕开始拘捕学生，数千群众奔赴捕房前要求释放被捕者，英国巡捕突然向群众开放排枪，当场打死 13 人，伤者不计其数。是日深夜，中共中央再次召开紧急会议，决定首先发动反抗外力压迫的罢市、罢工、罢课运动，陈独秀“居中指挥”，瞿秋白、蔡和森、李立三、刘少奇、刘华等组成行动委员会，领导“三罢”斗争。6 月 1 日，上海人民开始反对帝国主义的总罢工、总罢课、总罢市。至 6 月 10 日，相继有 20 多万工人、5 万多学生和公共租界的全体商人参加。就在这一天，由李立三、刘华担任正副委员长的上海总工会成立。一个月后，上海总工会所属工会组织发展到 117 个、会员 21 万人。

五卅运动中的上海

6 月 5 日，中共中央发表《中国共产党为反抗帝国主义野蛮残暴的大屠杀告全国民众》书。北京、广州、南京、重庆、天津、青岛、汉口等十几个大中城市和唐山、焦作、水口山等矿区，都举行游行、集会和罢工、罢课、罢市抗议活动。据不完全统计，全国各地约有 1700 万人直接参加运动，从通商都市到偏僻乡镇，到处响起“打倒帝国主义”“废除不平等条约”的怒吼。一场革命风暴迅速席卷全国。

正当这场后来称为五卅运动的革命运动在全国各地蓬勃发展的时候，江城武汉传来令人震惊的噩耗。6 月 11 日，江岸数千码头工人举行罢工，抗议先天英国太古公司职员重殴一名中国码头工人致死的罪行。下午，罢工工人结队在汉口一码头一带游行示威，被英国海军陆战队打死十余人，打伤数十人。这就是继上海五卅惨案后的汉口六一一惨案。汉口六一一惨案发生后，在中共湖北组织领导下，武汉地区已经颇具规模的反帝爱国运动推向高潮。6 月 30 日，武昌阅马场举行六万人参加的追悼沪、汉、粤死难同胞大会。7 月 11 日，武汉各界五万余人在武昌公共体育场举行纪念汉口惨案死难同胞周月追悼大会。9 月 7 日，又在武汉三镇和长江水上举行集会游行。中共湖北组织还因势利导，将暑期回乡学生组成讲演团、宣传队，分赴全省各县发动反帝爱国运动，把运动由少数大中城市引向广大农村。

同时，中共湖北组织还采取以民众势力参与、监督政府外交的斗争策略。7 月 5 日，党组织领导的湖北各法团外交后援会召集各民众团体会议，提出撤退英舰、收回汉口英租界、惩办凶手等十项汉案交涉条件，要求北京政府及湖北当局与英国驻汉领事严厉交涉。迫于人民群众斗争和各方舆论的压力，湖北当局被迫与英国领事进行“外交交涉”，但英国领事态度强硬，致使谈判破裂。消息传出，湖北人民怒不可遏，再次掀起新的反帝高潮。中共湖北组织决定发起水陆大游行，发动群众在全省范围内开展反帝宣传周活动。9 月 7 日，数十万群众参加的水陆游行在武汉三镇、沙市、鄂城、宜昌同时举行。在中共湖北组织领导下，全省爱国力量汇合起来，反帝爱国运动空前发展。

就在汉口六一一惨案后 12 天，南国花城又发生一起惊天血案。早在五卅惨案消息传到南方的时候，广州和香港就在中共广东区委领导下，爆发规模宏大的省港大罢工。6 月 23 日，香港罢工工人、沙面罢工工人和广州工人、农民、学生、青年军人及其他群众十万余人，在广州东校场举行追悼上海五卅惨案遇难者大会。会后，中共广东区委负责人陈延年、周恩来率领 5.6 万名群众游行示威。当游行队伍将要到达沙基西桥口时，沙面租界英国巡警突然用机枪扫射，停泊在珠江白鹅潭沙基口的英、法、葡等国军舰也开炮轰击，游行群众被打死 50 余人、重伤 170 余人。这就是继汉口六一一惨案之后的广州沙基惨案。

惨案发生后，广州大元帅府立即向英法等国提出抗议，宣布同英国经济绝交，同时封锁出海口。广东各界群众迅速掀起反抗帝国主义、援助省港罢工的怒潮。为加强对罢工的领导，中共广东区委和中华全国总工会于7月3日正式成立省港罢工委员会，由苏兆征、邓中夏任正、副委员长。省港罢工委员会在征得刚刚由广州大元帅府改组的中华民国国民政府同意后发布封锁香港的通电，防线从广州扩大至汕头、北海，蜿蜒数千里。罢工和封锁使英帝国主义控制的香港一切经济活动陷入瘫痪，香港变成“臭港”“死港”。

沙基惨案发生以后，省港两地参加罢工的人数达到25万人。直到1926年10月，省港罢工委员会才根据形势变化，接受共产国际远东局关于尽快结束罢工的建议，宣布结束罢工，取消对香港的封锁。省港大罢工坚持一年零四个月，在经济上、政治上给英帝国主义以沉重打击，为统一广东革命根据地、准备北伐战争作出突出贡献，在中国革命史上写下了光辉的一页。

省港大罢工游行队伍

在五卅运动蓬勃发展的有利形势下，1925 年 7 月 1 日，广州大元帅府改组为中华民国国民政府，汪精卫当选为主席，共产国际驻中国代表、苏联派驻中国国民党代表鲍罗廷被聘为高等政治顾问。国民政府成立后，将黄埔军校校军和驻广东的粤军、湘军、滇军先后改编为国民革命军六个军，共 8.5 万人。共产党员周恩来等担负起国民革命军中的政治工作。在此前后，国共两党通力合作，经过两次东征和南征，消灭盘踞东江一带的军阀陈炯明部和广东南路的军阀邓本殷部，并平息滇军、桂军在广州发动的叛乱，统一广东革命根据地，为举行反对北洋军阀的战争准备了比较可靠的后方基地。

当北伐被正式提上国民政府的议事日程之后，时任国民党中央常委、国民革命军第一军军长、黄埔军校校长、广州卫戍司令和国民革命军军事总监的蒋介石，即把北伐的大规模军事行动看作扩大自己的势力、建立个人独裁统治的极好机会，同时把正在蓬勃兴起的以共产党为代表的革命力量看作实现其野心的最大障碍。在北伐战争开始的前夜，他策划了一系列限制共产党、限制苏联顾问、夺取领导权的阴谋活动。

1926 年 3 月 18 日，国民政府海军局代理局长、共产党员李之龙奉命派中山舰到黄埔后，立刻谣言四起，说是要劫持蒋介石。3 月 20 日，蒋介石以所谓中山舰事件为借口，在广州实行紧急戒严，监视并软禁共产党人，包围省港罢工委员会和苏联顾问办事处。中山舰事件发生后，毛泽东、周恩来等提议对蒋介石采取强硬态度，中共广东区委负责人也主张给蒋介石以回击。但是，在广州的苏联布勃诺夫使团不赞成反击。事件发生前离开广州的鲍罗廷返回后，也主张对蒋介石采取和解政策。在上海的中共中央和陈独秀最初对中山舰事件有关情况不完全了解，没有立即表态。布勃诺夫使团到上海介绍事件过程后，陈独秀受其影响，也采取妥协退让态度。在妥协政策指导下，中共中央接受蒋介石的无理要求，撤回第一军中的共产党员。共产党员被迫撤出第一军后，毛泽东、周恩来等建议把这批力量派到其他军去，中共中央也没有接受他们的主张。中山舰事件后，汪精卫称病去职，蒋介石为取得最高权力又迈进一步。蒋介石通过中山舰事件，不仅打击了共产党，而且打击了汪精卫和国民党左派，大大加强了他在政治上、军事上的地位。这一事件成为国共关系发展中的转折点。

中山舰事件后，蒋介石又以改善两党关系，避免共产党在国民党内的力量发展引起“党内纠纷”为由，在5月15日召开的国民党二届二中全会上提出所谓《整理党务案》，企图从国民党领导机构中排挤共产党人，全面控制国民党党权。会前，蒋介石同鲍罗廷数次商谈，要他接受这个要求。鲍罗廷未同中共中央协商，同意了他的要求。出席国民党二届二中全会的中共党团成员，对是否接受《整理党务案》的意见并不一致，指导中共党团的张国焘却根据鲍罗廷的意见要大家接受，使《整理党务案》顺利通过。此后，担任国民党中央部长和代理部长的共产党员谭平山、林祖涵、毛泽东等只得辞职，蒋介石却当上了国民党中央组织部长兼军人部长，不久又当上国民党中央常务委员会主席和国民革命军总司令，一手控制国民党、国民政府和国民革命军大权，成为掌握最高权力的人物。

中山舰事件和《整理党务案》通过后，蒋介石的立场进一步转到大地主大资产阶级方面，但没有立刻同共产党公开分裂，因为他的实力有限，还需要得到共产党和苏联的支持。这时，已到北伐战争的前夜。北伐的军事指挥权主要掌握在蒋介石手中这个事实，表明革命形势虽然在迅速发展，但已经埋伏着严重的危机。

第一章　紫气东来映江城
——革命洪流北进与中共中央迁汉

随着北伐战争的胜利进军，革命洪流从珠江流域推进到长江流域，武汉逐步成为大革命的中心。为适应革命形势发展需要，国民党中央决定将国民政府和中央党部从广州迁往武汉，中共中央领导重心也逐步从上海向武汉转移。蒋介石这时却提出将国民政府改迁他所在的国民革命军总司令部驻地南昌，挑起迁都之争。中国共产党领导革命群众与国民党左派一道，掀起反改都斗争和提高党权运动热潮，粉碎了蒋介石妄图直接控制国民党中央和国民政府的阴谋。在武汉国民政府正式成立以后，中共中央正式迁移到武汉。

北伐战争：革命洪流从珠江流域推进到长江流域

五卅运动使中国革命形势突飞猛进发展，南北方形成鲜明对照。在南方，国民党改组和第一次国共合作实现后，群众运动蓬勃发展，国共两党通力合作，经过两次东征和南征，统一广东革命根据地。尽管潜在的逆流已在发展，但还没有表面化。广州国民政府在全国的地位和影响继续增强。在北方，已经统治中国 14 年之久的北洋军阀从来没有提出可以凝聚人心、使中国走向繁荣富强的目标和纲领。段祺瑞下台后，北洋军阀几经争夺，分裂成张作霖、吴佩孚、孙传芳三个集团，各占一方。连年军阀割据、军阀混战给百姓带来无尽苦难，人民渴望打倒祸国殃民的军阀，实现和平统一，把越来越多的同情和期待转向南方广州国民政府，希望国民革命军出兵北伐。

基于广东革命根据地已成为反对北洋军阀的北伐战争比较可靠的后方基地，中共中央积极支持广州国民政府出兵北伐并为北伐进行充分准备。1926 年 2 月 21 日至 24 日，中共中央在北京召开特别会议。中共中央总书记陈独秀因病未参加这次会议，但积极倡导和热心支持北伐，并在上海给会议致电，要求“必须解决北伐问题”。会议认为“现在的时局，实在是中国革命的生死存亡的关头。固然应该在北方努力集中一切革命势力来抵御帝国主义的反攻，然而根本的解决，始终在于广州国民政府北伐的胜利”。“中国的潮流已渐由宣传群众组织群众而近于开始准备武装群众的时期”，“军事工作，目前在 C.P. 里已占最重要的地位，中国 C.P. 应特别注意此项工作”。“党在现时政治上主要职任”是从各方面准备北伐，“而北伐的纲领必须是以解决农民问题作主干”，所以北伐“不仅是广东作军事的准备，更要在广东以外北伐路线必经的省预备民众奋起的接应，特别是农民的组织”。为此，会议决定成立军事委员会，下设北京、河南、广州三个军委分会。此后，陈独秀又先后致函汪精卫和蒋介石，督请国民政府出兵北伐，并对蒋介石散布中共反对北伐的论调给予坚决驳斥，指出中共“不是根本反对北伐”，只是“主张广东目前要积聚北伐的实力，不可轻于冒险尝试”①。6 月 30 日，陈独秀在共产国际执行委员会远东局会议上明确表示：现在中共中央内部一致主张进行北伐，以使广州摆脱内外威胁②。

遵照中共中央指示精神，各地党组织积极发展工农运动，为迎接国民革命军北伐做准备。到 1926 年 5 月初，全国工会会员增加到 120 多万人；农民协会组织遍及十余省，会员发展到近百万人。5 月上中旬，在广州同时召开的第三次全国劳动大会和广东省第二次农民代表大会一致

---

① 独秀：《给蒋介石的一封信》，《向导》第 157 期，1926 年 6 月 4 日。

② 参见《共产国际执行委员会远东局会议第 2 号记录》（1926 年 6 月 30 日），中共中央党史研究室第一研究部编译：《共产国际、联共（布）与中国革命档案资料丛书》第 3 卷，北京图书馆出版社 1998 年版，第 317 页。

认为，巩固和扩大工农组织，建立紧密的工农联盟，并同革命军和各界革命群众结成大联合，督促和援助国民政府北伐，是当前的主要任务。因此，两会联合向国民政府请愿，要求从速出师北伐，打倒军阀，统一中国，并表示工农誓作国民政府后盾。

在华苏联顾问也积极支持国民革命军北伐。早在 1925 年 3 月，广州国民政府军事总顾问加伦就开始筹划北伐，并在 9 月起草的《今后南方工作展望或曰 1926 年国民党军事规划》中正式提出计划。国民政府高等政治顾问鲍罗廷也在 1926 年 1 月一次演讲中强调向北发展的必要性，后来又明确提出“北伐刻不容缓”，认为北伐要有明确的要求和纲领，必须与群众革命运动，特别是农民的土地革命联系起来。

然而，共产国际和联共（布）中央最初是不赞成北伐的，认为国民政府应以集中力量巩固广东革命根据地为主要任务。中山舰事件后，联共（布）中央又强调争取喘息时间，再次作出“广州不应提出占领广州以外新地区的目标，而应在现阶段把注意力集中在内部工作上”的决定[①]。共产国际也明确表示，反对广州国民政府在目前进行北伐[②]。共产国际远东局负责人维经斯基受共产国际和联共（布）中央态度以及中山舰事件的影响，也认为在蒋介石已经统治国民党中央的情况下，发动北伐是有害的。

由于中山舰事件和《整理党务案》等事件接连发生，陈独秀和中共中央部分领导人对蒋介石的野心和军事独裁倾向感到忧虑，加之北方革命形势低落，所以在维经斯基等人劝说下，陈独秀也改变了支持立即北伐的态度。7 月 7 日，他在《向导》上发表《论国民政府之北伐》一文，认为北伐的时机“尚未成熟”，担心“投机的军人政客”借此谋取“个人权位”，实际上是对蒋介石的忧虑。这篇文章受到党内外许多人士的批评。

不过，共产国际和联共（布）中央和中共中央很快就改变了对北伐的

---

① 《联共（布）中央政治局会议第 18 号（特字第 13 号）记录》(1926 年 4 月 1 日)，中共中央党史研究室第一研究部编译：《共产国际、联共（布）与中国革命档案资料丛书》第 3 卷，北京图书馆出版社 1998 年版，第 191 页。

② 参见《共产国际执行委员会远东书记处会议第 3 号记录》(1926 年 4 月 27 日)，中共中央党史研究室第一研究部编译：《共产国际、联共（布）与中国革命档案资料丛书》第 3 卷，北京图书馆出版社 1998 年版，第 227 页。

态度。7 月 12 日，中国共产党在共产国际远东局直接指导下，在上海召开第四届中央执行委员会第二次扩大会议，制定对资产阶级和国民党以及蒋介石的方针。会议在分析民族资产阶级的状况后提出对国民党的策略，这就是“扩大左派与左派密切的联合，和他们共同的应付中派，而公开的反攻右派”。可是，仍将老右派作为主要斗争对象，没看到新右派蒋介石已逐渐发展成同共产党争夺领导权的更危险的对手。会议通过的《军事运动议决案》是中共中央第一次正式作出的关于军事问题的决议。决议虽然强调党要“进行相当政治宣传”，助长“进步的军事势力”，但没有提出党应当力争直接掌握军队的任务，仍然把主要注意力放在领导群众运动方面。会议对农民运动给予很大重视，但又在具体政策上对农民运动作出一些不适当的限制。这次扩大会议对发动工农运动配合北伐战争起了积极作用，但没能提出防止国民党新右派力量增长的有效对策。

1926 年 7 月 1 日，国民政府军事委员会颁布北伐动员令。7 月 9 日，举行北伐誓师大会，北伐战争正式开始。这时，北洋军阀直系吴佩孚约 20 万兵力控制湖北、湖南、河南三省及直隶的保定一带，直系孙传芳 20 万左右兵力割据江苏、浙江、安徽、江西、福建五省，奉系张作霖和受其节制、统治山东的张宗昌共 30 多万兵力占据东北三省、热河、察哈尔和北京、天津地区，其他各省还有许多小军阀，而国民革命军只有八个军仅十万左右兵力。但是，北伐开始时，张作霖采取观望态度，孙传芳暂时保持中立，吴佩孚的主力部队正在北方进攻冯玉祥的国民军，在湖南、湖北的兵力只有十万人，企图进窥广东的兵力只有四五万人。于是，北伐军决定采取集中兵力、各个歼敌的战略方针。首先，集中兵力向湖南、湖北进军，长驱直进，迅速消灭吴佩孚部；同时，和孙传芳谈判，并向湖南、江西边境和广东、福建边境分别派出兵力监视防备，待两湖战场取得胜利后，再集中兵力消灭孙传芳部；最后，集中兵力消灭张作霖部，统一全中国。

按照上述战略方针，1926 年 5 月，国民革命军第四军所辖叶挺独立团和第七军一部作为先头部队，出兵援助被吴佩孚援军击败而退守衡阳的第八军唐生智部，拉开北伐进军序幕。在国民革命军八个军中，第四军内共产党员最多，叶挺独立团又是其中战斗力最强的一支部队。独立团以共产党直接领导的铁甲车队、黄埔军校和滇军干部学校部分学生为骨干，于 1925 年 11 月成立于广东肇庆，团长叶挺、参谋长周士第均为共产党员，团内设有共产党支部，营连干部中大多数为共产党员，是中国共产党组织、培养、领导的革命武装。作为北伐先锋，独立团英勇善战，战功显赫，为四军赢得“铁军”称号立下汗马功劳。6 月初，独立团到达湖南安仁，击退推进至此的直系军队，乘胜占领攸县。独立团旗开得胜，北伐军在湖南境内战事捷报频传，7 月 13 日攻占长沙。

北伐军进占长沙后，蒋介石于 7 月 27 日率其嫡系第一军第一、第二师自广州北上。这时，因为北伐军将领中有人提出同时向湖北和江西两个方向发展，中共中央向国民政府建议：“北伐军事战略暂不动江西，先趋武汉，以避免激出误会，引起五省卷入讨赤”[①]。8 月 12 日，蒋介石在长沙主持召开军事会议。会上虽有争论，但最终还是作出集中力量进军武汉打击吴佩孚、对孙传芳继续采取中立政策、在军事上警戒江西的决议。8 月中旬，北伐军继续北进，19 日占领平江，22 日占领岳州。随即进入湖北，独立团首克通城，进占中伙铺，为全军开辟道路。

由于直系部队在湖南惨败，吴佩孚急忙调兵布防鄂南通往武汉的第一门户汀泗桥。汀泗桥南西北三面环水，东面高山耸立，仅西南有一线铁路可以通行，堪称“一夫当关，万夫莫开”。8 月 26 日，北伐军第四军一部率先占领汀泗桥前哨阵地，揭开汀泗桥战役序幕。随后，第四军第十二、第十两师展开攻势，均未成功，第三十六团也遭敌强劲炮火狙击，屡攻不克。在敌我处于胶着状态之际，原为预备队的独立团主动请战，一营参加正面强攻，会同兄弟部队与敌肉搏数小时，冲破敌人防线，二、三营在叶挺亲自率领下，由当地农协会员引导趁夜色抄小路绕道袭敌侧背，促使敌军全线溃退。入夜，北伐军发动突然袭击，三十六、二十八、二十九团隐蔽接敌，与敌展开惨烈肉搏，终于突破中央防线，

---

① 《中局致北方区信》（1926 年 8 月 11 日），《中共中央第一次国内革命战争时期统一战线文件选编》，档案出版社 1991 年版，第 252 页。

占据有利地形。27日拂晓，在共产党员聂鸿钧组织的农民土枪队、破路队、向导队配合下，第四军向汀泗桥守敌发起全线总攻击，攻克汀泗桥。敌向咸宁方向败退，又遭迂回包抄之独立团猝然猛攻，溃不成军。吴佩孚气急败坏，亲自率南下直系主力赶向咸宁增援。独立团立即乘胜追击，冒着强大炮火，通过数公里毫无遮掩之铁路线，赶在直系主力到达之前，一举占领咸宁。汀泗桥战役胜利结束。

北伐军攻占汀泗桥

汀泗桥战役后，吴佩孚亲率主力精锐死守贺胜桥一线，与北伐军决战。8月29日，北伐军左翼十二师各部及右翼前卫八旅同时进至接敌前线。八旅在二旅协助下与敌展开激战，至30日晨将正面之敌阵攻破。与此同时，第四军主力发起正面猛攻，独立团担任主攻。敌以主力攻击第四、七两军结合部，独立团濒临危境，仍奋勇向前，连破两道防线，迫敌于最后一道防线贺胜桥。第七军也乘胜追击，迫近贺胜桥下。31日，第四军于贺胜桥与敌展开激战，敌全线崩溃。吴佩孚羞愤至极，手刃退却官长数人，也无法遏止后退溃兵。吴佩孚见大势已去，遂乘车先逃。北伐军占领贺胜桥。

北伐军五天五夜连克汀泗、贺胜两桥，致使吴佩孚精锐兵力消耗一半，于是乘胜挥师北进，直指武汉。9月3日凌晨，第四军、一军二师、七军第二路从东、南及东北三个方向会攻武昌。武昌城依江而筑，与汉口、汉阳隔江相望，北面长江屏障，四周护城河环绕，城高墙厚，城内蛇山矗立，瞰制城门要隘，易守难攻。攻城部队伤亡惨重，进攻被迫停止。9 月 5 日凌晨，各路部队再次攻城。独立团敢死队在共产党员、营长曹渊率领下奋勇出击，冲过城壕，最先竖起竹梯登城。但因友邻部队进展缓慢，未得有力援助，陷入孤军作战境地，率先登城的 59 名官兵全部壮烈牺牲。清晨，攻城部队全线受阻，伤亡严重，退出战斗。

在北伐军对江南武昌城发动强攻的同时，已北渡长江的第八军和鄂军第一师正向汉阳方向星夜兼程。早在一个多月前，以董必武为主席的湖北特种委员会成立后，就开始对武汉军阀驻军情报的侦察及对敌将领的策反工作，先后争取驻守汉阳的刘佐龙部和驻守汉口的陈尧鉴部反正。9 月 5 日，第八军二师一部进至汉阳城，与守敌及汉口来援之敌激战彻夜，刘佐龙部火线起义，6 日下午占领汉阳。汉阳克复后，第八军第二师主力迅速渡过汉水，进攻汉口。敌军士气尽丧，无力抵御，南下援军亦被刘佐龙、陈尧鉴部所阻。吴佩孚见大势已去，乘车向孝感方向逃去。9 月 7 日，北伐军占领汉口，蒋介石率一部移师江西战场。

北伐军进入汉口

此后，北伐军对武昌城实施围城封锁40余天。10月10日，第四、第八两军再次发动总攻，占领武昌城，生俘守敌一万余人，基本消灭吴佩孚军队。攻打武昌时，独立团再次立下战功。攻城命令一下达，叶挺即发动官兵备好登城竹梯，并亲自指挥全团攻城。共产党员和共青团员冒着枪林弹雨，冲锋陷阵。第一营作为奋勇队（敢死队）攻城时，遭敌猛烈射击，不到20分钟全营仅存十余人，营长曹渊头部中弹阵亡。第二营攻城也多次受阻，伤亡重大。但全团官兵表现出无比坚强的忘我精神和不怕牺牲的英雄气概，终于率先攻入武昌城。战后，独立团党支部决定在武昌洪山修建攻城官兵诸烈士墓，安葬曹渊等191名烈士。墓碑上镌刻“精神不死”“先烈之血主义之花”“诸烈士的血铸成了铁军的荣誉”。

北伐军攻武昌城阵亡官兵墓

在北伐军中央军入鄂作战的同时，以第九军彭汉章部和第十军王天培部组成的左翼军也一路激战，经湘西北向鄂中、鄂西方向进发。9月13日，左翼军大部三万余人进军鄂西。14日，先头部队第九军第一师贺龙部第一旅第一团占领公安县城。随后横渡长江，与由武汉出发的西征军协同作战，相继攻克沙市和江陵、松滋县城。11月，第十军进占五峰、长阳、宜都、枝江等县，与第九军贺龙部和第八军何键、叶琪部及独立第十四师会攻宜昌，以贺龙师担任主攻，经过激烈战斗于 12 月 15 日攻克宜昌，残敌向襄阳和四川方向逃窜。至此，“宜沙底定，上游肃清”，鄂北残敌为之震慑。北伐军在襄阳共产党人董曦辔协助下，迫敌张联升率全军投诚，编为国民革命军独立第九师。与此同时，第八军一部顺长江而下，经武穴、蕲春，占领黄梅。至此，鄂西、鄂北、鄂东军阀残余全部肃清，北伐军占领整个湖北。

武汉各界庆祝北伐胜利暨国民政府迁鄂纪念大会

国民革命军出师北伐不久，坐山观虎斗的孙传芳即改变中立态度，于 8 月底派重兵从江西向湖南、湖北的北伐军侧翼进攻。根据战局变化，北伐军第二、三、六军和第一军第一师等部于 9 月初转向江西作战，连克赣州、铜鼓、修水、萍乡等地。11 月上旬，相继占领南昌、九江。12 月上旬，占领福州。江西、福建战场胜利后，北伐军又先后占领浙江、江苏、安徽、上海。至此，长江南北完全被北伐军占领，标志革命洪流已经从珠江流域推进到长江流域。

北伐战争之所以能够胜利进军，人民群众的大力支援是重要保证。中共广东区委领导各铁路工会联合成立交通队，帮助北伐军乘列车出发。省港罢工委员会组成运输队、宣传队、卫生队随军出征。广东韶关等地农民积极支援北伐军。北伐军向长沙进军途中，中共湖南区委发动工农群众参加带路、送信、侦察、运输、扫雷、担架救护、慰劳、扰乱敌军后方等工作，还组织农民自卫军直接参战。长沙战役胜利后，长沙各业工人组成近万人的运输队随军前进。平江、岳州等县农民和粤汉铁路、安源煤矿工人也积极配合北伐军继续北上。北伐军进入湖北之前，中共湖北组织即先后成立以董必武为书记的军事委员会和由董必武任主席的湖北特种委员会，负责举办两湖北伐宣传训练班，侦察武汉军阀驻军情报，策反敌驻军将领，领导汉阳兵工厂工人总罢工以拒绝为吴佩孚制造枪械，进行迎接北伐军的准备工作。汀泗桥、贺胜桥战役中，各地党组织领导群众为北伐军送茶送水做饭，组织竹排木船送部队过河，组织担架队抢救伤兵，组织工程队构筑工事，组织工人破坏铁路阻止敌兵车增援，组织农民担任向导引导北伐军向敌进攻。北伐军克复汉阳后，中共湖北组织又在汉口发动群众罢工罢市，断绝交通，使北伐军不费一枪一弹收复汉口。在江西战场、福建战场和浙皖苏战场，北伐军也得到民众大力援助。

北伐军部分政治工作人员合影

北伐战争之所以能够胜利进军，军队中的政治工作也起了重要作用。在北伐军各军担负政治工作的1500名共产党员，实际上领导了北伐军的全部政治工作。北伐出师前，举办各种训练班、讲习班，制定《北伐军最近宣传大纲》，筹建北伐宣传队。北伐出师后，各级政工人员又大张旗鼓地开展宣传工作，取得显著效果。尤其是由共产党人实际领导的叶挺独立团，因为政治工作过硬，英勇善战，纪律严明，屡破强敌，历次战斗都勇于承担最艰巨的任务，充分体现了共产党人的先锋模范作用。

在北伐军北上之际，四川泸顺起义和冯玉祥领导的国民军五原誓师，也为配合北伐和取得北伐胜利发挥了重要作用。1926年9月28日，中共重庆地委以国民党临时省党部名义召开军事会议，提出“响应北伐，会师武汉”的口号，决定成立国民革命军川军各路总指挥部，刘伯承为总指挥。11月上旬，决定创建以国民革命军为番号、由中国共产党实际控制的军队，先在川中站稳脚跟，然后或与北伐军会师武汉，或到川陕边接应冯玉祥部，配合北伐。从12月1日开始，起义按计划先后在泸州、顺庆等地爆发，占领泸州、顺庆两城。与此同时，冯玉祥依靠苏联和中国共产党的支持，于1926年9月17日集合退守绥远一带的国民军在绥远五原誓师，就任国民军联军总司令，宣布参加国民革命。根据冯玉祥的请求，中共中央相继选派刘伯坚、邓小平等200多名共产党员和青年积极分子到国民军联军中从事政治工作。李大钊还为国民军联军制定“固甘援陕，联晋图豫”的战略方针。10月初，国民军联军向陕西进军，11月击退直系军阀刘镇华部，解除长达八个月之久的西安之围，策应了南方国民革命军的北伐。

中共中央领导重心向武汉转移

1925年1月中共四大以后，中共中央为加强对各地革命工作的领导，就在大的地区和主要城市设立中央临时委员会，指导当地的革命运动。1926 年，北伐战争胜利进军，两湖地区革命运动迅速高涨。北伐军占领汉口以后，武汉成为北伐战争前沿地区和革命运动中心。为适应革命形势发展需要，中共中央从 9 月就开始陆续从各地抽调干部到武汉工作。首先，任命中央执行委员张国焘为中央驻汉口特派员，全权代表中央指导武汉地区的革命工作。接着，中央决定在汉口成立中共中央军事部汉口办事处，由张国焘负责，直接指导湖南、湖北、河南、江西、四川的军事工作和国民革命军北伐军西路与中路中共组织及军事工作。同时，中华全国总工会在汉口设立办事处，由全国总工会组织部长李立三、秘书长刘少奇负责，领导湖北及北伐军占领区的工人运动。11 月，中央又决定在汉口设立中共中央农民运动委员会办事处，由中央农民运动委员会书记毛泽东负责筹办并担任负责人。1926 年底，在国民政府和国民党中央党部机关迁驻汉口的同时，中共中央决定在汉口成立以张国焘、项英、罗章龙、张太雷为委员的中共中央汉口临时委员会，由张国焘负责。1927 年 3 月，瞿秋白到汉口担任中央汉口临时委员会委员，与张国焘一起主持中央在汉工作。

与此同时，为加强北伐军占领区的上层统战和军校工作，中共中央相继调吴玉章、恽代英等人到武汉。当时在中共湖北区委工作的干部有董必武、陈潭秋、蔡以忱、许白昊、陈荫林、李求实、周维真等人，为加强对湖北地区工作的领导，中央又调彭泽湘、项英、林育南、李立三、罗章龙、陆沉、汪泽楷、聂荣臻、蔡畅、李硕勋等干部充实中共湖北区委。之后，陆续来到武汉的还有中央执行委员谭平山、蔡和森、彭述之以及陈延年、苏兆征、贺昌、邓中夏、任弼时等人。

由于中共大批干部来到武汉，国共两党合作出现新的局面。1926 年 12 月 13 日，国民党中央执行委员、国民政府委员临时联席会议在武汉成立，联席会议 15 名成员中，就有董必武、吴玉章、于树德三名共产党人。1927 年 3 月 10 日至 17 日，国民党二届三中全会在汉口南洋大楼召开。共产党人吴玉章、董必武、毛泽东、林伯渠、夏曦、恽代英等出席会议。全会通过谴责蒋介石军事独裁，统一党的领导权，坚持联俄联共，加强国共合作，统一革命力量，坚持扶助农工政策，支持农工运动等一系列决议案，是共产党员联合国民党左派同国民党新右派斗争的一次具有重要意义的会议。林伯渠、吴玉章、谭平山三名共产党人在全会当选国民党中央政治委员会委员，谭平山、吴玉章还当选常务委员。全会改选的国民党中央军事委员会，由林伯渠担任秘书长。全会还通过湖北省党部提出的《湖北省惩治土豪劣绅暂行条例》和邓演达、毛泽东等提出的《对农民宣言》。国民党二届三中全会后，国共两党联席会议正式成立，国民党方面以汪精卫、谭延闿等为代表，共产党方面以陈独秀、瞿秋白、张国焘为代表。遇有重大问题时，国共两党即召开联席会议，共同商讨作出决议。1927 年 3 月 20 日，武汉国民政府正式成立，根据国民党二届三中全会关于邀请共产党人参加国民政府领导工作的决定，共产党人苏兆征、谭平山出任国民政府劳工部部长和农政部部长。1927 年 4 月 2 日，国民党中央决定成立中央土地委员会，徐谦、顾孟余、谭平山、邓演达、毛泽东五人为委员。毛泽东多次出席土地委员会会议，在会上鲜明阐述关于土地问题的观点。

国民党二届三中全会参加者合影

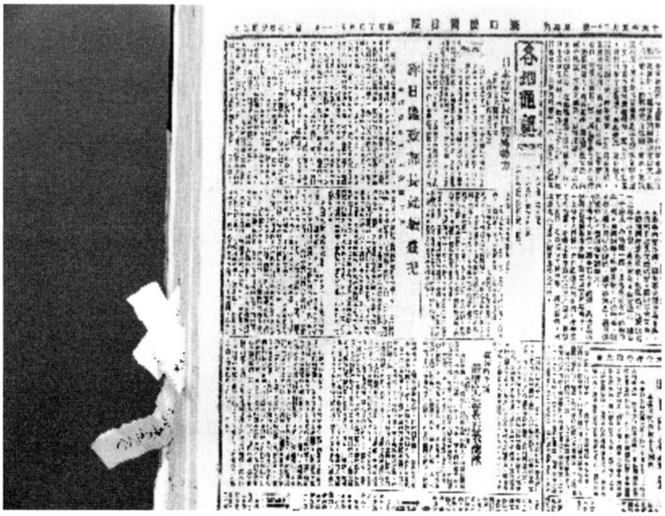

《汉口民国日报》登载的谭平山、苏兆征就职报道

与此同时，国民革命联合战线中的危险倾向也日益显露。为了分析国民革命联合战线出现的各种危险倾向，制定党的斗争策略，中共中央于1926年12月中旬在汉口召开特别会议，陈独秀从上海来到武汉主持。陈独秀在会上所作的政治报告明确指出统一战线内部存在右倾分裂倾向，但没有提出有效解决办法，反而对党的工作进行错误的批评。报告认为，目前“最主要的严重倾向是一方面民众运动之勃起之日渐向‘左’，一方面是军事政权对于民众运动之勃起而恐怖而日渐向右”，这种“‘左’、右距离日远，是破裂一般联合战线及国共两党关系之主要原因”。这种观点夸大了工农运动中出现的过激倾向，掩盖了国民党新右派叛变革命的危险，完全是一种主次颠倒的错误认识。报告提出的挽救危机的七项措施，其中心思想是“防止党外的右倾，同时反对党内的‘左’倾”，就明显地反映了这种错误认识[1]。会议通过的《关于国民党左派问题议案》，要求从各方面帮助国民党左派使之强大，以同右派反动势力斗争。这实际上是把同以蒋介石为首的新右派斗争的希望，全部寄托在汪精卫和其他国民党军事将领身上。这次会议还特别强调，共产党只有防止自己的“左”，才能搞好与国民党的

① 《中共中央文件选集》第2册，中共中央党校出版社1989年版，第559—569、570页。

关系，才能避免“左”、右之距离日远的危险。这次会议产生的后果是散布幻想，压制群众运动，实质是牺牲工农群众的根本利益，去迁就国民党右派，为蒋介石、汪精卫夺取国民党的领导权提供方便。

汉口特别会议没有解决党在迫在眉睫的危局中如何生存并坚持斗争这个极端重要的问题，反而指引了错误的方向。由于这次会议制定的右倾退让方针为随后中共中央政治局与共产国际代表维经斯基、苏联代表鲍罗廷联席会议通过的《政治问题决议案》所肯定，开始在中共中央取得统治地位，并逐步在实际工作中贯彻，造成极其严重的消极后果。即便如此，随着中共中央领导重心逐步转移和北伐战争胜利推动，全国工农运动仍以空前规模迅速高涨。

在湖南、湖北、江西等省广大农村，到处燃起革命烈火。农民建立自己的政权和武装，其势如暴风骤雨，迅猛异常，把统治几千年的封建特权和土豪劣绅打得落花流水，真正做到“一切权力归农会”，造成了空前的农村大革命的局面。

中共中央农民运动委员会办事处旧址——武昌都府堤41号毛泽东旧居

毛泽东1926年11月就任中共中央农民运动委员会书记后，就向中央提出《目前农运计划》，其中之一是在汉口设农委办事处，以领导湖南、湖北、江西为重点的农民运动。毛泽东历来十分重视农民运动。1925年他在家养病期间，就在家乡湖南韶山开展农民运动。1926年9月，他又在《国民革命与农民运动》一文中明确指出，农民问题是国民革命的中心问题。1926年11月到武汉后，他住在武昌都府堤41号，筹建农委办事处、中央农民运动讲习所和全国农民协会。不久，又赴湖南指导湖南省第一次工人、农民代表大会。大会结束后，徒步1400余里，历时32天，考察湖南湘潭、湘乡、衡山、醴陵、长沙五县农民运动。1927年2月12日回到武昌，撰写《湖南农民运动考察报告》。毛泽东在报告中严厉驳斥反对派对农民运动的攻击，科学总结农民运动经验，深刻论述无产阶级领导权的中心问题——农民问题，指出一切革命的党派、革命的同志，都应当站在农民的前头领导他们前进。

中华全国农民协会旧址

1927年3月30日，全国农民运动指挥中心——中华全国农民协会临时执行委员会在武汉成立，毛泽东任常务委员兼组织部长，主持全国农协工作。全国农协临时执委会成立后，毛泽东立即着手筹备全国第一次农民代表大会，指导全国各地农民运动，代表全国农民参加重大政治活动。4月2日，国民党中央常务委员会决定，以邓演达、毛泽东等五人组成土地委员会，确定实行分配土地给农民的步骤。4月4日，由毛泽东实际主持的中央农民运动讲习所补行正式开学典礼。在以毛泽东为书记的中共中央农委领导下，湖南、湖北、江西、河南的农民运动蓬勃发展，分别成立省农民协会，其他各省农民革命斗争也逐渐开展起来。

在农民运动迅猛发展的同时，城市工人运动也捷报频传。1926年9月中华全国总工会在汉口设立办事处后，中华全国总工会秘书长兼湖北全省总工会秘书长刘少奇，在友益街尚德里4号连熬三夜，撰写《工会代表会》《工会基本组织》《工会组织法》等工运理论著述。由于全国总工会的积极指导，全国工会会员在12月就由北伐前的100万人增加到近200万人，不仅大、中城市建立统一的工会，大部分县也陆续成立县工会。湖南、湖北、江西等省还组织相当数量的工人纠察队。长沙、武汉、九江等城市相继出现大规模罢工，大多数取得胜利。尤其是汉口、九江收回英租界的斗争和上海三次工人武装起义，更产生了前所未有的影响。

中华全国总工会暨湖北全省总工会旧址

从1927年元旦开始，武汉地区各界群众为庆祝北伐胜利和国民政府迁都武汉举行各种活动。1月3日下午，中央军事政治学校宣传队在江汉关大楼下毗邻英租界的空地上演讲，英国水兵突然持枪冲出租界，用刺刀驱赶听讲民众，当场刺伤30余人，其中重伤三人。这就是震惊全国的汉口一三惨案。惨案发生后，中华全国总工会负责人李立三、刘少奇等立即赶到现场了解情况，疏散群众，接着连夜开会部署反英斗争。1月5日，武汉工商学联合会及码头总工会、店员总工会发表通电和宣言，号召全体同胞为反英斗争团结起来，勇敢前进。午后2时，武汉30万市民由李立三指挥召开示威大会，揭露英帝国主义制造惨案的真相及一系列敌视中国人民的罪行，提出国民政府应和人民团结一致收回英租界。随后，高呼口号冲进英租界，占领英巡捕房，在房顶升起中国国旗。1月12日，中国共产党中央执行委员会发出《中国共产党为汉口英水兵枪杀和平民众宣言》，指出武汉工商学联合会提出的“这些要求表示中国工人及一切劳动民众反对外国帝国主义斗争，已进展到一个新的阶段”，“号召全国工人农民及一切被压迫的民众”，“起来要求撤退英国驻华海军，取消治外法权，收回英租界，撤退一切帝国主义之驻华的军队”[①]。武汉国民政府支持民众收回租界的正义要求，外交部长陈友仁主持对英交涉，迫使英国政府让步，将占据66年的汉口英租界交还中国。1月6日，九江发生英国水兵打伤中国工人事件，九江民众也冲进租界，收回英租界。汉口、九江英租界的收回，是中国人民反帝和外交史上第一次重大胜利，极大地鼓舞了正在进行国民革命的中国人民。

武汉市民反英示威大会

① 《中共中央文件选集》（一九二七），中共中央党校出版社1983年版，第3—5页。

从1926年10月到1927年3月，为迎接北伐军进军上海，中共中央和上海区委领导上海工人举行三次武装起义。1926年10月24日发动的第一次武装起义因准备不充分，时机不成熟很快失败。1927年2月21日发动的第二次武装起义，也因计划泄露被残酷镇压。中共中央和上海区委在总结前两次起义的教训后，积极准备第三次起义，成立由陈独秀、罗亦农、赵世炎、周恩来等任委员的起义最高指挥机关——特别委员会，任命刚从广东到上海负责中央军事工作的周恩来为起义总指挥，同时制订周密的起义计划，对工人纠察队进行秘密军事训练，在市民中进行广泛政治动员。3月21日，在北伐军抵达上海郊区的第二天，特委会立即发动上海工人总同盟罢工，随即转为武装起义。起义工人经过30小时英勇战斗，歼敌5000余人，缴获5000多枪支及大量弹药，取得第三次武装起义胜利，成立上海市民政府。白崇禧率领的北伐军在上海工人起义成功后，开进上海市区。上海工人第三次武装起义，是大革命时期工人运动发展的最高峰。

上海邮务工人参加起义

在农民运动、工人运动蓬勃发展的同时，青年运动、学生运动、妇女运动也开展得轰轰烈烈。尤其是武汉，全国各地青年学生云集于此，投入革命洪流。他们有的报考恽代英实际主持的中央军事政治学校，有的进入毛泽东主办的中央农民运动讲习所学习，有的进入林育南负责的湖北省工人运动讲习所学习，有的到宋庆龄亲自主持的国民党中央妇女党务训练班接受培训。许多热血青年经过学习和培训走上革命征程，成为中国革命的优秀人才。

武汉妇女三八节游行

有关学生运动的报道

这时，在中共中央宣传部领导下，武汉国民政府辖区的革命文教事业也出现欣欣向荣的局面。在此之前，湖北地区由共产党领导公开出版的报刊只有董必武创办的《楚光日报》。中共中央领导重心向武汉转移后，中共中央机关刊物《向导》从上海迁移武汉出版发行，陈独秀、蔡和森、瞿秋白、毛泽东等撰写多篇文章在《向导》发表。1926 年 11 月 1 日，中共湖北组织编辑出版第一份省级刊物——《群众》周刊。11 月 20 日，由董必武任经理，宛希俨、高语罕、沈雁冰先后担任总主笔的《汉口民国日报》出版发行。在此前后，原在广州、上海出版的《中国工人》《中国农民》《农民运动》等进步刊物纷纷在武汉出版,《武汉评论》《湖北农民》等进步刊物也大量发行。11 月，中国共产党在武汉地区最早设立的出版发行机构——汉口长江书店正式开业。长江书店出售的进步书籍及大量发行的革命报刊，深受武汉人民乃至全国革命群众的欢迎。

1927 年 1 月 8 日，在大革命以空前规模迅速高涨的时候，中共中央执委会向党内发出《中央政治报告——关于目前形势与党的主要工作》。报告在分析形势之后，提出目前党的工作任务和策略。一“是军事上继续对奉作战已成为不可免的事实”，“因此我们在军事上的策略应该是”“积极做战争的准备，特别注意京汉线上”。二“是政治上仍极力调解国民政府领袖间的冲突，继续汪蒋（即汪精卫、蒋介石——引者注）合作的口号，要汪（即汪精卫——引者注）回来建立一个左派指导权的政府”。三“是在民众中积极宣传民众起来拥护国民政府，帮助国民政府解决目前财政上的种种困难，提高兵士的革命热情，促进兵士与民众间亲密的关系，消灭反动派利用群众站在左的方面说话来反对国民政府的阴谋”①。

1 月 28 日，中共中央执委会又发表《中国共产党对于时局宣言》，指出：“自前年‘五卅’到今年‘一三’是一切帝国主义尤其是英国帝国主义向中国武装的进攻时期，也就是中国国民剧烈的向帝国主义反抗时

① 《中共中央文件选集》（一九二七），中共中央党校出版社 1989 年版，第 5—6 页。

期”，“决定革命运动命运的时期已立在我们的面前了”，号召“工人农民及一切革命的民众们”“立即准备”，“在此时期中，我们必须比以前要有更坚苦的战斗”，告诉“国民政府的领袖们”，“全世界革命的民众都站在你们这边，你们并不是孤立的”，希望他们“不离开革命，不离开民众”，“大胆前进！”①

反改都斗争与提高党权运动

随着北伐战争胜利推进，革命势力迅猛发展，北洋军阀势力分崩离析，已渡过第一次世界大战后危机的帝国主义列强，开始运用较多力量干涉中国革命。1927 年 1 月，英国提议由英、美、日、法四国出兵联合武装“保卫上海”，各国纷纷增兵中国，造成武力威胁中国革命的严重局势。不久，美、日帝国主义者看到控制国民党军政大权的蒋介石是一个可以拉拢的对象，越来越重视采用分化革命统一战线的新策略。英国也接受美、日意见，赞成对蒋介石采取拉拢手段，以促使革命阵营早日分裂。与此同时，许多地方军阀纷纷同北伐军联络，准备投靠国民政府，换上国民革命军旗号。一批批官僚、政客、买办也同国民党上层拉关系，准备改换门庭，混入革命阵营。正是在这种复杂微妙的背景下，南方革命阵营内部的矛盾冲突进一步发展，爆发“迁都之争”。

1926 年 9 月上旬北伐军克复汉阳、汉口后，蒋介石立即致电国民党中央常务委员会代理主席张静江和国民党中央政治委员会主席谭延闿，提出武汉已成政治中心，国民党中央和国民政府应迁武汉主持大计。9 月 18 日，已到江西的蒋介石再次致电张、谭两人，要求政治委员和中央委员先来数人掌控中央。蒋介石急于迁都武汉，是有其政治意图的。首先，国民党中央和国民政府迁移武汉可以抑制已经控制两湖地区的唐生智势力增长，避免将来对他造成严重威胁；其次，被他逼走的汪精卫即便回

① 《中共中央文件选集》（一九二七），中共中央党校出版社 1989 年版，第 13—18 页。

国取得对国民政府的领导权，他也可就近与之抗衡；最后，通过迁都可在一定程度上摆脱共产党人，最终取缔共产党。

國民政府委員由廣州到武昌登岸時受各界歡迎情形
Arrival at Wuchang of the Nationalist members from Canton

部分国民党中央执行委员、国民政府委员抵达武汉

其实，北伐军占领武昌后，广州国民政府已经准备北移武汉。1926年11月16日，宋庆龄、孙科、徐谦、陈友仁和苏联顾问鲍罗廷启程北上到达武昌。11月26日，国民党中央正式作出迁都武汉决定。11月28日，宣布从1927年1月起广州国民政府停收文件，1月5日停止办公，政府工作人员分批去武汉。为不使国民党中央党部和国民政府权利中断，已到武汉的国民党中央执行委员、国民政府委员和各部长举行会议，决定成立中央执行委员、国民政府委员临时联席会议，“于中央执行委员会政治会议未在鄂开会前执行最高职权”，“以为决定应付重要问题机关”①。临时联席会议由孙科、徐谦、蒋作宾、柏文蔚、吴玉章、陈友仁、王法勤、唐生智、邓演达、詹大悲、宋子文、董必武、于树德等组

① 徐谦：《关于武汉成立国民党中央执行委员、国民政府委员临时联席会议经过报告》，1927年3月10日。

成，徐谦为主席，鲍罗廷为总顾问。1927 年元旦，联席会议宣布国民政府在汉口南洋大楼正式办公。当天，联席会议发布命令："确定国都，以武昌、汉口、汉阳三城为一大区域作为京兆区，定名武汉。又组织委员会（管理京兆区），以财政、外交、交通诸部长，汉口、武昌市长及防军司令等 9 人为委员，统治京兆区"[①]。国民党中央执行委员、国民政府委员联席会议的成立，标志国民政府由广州迁到武汉，大革命进入国共合作的武汉国民政府时期。

但是，原来主张迁都武汉的蒋介石，这时却改变主意，要求把国民党中央和国民政府迁到国民革命军总司令部大本营所在地南昌，以便置于他的直接控制之下。1927 年 1 月 3 日，他公然阻挠途经南昌去武汉的国民党中央党部和国民政府第二批人员，并于 1 月 5 日发表通电，宣布"中央党部及国民政府暂驻南昌"。这样就形成南昌和武汉公开对峙的局面。

蒋介石在南昌得知国民党中央执行委员、国民政府委员组成的武汉临时联席会议名单后，虽因其中没有自己而心存不快，但还是立即复电表示赞成。为什么去武汉的国民党中央党部和国民政府第二批人员到达南昌后，蒋介石又突然改变主意呢？李宗仁后来回答了这个问题。他说："蒋总司令所以坚持南昌的原因，自然是师心自用。因那是中央方面防蒋军独裁的空气正日渐浓厚，武汉方面的四、八两军，在蒋看来，又非其嫡系。万一国府和中央党部迁往武汉，蒋必然失去控制力，所以他坚持中央应设在南昌。"[②] 蒋介石从同意到反对迁都武汉，其用心十分明显，就是要独揽党、政、军大权。他挑起的迁都之争，实质上是民主与独裁之争，党的集体权力与他个人专权之争。

蒋介石坚持迁都南昌，反诬武汉的国民党临时联席会议为"非法"，要求停止联席会议，并致电共产国际执行委员会要求撤回苏联代表鲍罗廷，企图以军权控制一切，实行个人独裁。这使武汉地区的反蒋情绪更加增长。

1927 年 1 月 12 日，为劝说武汉临时联席会议成员同意改都南昌，

① 参见《武汉国民政府史》，人民出版社 1986 年版，第 47 页。
② 《李宗仁回忆录》上册，广西人民出版社 1980 年版，第 431—432 页。

蒋介石来到武汉窥探虚实。中共湖北区委组织有30万群众参加的“欢迎”大会。大会上，群众高呼“欢迎国民政府来鄂”，并质问蒋介石：“你到底什么时候把政府迁到武汉来？”蒋介石无言以对，狼狈不堪。1月15日，蒋介石举行宴会，假意招待农工商学兵各界及国民党各党部代表，湖北地区共产党组织负责人强烈要求国民党中央党部及国民政府尽速迁至武汉，与会者“一呼百和，备极热烈”。中共湖北区委还通过党实际掌握的《汉声周报》《武汉评论》《汉口民国日报》大造舆论。

一个月前，蒋介石曾在江西九江见到董必武。董必武是老同盟会员，又是中国共产党创始人之一，这时是中共湖北组织负责人，又是国民党湖北省党部主要负责人、湖北省政府主要负责人，在湖北国共两党都有很高威望。他这次是和詹大悲前往庐山开会，路过九江见到蒋介石的。詹大悲是国民党左派人士，在湖北也有很大影响。所以，蒋介石想拉拢他们支持自己，送给他们俩一人1000块光洋，遭到严词拒绝。这次到武汉后，蒋介石又派副官带着他的一封信、一张签名照片、一套马裤呢中山装和一张支票，送给董必武。董必武要来人立即把东西拿走，强压怒火说：“我董用威是拥护革命的，只要总司令革命，我同样拥护。”副官带着东西走后，董必武再也忍不住了，气得把桌子一拍：“蒋介石是个流氓，他哪配领导中国革命！”

蒋介石在武汉活动一周，一个目的也没有达到，感到极度失望，只得于1月18日败兴而归。1月24日，董必武在武汉主持20多万群众参加的反蒋大会，率众高呼“反对军事独裁”“打倒新军阀”等口号。国民党湖北省党部和汉口特别市党部联名发出通电，号召全省各级党部一致敦促国民党中央执行委员全部迁汉。全省各群众团体和各市县区党部也纷纷发表通电或宣言，要求国民政府迁汉。

董必武

2月中旬，中共中央发出通告，明确指出：“现时蒋介石已成为右派反动势力的中心”，“我们现时只有先战胜 K.M.T. 内的右倾势力的进攻，才能保证与党外右倾势力争斗的胜利。”因此，“我们在各地应即刻开始作反蒋的宣传”，“反抗并进而打倒蒋之压迫”。通告还指出，这场斗争应该与国民党左派联合进行，但是共产党应“勇敢的立在主体地位，使左派来帮助我们”，而不能像过去那样“要左派为主体，我们去助他”①。这个通告反映中共中央在对蒋介石的认识上有了很大进步。

中共中央的态度和武汉地区反对迁都南昌的斗争，坚定了以国民党左派为主要力量的武汉临时联席会议迁都武汉的决心。徐谦、孙科、宋庆龄、陈友仁、蒋作宾复电蒋介石，明确表示国民政府已决定迁汉，“不宜变更决议”，要求中央党部及国民政府“照已定策略来鄂”②。武汉临时联席会议举行会议，议决政府地点问题应俟中央执行委员会全体会议决定，在未决定之前，武汉政局有维持之必要。

在这场迁都之争中，武汉方面理由十分充足，蒋介石则理屈词穷，十分被动。不仅在汉的国民党中央执行委员和国民政府委员主张按中央原议定都武汉，被蒋介石阻滞在南昌的委员中也有不少人不赞成蒋介石的做法，主张执行中央迁汉原议。一些中央执行委员和国民政府工作人员不顾蒋介石的阻挠，毅然离赣赴汉。2 月 8 日，被阻滞在南昌的国民党中央执行委员和国民政府委员举行会议，决定中央党部与国民政府迁至武汉。鉴于滞留南昌的委员即将到汉，武汉临时联席会议于 16 日举行会议，决定 21 日召开扩大联席会议，以结束武汉临时联席会议。21 日，扩大联席会议如期举行，会议对武汉临时联席会议成立以来的工作表示满意，决定即日起结束武汉临时联席会议，中央党部和国民政府正式在汉办公。同时决定，为统一党的领导，巩固党的权威，指导国民革命胜利进行，3 月 1 日前在汉口召开国民党二届三中全会。

在大多数人反对下，蒋介石改都南昌的阴谋没有得逞，但并没有抑

① 《中共上海区委秘书处通讯（第十一号）——应付目前国民党内右派的进攻及我们对蒋的态度》（1927 年 2 月 17 日），《上海工人三次武装起义》，上海人民出版社 1983 年版，第 120—122 页。文中“K.M.T.”为“国民党”的英文缩写。

② 见《国民政府档案》1927 年 1 月 6 日、7 日。

制蒋介石的野心。他决定立足南昌，攻占沪宁，经营东南，与武汉方面分庭抗礼。因此，中国共产党和国民党左派在反对蒋介石改都南昌的同时，也进行了以反对蒋介石独裁和分裂为主旨的提高党权运动。这场由国民党左派发起、中国共产党积极支持并领导广大群众积极参与的反对蒋介石的斗争，是反改都斗争的延续与深入。

1927 年 2 月 9 日，武汉举行国民党中央高级干部会议。会议决定：实行民主，反对独裁，提高党权；拥护三大政策，扶助农工运动；召开二届三中全会。同时，决定由徐谦、吴玉章、邓演达、孙科、顾孟余五人组织行动委员会，领导执行上述决定。行动委员会发表宣言和宣传要点，严正指出近几个月来党权分散旁落，封建势力潜滋暗长，使党务和政治反随军事进展而日形退步。为使党不再蹈辛亥革命覆辙，使武装同志用热血换来的胜利不至为一二昏庸老朽的反动分子和乘机活动的官僚市侩们所断送，行动委员会特别提出六条要求：（一）巩固党的权威，一切权力属于党；（二）统一党的指导机关，拥护中央执行委员会；（三）实现民主政治，扫除封建势力；（四）促汪精卫销假复职；（五）速开中央执行委员会全体会议，解决党内存在的分歧问题；（六）以打倒西山会议派的精神，打倒昏庸老朽分子和官僚市侩。这六条，实际上成为武汉掀起反对独裁、提高党权运动的正式宣言和行动纲领。此后，提高党权运动便在以武汉为中心的广大地区迅速展开。

2 月 11 日，《汉口民国日报》发表题为《时局进展与吾党目前之责任》社论，论述提高党权的重要性和如何提高党权的问题。13 日，以共产党员为主体的国民党湖北省党部和汉口特别市党部举行联席会议，董必武在会上着重说明挽救国民党内出现的独裁趋势和危机的办法，以及号召广大国民党员和群众积极参与这一运动的具体措施。19 日，董必武、钱介磐、李汉俊主持召开国民党武阳夏各级党部执监委员联席会议，号召广大党员为巩固党的权威、坚持民主集中制、反对个人独裁而一致努力。24 日，省党部主持召开武汉三镇国民党党员大会，董必武在致辞中号召全体国民党员为实行党的民主、党的权威而斗争，号召全体国民党员为打倒一切封建势力而斗争。这次大会后，国民党湖北省党部和湖北全省总工会、湖北省农民协会等群众团体及武汉各党政机关纷纷集会，发表宣言和通电，呼吁“提高党权”“打倒昏庸老朽分子”，并吁请汪精卫回国。

提高党权运动的开展使蒋介石气急败坏。2 月 21 日，蒋介石在南昌发表演说，反对共产党和国民党左派提出的反对个人独裁、实行民主集中制、统一党的领导机关、速开国民党中央执行委员会会议解决一切重大问题的主张，攻击武汉革命政权，扬言要“制裁”共产党。对此，国民党中央执委、国民政府委员徐谦予以有力批判。3 月 7 日，吴玉章在国民党湖北省党部举行的孙中山纪念周活动上发表讲话，严厉驳斥蒋介石的反共言论，明确指出蒋介石是党政军权的篡夺者，是独裁者，反对蒋介石就是反对反革命者。8 日，《汉口民国日报》发表题为《从我们的立场上说出来的几句话》的社论，论证武汉革命政权的合法性和革命性。国民党中央执行委员会也发表《总理逝世两周年纪念宣传大纲》，重申反对独裁、提高党权的主张，并向蒋介石发出严厉警告。

提高党权运动广泛开展揭露蒋介石独裁行径，激发广大革命群众要求建立革命化、民主化政权的斗争热情，提高国民党人对党内民主的认识，为国民党二届三中全会在武汉召开奠定了群众基础和思想基础。为从组织上保证提高党权，抑制蒋介石的独裁和分裂行为，解决当前一系列重大问题，国民党中央不顾蒋介石阻挠，于 3 月 7 日如期召开二届三中全会预备会议。3 月 10 日至 17 日，国民党二届三中全会在汉口南洋大楼举行。这次会议的中心是解决“武力屈服于党，抑党屈服于武力之分歧”，目的是提高党权，限制军事独裁。在共产党人吴玉章、毛泽东、董必武、林祖涵、恽代英和国民党左派宋庆龄、何香凝、邓演达等共同努力下，全会重申反对军事独裁、提高党权的决定，通过《统一革命势力案》《修正政治委员会及分会组织条例案》《中执会军事委员会组织大纲案》及《国民革命军总司令条例案》，确立中央常务委员会、政治委员会和军事委员会的集体领导体制。这一体制规定：国民革命军总司令、前敌总指挥、军长等职，由军事委员会提出、中央执行委员会通过任免；

总政治部不再隶属总司令部，改归中央军委领导，总政治部主任由中央执行委员会全体会议任免；裁撤中央军人部；废除各军事学校校长制，改行委员制。这样，便实际上取消了蒋介石中央常委会主席、军委主席、军人部长、中央军事政治学校校长等职务，同时限制了其总司令职务的权力。全会选举还在国外的汪精卫担任国民党中央和国民政府主要领导人，决定邀请共产党人参加国民政府领导工作。

全会声明继续坚持孙中山联俄、联共、扶助农工三大政策，对蒋介石反苏反共的叫嚣进行驳斥和批判。全会通过的《对全国人民宣言》和《对全体党员训令》指出："要继续并且巩固我们对于苏联的关系"，"必须遵守总理决定之策略，诚意的与世界革命战线上先进之苏联亲密合作"；应与共产党亲密合作，并召开国共两党联席会议，讨论两党进一步合作问题；工人、农民及城市广大民众的斗争，是"战胜帝国主义与国内反革命的稳固基础"，工农革命势力的发展是中国革命的基础，本党三民主义也将依靠它才能在中国完全实现，因此"国民党要用种种方法，继续援助工人农民和城市中一般民众的革命运动，及改良他们本身生活的斗争"。

汉口南洋大楼

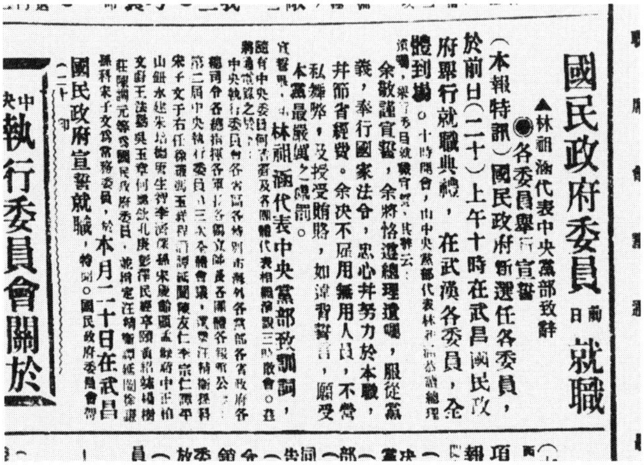

國民政府委員前日就職

▲林祖涵代表中央黨部致辭 ◉各委員舉行宣誓

（本報特訊）國民政府新選任各委員，於前日（二十）上午十時在武昌國民政府舉行就職典禮，在武漢各委員，全體到場。

余敬謹宣誓，余將恪遵總理遺囑，服從黨義，奉行國家法令，忠心并努力於本職，并節省經費。余決不雇用無用人員，不營私舞弊，及授受賄賂，如違背誓言，願受本黨最嚴厲之處罰。

林祖涵代表中央黨部致詞，

中央執行委員會關於國民政府宣誓就職，本月二十日在武昌

《汉口民国日报》关于武汉国民政府成立的报道

反改都斗争和提高党权运动，沉重打击以蒋介石为代表的国民党右派集团进攻，有力促进武汉革命中心地位确立，为把大革命推向新的高潮提供了政治和政策保障。由于中国共产党、国民党左派和革命群众的斗争，蒋介石迁都南昌的阴谋未能得逞。1927 年 3 月 20 日，武汉国民政府正式成立。

中共中央正式迁移武汉

1927 年 4 月中旬，武汉国民政府正式成立将近一个月后，中共中央从上海正式迁移武汉。中共中央迁移武汉经历了一个较长的过程。后来人们把中共中央迁汉时间定为 4 月中旬，是因为这时中共中央总书记陈独秀带领中央秘书处人员从上海迁移武汉，此后中央全部机关都在武汉办公。

早在 1926 年 2 月，中共中央在北京召开的特别会议就专门讨论“中央地址问题”并达成共识。会议认为，“中央应在何地须视什么是目前党最主要的职任；何处是革命的中心，中央须在何地才能执行党目前这

一重要职任”。所以，北伐战争开始后，中共中央的领导重心就开始逐步向武汉转移。1927 年 1 月，共产国际执行委员会政治书记处也在《关于中国共产党的组织任务》决议中指出：“中央应直接领导共产党员在国民党内的工作，因此，党中央要设在国民党中央所在地。”随着国民革命中心北移武汉，中共中央根据共产国际决议精神，加快了向武汉迁移的步伐。到 1927 年 3 月，中共中央执行委员已经绝大多数集聚武汉，共产国际派到中国指导和参加中共五大的代表团成员罗易、多里奥等人也先后到达武汉，原本在广州、上海的苏联驻华代表鲍罗廷、维经斯基也早于年初相继到达汉口。而陈独秀和中共中央机关直到 4 月上旬还在上海。

为了使中共在武汉有一个过渡性领导机构，共产国际代表团 4 月 4 日召集中共中央执行委员会在汉委员、中共湖北区委委员以及共青团代表在汉口举行中共联席会议，由瞿秋白担任会议主席。会议决定取消中共中央汉口临时委员会，以瞿秋白、谭平山、张国焘组成联席会议常务委员会，负责领导联席会议日常工作。会议讨论了召开中共中央全会和中共五大的问题，同时决定致电陈独秀，请他速来武汉，并把中央机关迁到武汉。

瞿秋白

4 月 7 日，瞿秋白再次在汉口主持召开联席会议。由于斗争形势复杂危急，共产国际不断接到要求延期召开中共五大的报告，联共（布）中央政治局也就维经斯基“去上海与蒋介石进行联系并防止他采取极端行动，这样做是否合适”[①] 的问题展开讨论，所以这次联席会议主要讨论中共五大要不要延期召开和共产国际代表团要不要去上海的问题。

① 《联共（布）中央政治局会议第 94 号（特字第 72 号）记录》（1926 年 4 月 7 日于莫斯科），中共中央党史研究室第一研究部编译：《共产国际、联共（布）与中国革命档案资料丛书》第 4 辑，北京图书馆出版社 1998 年版，第 172 页。

陈延年

4月10日，在瞿秋白主持下，联席会议又一次在汉口召开。这次会议主要讨论如何应付蒋介石在上海已经反动的问题。会议通过由罗易起草的《中央关于沪区问题的决议案》，决定成立中共中央上海特务委员会，派往上海执行联席会议决定的政策，并任命陈延年为上海特委会书记。会议还决定将中央机关在上海的所有档案转到汉口。

陈延年是4月1日从广州率领出席中共五大的广东区委代表团到武汉的，多次出席联席会议。这次联席会议之所以决定派他到环境险恶的上海与蒋介石作斗争，不仅因为他有领导广东这个最大区委的丰富经验，是能力很强的区委书记，还因为他对蒋介石一贯保持警惕和强硬的态度。会议结束后，陈延年就和李立三、聂荣臻、维经斯基动身去上海，贯彻执行联席会议刚刚通过的《中央关于沪区问题的决议案》。当陈延年上船启程去上海的时候，陈独秀也离开上海到武汉。父子俩在长江上擦肩而过，却未能谋面。陈独秀到达武汉，得知陈延年被安排到了上海，心中顿然升起一种不祥的预感。就在陈延年等人从武汉前往上海的时候，蒋介石发动四一二反革命政变。6月26日，正在开会的陈延年因交通员叛变被捕。7月4日，在上海龙华监狱壮烈牺牲。

陈独秀携中共中央秘书处工作人员抵达武汉后，将办公机关设在汉口俄租界四民街（今胜利街）的一栋三层楼房。在此之前，中央各部、委都以其主要领导人的住地和办公地作为机关所在地，如中央组织部机关设在汉口铭新街，中央宣传部机关设在汉口辅义里，中央职工运动委员会机关设在汉口友谊街的中华全国总工会，中央农民运动委员会机关设在武昌都府堤，中央军委机关设在汉口余积里。

陈独秀

中共中央机关旧址——汉口四民街61号

陈独秀到武汉前夕，在上海主动会见了刚从国外回来的汪精卫。汪精卫是4月1日到上海的。他一到上海，蒋介石就派人看望他以探口风。4月3日，蒋介石同汪精卫见面，两位对手坐在一起。蒋介石希望汪精卫留在上海和他一起反共。汪精卫却有自己的算盘，一者他怀疑蒋介石的人格，二者他知道自己在武汉的身价，更重要的是他感到可以利用共产党和苏联的力量与蒋介石抗衡。实际上，汪精卫和蒋介石在反共的问题上是一致的，不同的只是各自根据自己的情况所列的时间表。汪精卫没有为蒋介石的劝说所动，4月6日悄然离开上海直奔武汉。

陈独秀见到汪精卫之后，两人开始会谈。会谈后，陈独秀起草一份联合宣言，要周恩来送给汪精卫看，汪精卫很快在宣言上签名。这份联合宣言只字不提蒋介石的反革命言行，反而说“国民党领袖将驱逐共产党，将压迫工会与工人纠察队是‘谣言’”。宣言称“国民党最高党部最近全体会议之决议，已昭示全世界，决无有驱逐友党摧残工会之事。上海军事当局，表示服从中央，即或有些意见与误会，亦未必终不可解释”。宣言希望国共两党党员“立即抛弃相互间的怀疑，不听信任何谣言、相互尊敬，事事开诚协商进行”，“如兄弟般亲密”[①]。

內旺
則體強
內虛
則體弱
百齡機

《申报》发表的《国共两党领袖联合宣言》（汪精卫、陈独秀联合宣言）

4月5日，《申报》以《国共两党领袖联合宣言》之名全文刊登陈独秀起草的联合宣言。不料，宣言发表七天后，蒋介石就在上海举起屠刀。宣言发表后，共产党内部分同志十分气愤。周恩来严肃指出：“宣言毫无积极意味，此种缓和空气，如果武汉方面仍继续下去，各方面损失更大”[②]。但是，多数同志被宣言所误导，放松了革命警惕。后来，陈独秀自己也承认“根据国际对国民党及帝国主义的政策，和汪精卫联名发表那可耻的宣言”[③]。这说明，正是这个宣言，为他到武汉后的几个月继续犯错埋下了伏笔。

① 《申报》1927年4月5日。
② 《政委会议记录——传达中央对上海问题的决定及致电武汉反蒋问题》，1927年4月16日。
③ 陈独秀：《告党员书》，《陈独秀著作选》第3卷，上海人民出版社1993年版，第90页。

第二章　风云突变后的大会
——大革命局部失败与中共五大召开

1927 年春天的中国，正像一条奔腾东向而又逆流暗涌的大河，北伐战争取得重大胜利，革命高潮达到顶点，统一战线内部的国民党右派蒋介石却勾结中外反动势力，破坏工农运动，进而在上海发动四一二反革命政变。在迅速掀起的讨蒋运动中，中共中央领导革命群众为“推翻新军阀蒋介石”而斗争，同时在“东征讨蒋”还是“北伐讨奉”的激烈争论中最终决定同武汉国民政府一道继续北伐。在大革命局部失败的危急关头，由共产国际主导的中国共产党第五次全国代表大会在武汉举行。大会前后，中共中央加强对各地党组织及全国革命斗争的指导，党员队伍得到空前大发展。

反对蒋介石叛变革命的斗争

反改都斗争和提高党权运动以后，蒋介石集团压迫共产党和工农革命力量的趋势更加明显。1927 年 2 月 21 日，蒋介石在南昌总部第十四次纪念周演讲中公然说：共产党员在对国民党员施加一种“压迫”，“这样我便不能够照从前一样的优待共产党员了”。对共产党员“我有干涉和制裁的责任及其权力”，“我一定要纠正他，并且一定要制裁他的”[①]。可是，国民党二届三中全会对他权力的取消或限制，又使他不得不玩弄两

① 《蒋介石在南昌总部第十四次纪念周演讲》（1927 年 2 月 21 日），《四·一二反革命政变资料选编》，人民出版社 1987 年版，第 36、37 页。

面派手法，一方面通电表示拥护二届三中全会决议，另一方面使用更加凶残阴险的手段加紧对抗。3 月 1 日，他指使当地驻军残酷杀害赣州总工会委员长、共产党员陈赞贤。3 月 16 日，他以赴前线督师为名，离开南昌奔赴上海。途经九江、安庆等地时，他指使青帮流氓暴徒捣毁当地拥护孙中山三大政策的国民党党部和工会、农会组织，杀害革命群众，在九江制造“三一七惨案”，在安庆制造“三二三惨案”，造成白色恐怖。

就在蒋介石离开南昌前三天，中国共产党中央委员会向中国国民党中央委员会发出《中国共产党为肃清军阀势力及团结革命势力致中国国民党中央委员会书》，谴责蒋介石反对共产党的罪行。书中质问：“介石同志为贵党负责领袖之一，对于腐败官僚投机分子方尽量容纳，而于他自己也承认是革命分子的共产党员，却防闲之，排挤之，且一再声言制裁之，这究竟是出于何项动机？贵党最高机关若听任此种状况继续下去，是否有碍合作之精神？”①

陈赞贤烈士

蒋介石离开南昌以后，北伐军总政治部副主任郭沫若也从南昌出发前往上海。郭沫若到达九江的时候，“三一七惨案”已经发生，3 月 19 日到达安庆以后，又目睹了“三二三惨案”全过程。3 月 28 日，他从安庆出发，本来要到上海，但满腔愤怒忍无可忍，毅然折返南昌，住在朱德家里夜以继日奋笔疾书，写下长篇檄文《请看今日之蒋介石》，揭露蒋介石背叛革命、屠杀民众的罪行。武汉中央军事政治学校政治部宣传科编辑出版的《革命生活》日刊，在 4 月 9 日、10 日全文连载。文章指出：“蒋

① 《中共中央文件选集》(一九二七)，中共中央党校出版社 1983 年版，第 27 页。

介石已经不是我们国民革命军的总司令，蒋介石是流氓地痞、土豪劣绅、贪官污吏、卖国军阀、所有一切反动派——反革命势力的中心力量了。他的总司令部就是反革命的大本营，就是惨杀民众的大屠场。他自己已经变成一个比吴佩孚、孙传芳、张作霖、张宗昌等还要凶顽、还要狠毒、还要狡狯的刽子手了。他的罪恶书不胜书”。接着，详细揭露蒋介石 3 月 23 日在安庆屠杀共产党员和革命群众的罪行及其“最近的逆迹”。文章最后说：“今天是三月二十八日，我在南昌写这篇檄文，愿我忠实的革命同志，愿我一切革命的民众迅速起来，拥护中央，迅速起来反蒋！最后让我们高呼：打倒背叛革命、屠杀民众的蒋介石！铲除一切国贼！惩办各地惨杀事变的凶手！以革命的手段向白色恐怖复仇！”①

蒋介石到上海后，一面同帝国主义分子、江浙财阀和流氓势力秘密会谈，得到帝国主义列强、江浙财阀和上海青帮头子支持，一面调集嫡系部队和其他拥护他的部队控制江浙两省和沪宁地区，加强反革命的政治、经济、军事实力。同时，假惺惺地表示允许上海工人纠察队保留枪支，派代表向上海总工会赠送写有“共同奋斗”字样的锦旗，迷惑中共中央和上海工人阶级。4 月初，蒋介石在上海约集国民党将领和国民党中央监察委员十余人举行反共秘密会议，诬蔑共产党要打倒国民党，打倒三民主义，贻害北伐军，主张立即以暴力手段“清党”。4 月 11 日，上海总工会委员长汪寿华被诱骗杀害。4 月 12 日，蒋介石公然拉下伪装，实行反革命政变。

四一二反革命政变中牺牲的汪寿华

这天凌晨，东方大都市上海沉浸在一片寂静中。突然，一阵激烈的枪声打破闸北地区黎明前的寂静，市民们纷纷从睡梦中惊醒，起来张望。当时的亲历者郑超麟后来回忆：“四月十二日早晨，我在横浜桥房子醒来，听到闸北方面有枪

① 中共中央文献研究室、中央档案馆编：《建党以来重要文献选编（1921—1949）》第四册，中央文献出版社 2011 年版，第 136—153 页。

声，问起别人才知半夜里就有枪声了。不久，赵世炎的爱人夏之栩送了区委命令来调我去工作。据她说，这枪声是青帮流氓发的，都是盒子炮，人数不多，我们准备冲出去把他们通通缴械。我问她驻军的态度。她说军队守中立。等我走到闸北时，情形大变了。二十六军，周凤岐部下，已经加入流氓方面，攻破了东方图书馆、湖州会馆以及其他纠察队住所。”①

原来，这是按照蒋介石发出的大屠杀命令预先安排好的阴谋。首先，由大批青帮武装分子冒充工人，向分驻上海总工会等处的工人纠察队发动突然袭击。然后，由刚刚倒戈参加国民革命军的周凤岐第二十六军第二师开到现场，声称调解“工人内讧”，将青帮武装分子的枪械收缴。工人纠察队不知道这是阴谋，轻信了他们的欺骗，并热情欢迎这些“调解者”，结果在毫无戒备的情况下，2000 名纠察队员被军队强行缴械。一部分纠察队员虽进行英勇抵抗，终因众寡悬殊，遭到失败。

四一二反革命政变中的上海

事变发生后，上海工人及各界群众发动总罢工和游行示威强烈抗议。4 月 13 日上午，上海总工会在闸北青云路广场举行有十万工人参加的群众大会，通过“收回工人的武装”等六项决议。会后整队游行，要求释

① 郑超麟著，范用编：《郑超麟回忆录》，东方出版社 1983 年版，第 238 页。

放被捕工友，交还纠察队枪械。游行队伍行进到宝山路时，埋伏在里弄内的第二十六军士兵突然冲出，用步枪、机关枪向游行群众扫射，打死100多人，宝山路上一时血流成河。反动派为掩盖其血腥罪行，下午实行特别戒严，禁绝行人，用大卡车把死者运往荒郊埋掉，身负重伤未死者也被放置车上运到郊外活埋。接着，蒋介石下令解散上海总工会，查封革命组织，对上海的共产党人和革命群众进行疯狂屠杀。到4月15日，上海工人300多人被杀，500多人被捕，5000多人失踪。这就是震惊中外的四一二反革命政变。

在上海发生反革命政变前后，四川、江苏、浙江、安徽、福建、广西、广东等省也发生以“清党”为名，对共产党人和革命人士进行大屠杀的事件，杨闇公、陈延年、赵世炎、萧楚女、李启汉、刘尔崧、邓培、熊雄等共产党人被杀害。尤其是广州四一五惨案，被捕2100人，其中共产党员约600人，被秘密杀害100多人。北方奉系军阀张作霖也命令军警在北京逮捕大批共产党员及其他革命者。中国共产党的主要创始人和领导人之一李大钊不幸被捕。4月28日，李大钊等20名革命者被残酷杀害。四一二反革命政变，标志大革命局部失败。

广州四一五惨案（《图画时报》1927年5月4日）

四一二反革命政变第二天，上海知名人士郑振铎、胡愈之等七人联名写信，声讨蒋介石的暴行。4月17日，武汉国民党中央发布命令，宣布开除蒋介石的党籍，免去其本兼各职，“着全体将士及革命民众团体拿解中央，按反革命罪条例惩治”。4月22日，《汉口民国日报》发表谭平山、吴玉章、恽代英、毛泽东、董必武等共产党人联合国民党左派邓演达、宋庆龄、何香凝等39名中央委员的讨蒋通电。

蒋介石的军队占领上海工人纠察队队部

4月12日中午，上海各界民众50万人在南市公共体育场集会，抗议军队收缴工人武装。会后举行了声势浩大的游行示威。

4月13日，上海总工会在青云路广场召开市民大会，抗议蒋介石的暴行。当游行队伍行至宝山路鸿兴路口时，反动军队向民众开枪，当场牺牲百余人，伤者无数，被捕者200余人。14日，目击惨案的郑振铎、胡愈之等7位知名人士联名写信抗议蒋介石的暴行。

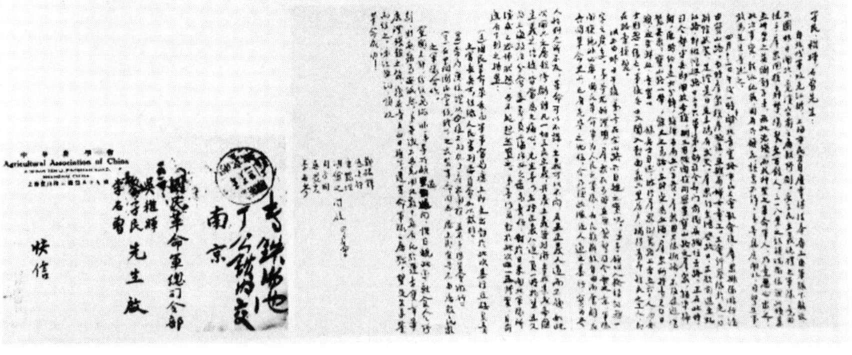

郑振铎、胡愈之等人写信反对蒋介石

1927 年 4 月 22 日《汉口民国日报》登载的《中央委员联名讨蒋》

就在武汉国民党中央发布开除蒋介石党籍、免去其本兼各职命令后第三天，中共中央发表《中国共产党为蒋介石屠杀革命民众宣言》，宣布“中国共产党完全赞成国民党中央执行委员会之决议，罢免蒋介石国民革命军总司令，开除党籍和拿办的决定”。宣言指出：“蒋介石业已变为国民革命公开的敌人，业已变为帝国主义的工具，业已变为屠杀工农和革命群众的白色恐怖的罪魁。现在决不能容许他再留在国民革命的党内了，决不能再信托他当国民革命军的总司令了。他反叛国民政府，他谋推翻国民政府，这个革命的叛徒值得国民政府最严厉处分的。工人阶级是极端拥护国民党和国民政府去肃清内部一切反动分子和战胜国民革命的敌人的。”宣言号召：“打倒军事专政！”“打倒蒋介石——封建资产阶级的反动的代表，帝国主义的工具！”①

蒋介石发动四一二反革命政变后，联共（布）和共产国际也打消了争取蒋介石的念头。就在中共中央发表《中国共产党为蒋介石屠杀革命民众宣言》第二天，斯大林发表《中国革命问题——联共（布）中央批准的给宣传员的提纲》，从理论上阐述共产国际支持武汉国民政府的策

① 中共中央文献研究室、中央档案馆编：《建党以来重要文献选编（1921—1949）》第四册，中央文献出版社 2011 年版，第 170—174 页。

略。斯大林指出，蒋介石的叛变表示民族资产阶级退出革命，即国民党右派退出革命，革命阵营只剩下武汉的国民党左派和中国共产党人。4月22日，在武汉的以罗易为首的共产国际代表团发表《第三国际代表团宣言》，指出蒋介石已经是民族叛徒。

蒋介石集团叛变革命和疯狂屠杀共产党人、革命群众的卑鄙行径，引起举国激愤。四一二反革命政变后，全国各地的反蒋斗争由抑制其军事独裁转入愤怒声讨其背叛革命的新阶段。武汉政府控制下的武汉、长沙等地召开有数十万群众参加的反帝讨蒋大会。国民党陕西省党部也在共产党员领导下，组织2000名国民党员在西安举行反蒋大会。特别是在大革命的中心、国民政府和中共中央所在地武汉，这种激愤尤其剧烈，声讨规模尤其巨大。

4月13日，也就是四一二反革命政变第二天，国民党湖北省党部就发表《讨蒋通电》，明确提出请国民党中央“当机立断，明令免职，并调遣军队，严加制裁”[①]。4月15日，董必武出席国民党中央常务委员会扩大会议，要求国民党中央执行委员会迅速明确对蒋介石的态度。同时，以共产党人为核心的革命组织也一致声讨蒋介石，形成强大舆论攻势。湖北省总工会发表《讨蒋通电》，列举蒋介石六大罪状，表示要率湖北50余万有组织的工人誓死打倒帝国主义、军阀及一切反革命派。湖北省农民协会发表通电，控诉蒋介石摧残农运的12条罪状，表示要率领150万有组织的农民及全省农民与其决一死战，虽牺牲一切也在所不惜。由共产党人主办的《汉口民国日报》连续发表社论，以大量无可辩驳的事实揭露蒋介石的罪行，号召人民打倒这个敌人。汉口商民协会、武汉码头总工会、武汉纺织业总工会、武汉店员总工会、湖北全省学生联合会、武汉新闻记者联合会等数十个团体也纷纷发出讨蒋通电、宣言、声明和告民众书。

恽代英领导的武汉中央军事政治学校广大师生，成为武汉地区反对蒋介石斗争的一支最重要力量。4月13日，军校政治部宣传科编辑出版的《革命生活》日刊发表评论《“反蒋”运动应该停止吗》，指出中国革

① 《汉口民国日报》1927年4月14日。

命运动已经到了一个新的阶段，反蒋斗争并不仅是反对蒋介石一人，而是代表一切革命势力同反革命势力的政治斗争，因此反蒋运动绝不应该停止。4 月 20 日，军校学生讨蒋大会筹备会发表致武汉同志同胞公开信，倡议召开各界同志同胞联合讨蒋大会。22 日，召开讨蒋救党大会。23 日，由军校倡导的讨蒋大会在武昌阅马场举行，军校全体学生及武汉各界群众 30 余万人参加。大会主席、共产党员蒋先云以亲身经历揭露蒋介石一贯假革命、反革命的丑恶嘴脸，表示军校学生与蒋介石战斗到底的决心。大会发表讨蒋通电。会后，举行声势浩大的游行。这次大会的召开，使武汉地区声讨蒋介石的群众运动达到高潮。

在中共湖北区委领导下，讨蒋斗争从武汉迅速扩展到全省广大农村。黄冈的团风、回龙山、贾庙等地举行上万人的倒蒋大会和游行示威。黄陂县举行三万人的反蒋大示威。黄安县发起反蒋运动周。沙市 20 万人参加讨蒋大会。黄梅三万余群众发起组织追悼上海、广州、北京死难烈士大会。其他如公安、潜江、宜昌、蕲水、鄂城、咸宁、孝感、阳新、荆门、蕲春、江陵、沔阳、巴东、来凤、恩施等 20 余县也相继开展大规模讨蒋斗争。

漢口民國日報
星期六
陰曆丁卯四月初七
沙市民衆聲討蔣逆
黃安強迫教育之急進
各縣處分反革命份子
天門

关于沙市召开讨蒋大会的报道

在全国各地愤怒声讨蒋介石反革命罪行的同时，一些充满白色恐怖地区的共产党人仍在顽强进行革命活动。4 月中旬，中共广东区委派干部到韶关指导北江地区的革命斗争。4 月下旬，广东区委决定成立中共东江特别委员会，领导东江地区的党政军工作。7 月中旬，琼崖特委将所辖各县革命武装统一改编为琼崖讨逆革命军，向反动民团发起进攻。在澄海、五华、中山、英德、紫金、惠来、梅县、海丰、陆丰、郁南、丰顺、惠阳等县，均有农军和农民的武装暴动。这些暴动虽然被反革命镇压摧残，但都给反革命以沉重打击。

东征北伐之争与第二次北伐

就在四一二反革命政变后第六天，也就是 1927 年 4 月 18 日，蒋介石在帝国主义势力支持下，纠合国民党老右派以及官僚、政客、买办、豪绅，在南京另立国民政府。四一二反革命政变，标志以蒋介石为首的国民党右派已经从民族资产阶级右翼转变为大地主、大资产阶级的代表。蒋介石另立南京国民政府，就是要同保持国共合作的武汉国民政府相对抗。这时，在北京已有张作霖控制的北洋军阀政府，全国就形成武汉、南京、北京三个政权对峙的局面。南京国民政府成立后的所作所为所表现的反革命性质，表明它与北京军阀政府一样，是地主买办阶级的军阀政权。

这时，北京军阀政府实力强大，拥兵约 20 万，占据东三省及豫、鲁、直广大地区，尚未受到革命势力打击。南京国民政府据有闽、浙两省全部地区和苏、皖两省江南大部分地区，拥有兵力约 15 万人，还有英、美、日等帝国主义国家的支持。武汉国民政府只控制湖南、湖北和江西部分地区，兵力约十万人，不仅财政困难，还面临来自东面新军阀蒋介石、北面旧军阀张作霖和南面广东新军阀李济深三个方面的军事威胁。在吴佩孚、孙传芳两大军阀主力相继被北伐军击溃之后，北洋军阀中实力强大而尚未受到革命势力打击的奉系张作霖，同北伐军之间已不再存在可缓冲地带。于是，张作霖分兵两路：一路沿津浦路南下，进抵苏北、皖北，威胁南京；另一路即奉系部队的主力，沿京汉路南下，占领河南省大部分地区，并陈兵于许昌、郾城、汝城一带，窥伺武汉，对武汉政府构成很大威胁。面对这种形势，武汉国民政府、中国共产党、共产国际代表内部，发生了是东征讨蒋还是北伐讨奉的激烈争论。

武汉国民政府内出现两种不同意见：第一种以汪精卫、徐谦、顾孟余、孙科等文人为代表，主张先北伐；第二种意见以唐生智、张发奎等军人为代表，主张先东征。这时，到武汉不久的汪精卫打着反蒋旗号，迅速取得对武汉国民党中央和国民政府的领导权。他同掌握武汉军权的唐生智勾结一起，力图控制以武汉为中心的局势。武汉国民党的许多上层人物，一面高喊反蒋，一面却企图联蒋讨奉。蒋介石则一面策动破坏武汉局面的种种阴谋，一面声称只反共不反武汉政府，要求宁汉双方共同北伐，力图缓和武汉的反蒋运动。因此，东征讨蒋的呼声在武汉虽然很高，却始终没有真正见诸行动。

中共中央内部的意见也各不相同。此时还在上海的周恩来、赵世炎、罗亦农、陈延年、李立三坚决主张东征讨伐蒋介石。蒋介石发动反革命政变的第四天，他们就在周恩来亲自起草的电文上签字，从上海致电中央，建议说服武汉国民政府趁蒋介石在沪宁地区立足未稳之机，迅速出师讨伐蒋介石。电文指出：“蒋氏之叛迹如此，苟再犹豫，图谋和缓或预备长期争斗，则蒋之东南政权将益固，与帝国主义关系将益深。”“故为全局计，政治不宜再缓和妥协”，“再不前进，则彼进我退，我方亦将为所动摇，政权领导尽将归之右派，是不仅使左派灰心，整个革命必根本失败无疑。”因此，明确提出“迅速出师，直指南京”①。在武汉的中共领导人则意见各不相同。陈独秀、彭述之、张太雷主张北伐。蔡和森主张消灭两湖反革命，实行土地革命，巩固两湖根据地，然后再东征北伐。张国焘、谭平山主张南伐广东，理由是可以取得海港以打通国际联

① 中央档案馆藏《迅速出师讨伐蒋介石》。

系，解决财经危机和军事上被包围的困境，而且南方敌人力量较弱，群众基础好，士兵南伐的积极性高，易于取胜。瞿秋白主张先打南京再北伐，但要避免在上海与蒋介石决战。

在武汉的共产国际代表也因意见不统一进行激烈争论。这时共产国际驻华代表中，鲍罗廷和罗易是两个至关重要的人物，他们掌握着国民党和中国共产党的行动决定权。就是他们两人，意见截然不同、针锋相对。

鲍罗廷

罗易

鲍罗廷主张立即北伐。其理由：一是帝国主义在东南势力太强大，谁到东南，不是失败便是投降，东南各省不适宜建立革命根据地。二是帝国主义在西北统治薄弱，且靠近苏联，宜建立革命根据地。三是东南是中国资本主义势力中心，蒋介石叛变后对武汉地区实行经济封锁，如不迅速北伐经营西北，武汉地区的经济将自行崩溃，故不能坐以待毙。四是帝国主义武装干涉的危险迫在眉睫，若不迅速北伐就没有出路。五是唐生智已经靠不住，非迅速北伐与冯玉祥会师，不足以牵制唐生智。六是北伐可以壮大武汉政府声色，给彷徨动摇的小资产阶级以希望和出路。鲍罗廷这个继续北伐到西北建立革命根据地的主张，被共产国际新派中国代表罗易称为“西北学说”[①]。武汉国民政府军事总顾问加伦等人赞同鲍罗

① 参见蔡和森：《党的机会主义史》，《中共党史报告选编》，中共中央党校出版社 1981 年版，第 99—100 页。

廷的主张，认为北上讨奉才是当务之急。

罗易却反对进行二次北伐。其理由：一是现在北伐对革命明显有害，因为它的动机是逃避革命的责任。一旦进行北伐，武汉政府便会以军队在前线打仗为借口，为了后方的安宁而压制人民群众的正当要求。二是果真北伐，把我们所有的军队布置于京汉路，会使武汉处于毫无防卫的地位，给蒋介石或北洋军阀从南京方面进攻武汉以可乘之机。三是北伐计划是以冯玉祥或阎锡山将和武汉联合的假想为基础，但他们的可靠程度并不很大。所以，罗易极力反对北伐，也不同意东征。他认为在两湖地区有强大的共产党和工农组织，进行土地革命有良好基础，主张立即进行土地革命。

对于鲍罗廷和罗易的争论，蔡和森这年 9 月在《党的机会主义史》报告中说："上年四月中，我从莫斯科回到武汉，首先撞着一个问题便是第二期北伐的问题。新国际代表鲁易（即罗易——引者注，下同）同志一到武汉即与鲍罗廷同志政见冲突。鲍主张立即实行第二期北伐，土地革命待打到北京后再实行。鲁易反对此主张，以为现在革命应深入，应立即实行土地革命，巩固既得革命之根据地。"①

中共中央对于共产国际代表的纷争，先是倾向于罗易的意见。4 月 16 日，中共中央通过《关于继续北伐问题的决议》，认为"在目前情况下，立即北伐去占领京津等地，不仅不符合革命的需要，而且害于革命"，"国民党和国民政府在作出向北进军的决定之前，对中国共产党的意见应予考虑"②。

罗易的意见得到以陈独秀为首的中共中央支持，这使鲍罗廷大为不满。在 4 月 14 日召开的中共中央与共产国际代表联席会议上，鲍罗廷说，如果作出反对北伐的决定，他就马上辞去在国民党中担任的职务，因为他不能执行这个决定，更不能从事他以后要反对的工作；如果不作

---

① 蔡和森：《党的机会主义史》，《中共党史报告选编》，中共中央党校出版社 1981 年版，第 99 页。

② 罗伯特·诺思等编：《罗易赴华使命》，中国人民大学出版社 1981 年版，第 176—177 页。

出反对北伐的决定，他将为进行北伐而在国民党内继续进行工作。

就在这时，中共中央获悉联共（布）中央和共产国际在东征还是北伐问题上的态度。联共（布）中央和共产国际主张北伐。斯大林在和莫斯科中山大学学生谈话时讲了两条理由："第一，因为奉军正向武汉进发，要肃清武汉，所以进攻奉军是刻不容缓的防御措施。第二，因为武汉想和冯玉祥军队会师并向前推进以扩大革命根据地。"所以，他认为如果武汉政府进攻上海，就会便利奉军南下，无限期推迟和冯玉祥会师，而在东部又一无所得，反而会面临与帝国主义进行更激烈的战斗，而"首先和冯军会师，在军事方面充分地巩固起来，以全力展开土地革命，加紧瓦解蒋介石的后方和前线，然后将上海问题全部提出"，则是比较适当的①。

与莫斯科打交道多年的陈独秀深深懂得，尽管他领导的中国共产党是一个独立的组织，但任何一个重要决策都要得到莫斯科及其驻华代表的指导和认可。面对鲍罗廷的强硬声明，陈独秀来了个 180 度大转弯，改为支持鲍罗廷的北伐主张。4 月 18 日，中共中央召开会议，改变前两天通过的《关于继续北伐问题的决议》中东征讨蒋的建议，决定同武汉国民党一道继续进行北伐，也就是第二次北伐。

中共中央态度的改变，引起罗易极度不满。他气愤地说："陈独秀在一天前还说，不向北扩展革命就不能发展，他未同中央委员会和共产国际代表团商量就同意突然改变计划。中央委员会也毫无抵制地同意了。这种情况证明，共产党已经丧失了政治独立性。它完全是国民党的附庸。"②

从 4 月 16 日开始，国共两党连续举行联席会议。国民党方面出席的有汪精卫、谭延闿、孙科、徐谦、顾孟余等，共产党方面出席的有陈独秀、张国焘、瞿秋白等。共产国际代表鲍罗廷出席会议。18 日，国共联席会议最终决定先行北伐，以打破反革命的军事包围，扩大根据地，然

① 《和中山大学学生的谈话》，见《斯大林全集》第 9 卷，第 229—230 页。
② 《共产国际、联共（布）与中国革命档案资料丛书》第 4 卷，第 204 页。

后再讨伐蒋介石。这一战略方针得到斯大林和共产国际的完全赞同和支持。就这样，东征讨伐新军阀蒋介石的主张和罗易关于深入两湖开展土地革命的意见被否定，鲍罗廷的“西北学说”占了上风。

武汉国民政府决定北伐讨奉还有一个重要原因，就是对摇摆不定的冯玉祥抱有很大希望。冯玉祥的军队在 1926 年 9 月五原誓师后，曾一度倾向革命，支持农民运动，但面对帝国主义和地主买办阶级的强大压力，在受到工农革命运动冲击后，又表现出很大的动摇性。1926 年底，冯玉祥就命令限制和取缔他所控制的陕甘地区的农民运动。他虽然表示拥护武汉国民政府，要求武汉方面出师北伐，但又对武汉方面的反蒋运动保持沉默，并暗中派代表常驻南京同蒋介石联系。正因为没有对冯玉祥政治态度的变化进行仔细分析，只看到冯玉祥拥有约八万兵力，同武汉方面兵力相差无几，在宁汉对立中处于举足轻重的地位，武汉国民政府才乐观地认为只要与冯玉祥联合讨奉，会师郑州，就可以背靠西北，打通同苏联的国际交通线，在西北建立军事基地，然后再回过头来东征讨蒋。

二次北伐誓师大会

4 月 19 日，武汉国民政府在武昌南湖举行第二次北伐誓师大会。4 月 26 日，武汉国民政府任命冯玉祥为国民革命军第二集团军总司令。4 月下旬至 5 月上旬，北伐军总指挥唐生智率八万大军沿京汉路及其两侧北上。冯玉祥也率部由潼关出发向河南进军。起初，北伐战事进展比较顺利。但当奉军急调主力投入豫南战场后，双方发生异常激烈的战斗，一度形成僵持不下的苦战状态。5 月 13 日，武汉国民政府下达总攻击令。5 月中下旬，北伐军同奉军主力血战于豫南的西平、上蔡、临颍一带，以伤亡 1.4 万人的巨大代价，击败奉军。共产党员最多的第四军和第一军牺牲很大。共产党员、国民革命军第十一军第二十六师第七十七团党代表兼团长蒋先云在临颍决战中壮烈牺牲。5 月底 6 月初，北伐军先后占领许昌、洛阳、郑州、开封等地。6 月 1 日，北伐军与冯玉祥所部在郑州会师后，武汉国民政府决定将河南和西北军政大权全部交给冯玉祥，北伐军全部撤回武汉。

刚从西北甘肃、陕西一带贫穷地区出来的冯玉祥国民军，一到河南就大大扩编，造成军费严重不足，希望武汉国民政府给予帮助。可在郑州与北伐军会师后，冯玉祥立刻看出武汉方面处境窘困，不能给予巨额军费支持，相反控制江浙的蒋介石的经济实力要大得多。冯玉祥的态度随即发生变化，由支持武汉国民政府转而倒向南京国民政府。

武汉国民政府第二次北伐虽然占领河南，取得胜利，但通往苏联的西北根据地没有形成，宣告了鲍罗廷的“西北学说”破产。鲍罗廷对中国革命是有贡献的，曾在武汉采访的美国记者安娜·路易斯·斯特朗评价说：“鲍罗廷在中国革命中的重要性，在于他对中国经济力量和社会集团经常的、明智的研究，并用许多以往革命的见解加以说明。”但是，他对中国大革命的失败也负有不可推卸的责任。1936 年，毛泽东曾对第一个到陕北访问的外国记者埃德加·斯诺说，大革命的失败，鲍罗廷负有重大责任，仅次于陈独秀。

第二次北伐后，武汉的形势不仅没有好转，反而更糟。由于受到南京和上海方面的经济封锁，武汉的经济面临危机，失业人数急剧增加，武汉国民政府的财政状况极其糟糕。这时，武汉地区及附近省的农民斗争仍十分激烈，特别是湖南农民“耕地农有”的要求很强烈，不少地方直接动手分配土地。各地封建地主势力与贪官污吏、土匪流氓、反动军官结成反对土地革命的联合阵线，摧毁农会，残害农民，制造反革命恐怖，同蒋介石的反革命政变遥相呼应。

在这革命的紧急关头，以国民党“左派领袖”面目出现的汪精卫，口头上继续声称坚决执行联俄、联共、扶助农工三大政策，高喊“革命的往左边来，不革命的快走开去”①，但又认为国共合作不可能长久，各人要做必要的准备。4 月下旬至 5 月中旬，国民党中央党部决议在湖南、湖北、江西等省组织特别委员会，检查各级党部、各级政府机关、各种民众团体之一切言论行动，同时陆续出台一系列限制工农运动的条例和法令。汪精卫的言行举止和国民党中央的方针政策，造成武汉革命阵营内部的矛盾进一步复杂化和尖锐化。

共产国际直接组织筹备中共五大

蒋介石发动的四一二反革命政变，是大革命从高潮走向失败的转折点。四一二反革命政变后半个月，中国共产党为应对大革命局部失败的严峻形势，在武汉召开第五次全国代表大会。这次大会的筹备工作已经一年有余，而且是在共产国际直接组织下进行的。中共五大从确定召开，到大会时间地点、参加人数、议事日程，再到大会纲领起草、政治决议和组织决议原则确定，无一不是共产国际的旨意。

最早提议召开中共五大的，是中共中央执行委员、中央局委员、中共驻共产国际代表蔡和森。早在 1925 年 10 月出席共产国际第五届执委会第六次扩大会议期间，蔡和森就开始推动共产国际关注中共五大的筹备工作。1926 年 2 月 10 日，蔡和森又向共产国际递交一份系统介绍中

① 《汪精卫先生与革命的民众》，《中央副刊》第 20 号，1927 年 4 月 12 日。

共组织和党内生活问题等方面详细情况的报告，批评共产国际及其代表重视国民党而轻视共产党及工农运动的错误，批评共产国际执委会东方部很少注意中国问题，希望共产国际加强对中国共产党的领导，使之成为一个真正能够领导革命运动的党。这份报告对共产国际改组东方部，加强对中国共产党的政治领导，起到直接推动作用。中共五大的筹备工作也随之展开。3 月，蔡和森作为中共驻共产国际代表参加共产国际远东书记处并成为其主席团成员。此后，蔡和森多次参加远东书记处会议，听取关于中共五大筹备工作的汇报，研究筹备中共五大的具体事项，参与指导筹备工作。

共产国际办公大楼旧址

4 月 27 日，在莫斯科共产国际办公大楼召开的共产国际执行委员会远东书记处会议，听取蔡和森关于中国目前形势的通报。蔡和森说："现在中国北方，有三个不同的军事集团，一是日本支持的张作霖集团，二是英国支持的吴佩孚，三是美国支持的孙传芳。在西南，各省试图联合起来对付北方反动派，他们正逐步地联合在广州政府的旗帜下来反对北方。在党内，由于同国民党有摩擦，在广州发生了三二〇事件"。"鉴于我们党政治领导很薄弱，共产国际应加强对我们党的领导。尽快成立远东局。尽快召开中共五大，五大应该立即召开。”① 虽然蔡和森理由充分，与会者意见仍难统一，会议最后决定暂时不召开中共五大，先召开党的代表会议，以解决一些迫切问题。

随后，远东局成立，加快了筹备中共五大的工作。9 月 18 日至 21 日，远东局在上海召开会议，认为有必要在最近集中精力通过筹备党的代表大会加强党的政治领导，有必要不晚于 1927 年 1 月召开中共代表大会。会议认为：“这个问题要在最近几天向中央提出，以便弄清领导同志对代表大会本身以及对开会日期、参加人数（50 名或 150 名代表）和议事日程的意见。”② 会议决定，立即着手起草会议提纲，总纲由陈独秀起草，关于资产阶级作用的提纲由瞿秋白起草，关于无产阶级运动的提纲由托切尔尼亚克起草。会后，远东局主席维经斯基和书记拉菲斯在远东局工作报告中向莫斯科汇报关于中共五大的筹备情况，强调要通过代表大会的筹备工作，集中精力加强对中共的总的政治领导，了解和帮助加强中央的整个机构。

共产国际总部十分重视中共五大的筹备工作。作为共产国际的实际领导者、联共（布）中央政治局书记斯大林，对此花费大量心血。9 月下旬的一天，斯大林在莫斯科克里姆林宫的办公室，批阅维经斯基致共产国际执委会俄国代表团负责人皮亚特尼茨基的信，这封信里谈到了中共五大的筹备工作。维经斯基说：“我们在这里还没有谈好召开党代会的日期，但我们认为，这个问题不能再拖了，必须不晚于 1 月就召开。鉴于在这次代表大会上要讨论极其重要的原则性问题和策略问题，我们认为有必要在莫斯科同一直在这里工作的党中央代表和同远东局的我一起讨论这些问题。”③ 这里说的党中央代表就是指蔡和森等人。斯大林看后批示：“维经斯基同志，你关于召开中共代表会议的建议很好，应着手

---

① 《联共（布）、共产国际与中国国民革命运动（1926—1927）》第 3 卷，北京图书馆出版社 1998 年版，第 228—230 页。

② 《联共（布）、共产国际与中国国民革命运动（1926—1927）》第 3 卷，北京图书馆出版社 1998 年版，第 517 页。

③ 《联共（布）、共产国际与中国国民革命运动（1926—1927）》第 3 卷，北京图书馆出版社 1998 年版，第 542 页。

抓紧准备。”

11月22日至12月16日，共产国际执委会第七次扩大全会在莫斯科召开，中国革命问题成为这次会议的中心议题。谭平山以中国共产党代表身份出席会议，邵力子以共产国际同情党——中国国民党代表身份参加会议。会议第一天，选举大会主席团，成立中国委员会。11月29日，谭平山在会上作《关于中国情况的报告》。11月30日，斯大林在中国委员会上发表《论中国革命的前途》演说。12月16日，通过《关于中国形势问题的决议案》，大会闭幕。斯大林的演说和全会通过的一系列决议，从理论和策略上对中国革命的基本问题进行了深刻论述，如中国国民革命的中心任务是全力争取“非资本主义发展前途”，中国共产党必须在统一战线中争夺领导权，革命的中心问题是进行土地革命，革命军队是中国革命极重要的因素等。这些论述为后来中共五大形成的各项决议案提供了遵循。

共产国际执委会第七次扩大全会后，中共五大的筹备工作紧锣密鼓地开展起来。12月30日，斯大林主持联共（布）中央政治局会议，决定就中国共产党召开第五次全国代表大会的指示稿先交政治局批准，然后提请共产国际执委会通过。不久，斯大林决定组成共产国际执委会出席中共五大代表团，赴中国筹备召开代表大会。1927年1月11日，共产国际执行委员会政治书记处小委员会会议决定，任命罗易为共产国际执委会出席中共五大代表团第三名成员，其他两名成员是维经斯基和多里奥，后来又增补鲍罗廷为代表团成员。1月18日，共产国际执行委员会远东书记处在莫斯科召开会议，听取关于中共五大筹备工作的情况汇报，决定责成共产国际执委会代表主持中共五大。1月19日，共产国际执行委员会政治书记处就举行中共五大的有关问题给共产国际出席中共五大代表团发出指示，建议代表大会日程，强调“一切政治决议都完全应以共产国际执委会第七次扩大全会关于中国问题的决议为依据”，在组织问题上的决议则以共产国际执委会政治书记处《关于中国共产党的组织任务》为依据[①]。同时，提出中共五大需要特别认真讨论的几个问题：农民问题、共产党员参加国民革命军的方法问题、中国共产党和国民党的关系问题、青年工作和妇女工作问题。为给共产国际代表团提供经费保障，联共（布）中央政治局会议决定拨款 9000 卢布。

此后直至中共五大召开，联共（布）中央政治局又多次召开关于中国革命的会议，斯大林出席会议。蒋介石发动四一二反革命政变后不到十天，联共（布）中央就发表斯大林的《中国革命问题》提纲，提出蒋介石叛变后应采取的新方针，指出武汉革命的国民党将真正变成无产阶级和农民的革命民主专政机构，国民革命要转入土地革命。这个新方针表明联合国民党的方针不变，只是由联蒋（即蒋介石——引者注）改为联汪（即汪精卫——引者注），而且更加激进。这个新方针，也为六天后举行的中共五大定下了基调。

负责执行共产国际指示、筹备召开中共五大的，是驻上海的共产国际远东局和驻武汉的共产国际代表团。维经斯基是远东局主席，这时又是共产国际代表团首席代表，自然是筹备中共五大的关键人物。维经斯基在 1920 年 4 月就作为共产国际派往中国的首位代表，肩负共产国际、俄共（布）交付的神圣使命，不远万里来到中国，会晤“南陈（即陈独秀——引者注）北李（即李大钊——引者注）”，帮助创建中国共产党早期组织。1921 年春回国后，他又四次来到中国，被人们称为“中国通”。

维经斯基

1926 年 11 月 5 日，共产国际执委会远东局俄国代表团会议在上海召开。讨论中共五大筹备工作时，维经斯基建议请求共产国际执委会允许于 1927 年 1 月召开中共五大，建议中共五

① 《联共（布）、共产国际与中国国民革命运动（1926—1927）》第 4 卷，北京图书馆出版社 1998 年版，第 91—92 页。

大进行七项议程。就是维经斯基提出的这七项议程，成为共产国际执行委员会政治书记处指示的中共五大议程的蓝本。接着，维经斯基就同陈独秀等一道，起草关于党纲的报告和土地纲领草案，准备提交中共五大讨论。1927 年 1 月 21 日，维经斯基给联共（布）驻共产国际执委会代表团写信，专门汇报中共五大的筹备工作，建议会期往后推延，最好半公开举行。信中第一次谈到大会具体地点，大会日程也更加具体，同时建议成立政治委员会、土地委员会、工会工作委员会、军事委员会和妇女委员会来筹备大会。

由此可见，维经斯基对中共五大的筹备可谓事无巨细，事事操心，其负责精神难能可贵。他领导的远东局几乎成为中共的“第二中央”。《共产国际执行委员会远东局 1926 年 6 月 18 日至 7 月 18 日期间的工作报告》毫不避讳地说：“我们都认为，在远东局工作中可能出现的最主要危险，是它可能变成中国党的第二个中央，取代实际上的中央委员会。”①

1927 年 4 月初，根据莫斯科的指示，维经斯基与新派到中国的罗易、多里奥组成共产国际驻中国代表团，这一组织实际上取代远东局，成为共产国际又一个指导中国共产党的机构。随着代表团新任首席代表罗易赴华，中国革命政治舞台上又开始活跃一位叱咤风云的人物。

罗易是共产国际执行委员，担任共产国际东方局领导工作。1926 年 11 月，参与共产国际执委会第七次扩大全会关于中国问题的提纲和决议起草工作。在这次全会上，罗易关于土地革命的主张不仅为斯大林所接受，而且为全会所接受，从而成为全会通过的关于中国土地问题决议的基本思想。由于罗易的这一重要贡献，他在全会结束后被委任为共产国际执委会新派中国代表团的首席代表。

1927 年 1 月，罗易和代表团成员多里奥离苏赴华。临行前，斯大

① 《联共（布）、共产国际与中国国民革命运动（1926—1927）》第 3 卷，北京图书馆出版社 1998 年版，第 350 页。

林对他嘱咐再三，要与中共方面、国民党方面协调好，贯彻落实共产国际执委会第七次扩大全会《关于中国形势问题的决议案》等有关决议，帮助中共开好五大。罗易决定先到广州了解情况，再到大革命中心武汉。2 月初抵达广州后，在广州停留一个多月。3 月 10 日，联共（布）中央政治局会议决定重组远东局，并吸收罗易加入。这样，罗易除重点指导中共五大外，还负责全面指导中共中央的工作。

1927 年 4 月 1 日，罗易、谭平山、李维汉等在长沙合影
（前排左三为罗易，左二为谭平山）

4 月 2 日，罗易抵达武汉。到武汉不久，他就发现共产国际执委会第七次扩大全会决议早就传到中国，中共中央在 1927 年初就作出《中央政治局对于国际第七次扩大会中国问题决议案的解释》，但在实际工作中与共产国际的决议精神相去甚远。经过考察，他发现主要是由于陈独秀和鲍罗廷对共产国际关于实行土地革命的决议有抵触情绪。他想说服他们，可效果不理想，于是决定通过召开中共五大来实现他的主张。

4 月 9 日，在中共中央常委与共产国际代表团联席会议上，罗易提出立即开始五大筹备工作，同时要求代表团和中共中央局之间保持最密切的联系。罗易等共产国际代表就中共五大的主要议题同中共中央磋商，力求在代表大会上不发生长时间争论，就革命前途及党的领导等问题通过明确具体的决议。

很快，罗易就了解到中共中央领导层有右倾倾向，党内相当一部分人对陈独秀的领导不满，便想改变中共中央领导层的状况。他向中共领导人提出，要在中共五大上对党以前的错误展开讨论，却遭到抵制。于是，他提出两项措施：第一，中共五大要扩大中央执行委员会和政治局的人数；第二，派陈独秀以中央代表名义去莫斯科工作六个月，以观其能否布尔什维克化。这说明，此时罗易已经有了通过中共五大让陈独秀下台的打算。

4 月中旬，陈独秀从上海到达汉口，中共五大筹备工作正式开始。首先，总结中共四大以来中央的工作。在讨论过去的革命方针是否正确时，发生激烈争论。面对这一大堆棘手难题，陈独秀无所适从，要求推迟召开五大。4 月 20 日，罗易向共产国际执委会政治书记处电报这一情况："党的领导状况不佳。在陈独秀来到这里之前，中央委员会的多数委员主张立即召开代表大会，以便建立集体领导，并定在 25 号召开。陈独秀到来后，借口省里的工作需要，要求将代表大会无限期推迟。尽管中共表面上接受共产国际的提纲，但中央委员会的多数委员，特别是陈独秀不同意这个提纲，并想避开讨论"。"我们代表团进行了干预，要求代表大会按原定日期——25 日开始。中央委员会同共产国际代表团进行了斗争，但最后还是勉强同意了。"①

接着，讨论土地问题、与国民党的关系问题、与军阀的关系问题。罗易发现中共领导层并没有发生他所期待的那种分歧，他们"实际上对革命的所有问题都表达了与陈独秀同志和其他中央委员相同的意见"，而且"都反对在代表大会之前就党的任务问题进行争论"。罗易终于明白，曾经对领导层提出批评的人"是反对领导方法，而不是反对领导的

① 中共中央党史研究室第一研究部译：《共产国际、联共（布）与中国革命档案资料丛书》第 4 卷，北京图书馆出版社 1998 年版，第 209 页。

政策”。同时，罗易还发现，中共党内对共产国际执委会第七次扩大全会指示精神，虽然“表面上大家都同意”，但是“谁也没有真正理解”[①]。所以，中共存在的问题，不仅是更换一个领导人就可以解决的，而是涉及一个群体认知水平的提升问题。

后来，中共中央领导人在东征与北伐之争中动摇不定、朝令夕改，使罗易更加对中共中央能否承担起紧急时期的任务表示担忧。于是，他希望中共五大能够让陈独秀下台，改变中共中央的现有领导格局，并向共产国际执委会报告实现这一目标的具体措施：“我们认为，最重要和最困难的将是选举新的中央委员会。应当改变和加强党的领导。我们建议这个拥有5万多名党员的党的新一届中央委员会设30名委员。应在代表大会后立即将陈独秀作为党的代表召到莫斯科。”[②]然而，他的这一想法却难成现实，陈独秀没有因为罗易的提议去莫斯科。

罗易使华期间，为指导中共五大，落实共产国际执委会第七次扩大全会关于中国问题决议的精神，可谓殚精竭虑。为完成这一使命，他克服许多困难，倾其全力。中共五大通过的一系列重要决议案，都是在以罗易为首的共产国际代表团指导和参与下完成的。中共五大文件中，陈独秀代表第四届中央执行委员会所作的政治报告是最重要的文件。这个长达六小时的政治报告的框架，就是罗易拟定的。但是，罗易也发现，要使中国同志真正接受共产国际第七次扩大全会的指示并非易事。陈独秀为五大准备的政治报告，尽管有罗易规定的大纲，但在很多问题上与共产国际代表团的观点不同。经过罗易斡旋，最终达成协议：“中央委员会将在自己的报告中，对做过的工作作出评述，进行自我批评，并将共产国际的新提纲作为未来的方针。”[③]

---

① 《罗易在共产国际执行委员会东方书记处会议上所作的关于中国形势的报告》（1927年9月17日于莫斯科），中共中央党史研究室第一研究部译：《共产国际、联共（布）与中国革命档案资料丛书》第4卷，北京图书馆出版社1998年版，第442—443、444页。

② 中共中央党史研究室第一研究部译：《共产国际、联共（布）与中国革命档案资料丛书》第4卷，北京图书馆出版社1998年版，第210页。

③ 《联共（布）、共产国际与中国国民革命运动（1926—1927）》第3卷，北京图书馆出版社1998年版，第444页。

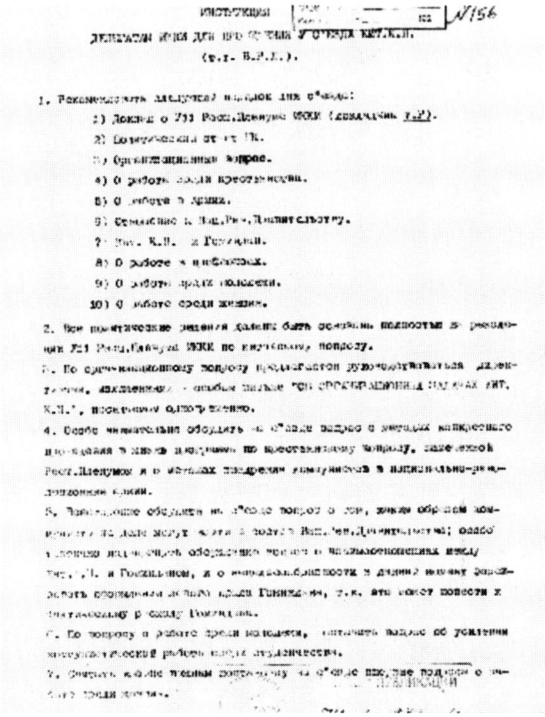

共产国际执委会政治书记处就召开中共五大给共产国际代表的指示（俄文）

1926年11月共产国际执委会第七次扩大会议《关于中国形势问题的决议案》传到中国后，就引起中共中央重视。当时在上海的中央局委员只有陈独秀、彭述之、瞿秋白三人，虽然讨论时三人有不同看法，贯彻执行决议的思想却是统一的。随后，中共中央将共产国际执委会第七次扩大会议《关于中国形势问题的决议案》和《中央政治局对于国际第七次扩大会中国问题决议案的解释》下发各区执行委员会，要求各区委、地委、特支立即召集负责同志详细报告并讨论，随即派负责同志到各支部组织讨论。文件明确指出：中央政治局已经过详细讨论和辩难之后，接受国际这个提案，并决定不必挨第五次全国大会之讨论，一切政策及工作计划，须依据此提案的方针与战略而进行。要求各级党部将讨论结果作出决议案，如有疑义或意见可写寄党报登载，以便共同讨论。

各级党组织接到中央文件后，都进行了热烈地认真讨论。据时任中共湖南区执行委员会书记李维汉回忆，湖南区委在长沙学宫街道的区委机关召开三次会议进行讨论，一致赞同共产国际关于中国革命应准备将土地革命作为重点的意见，认为农民已在量地、插标，要求发田，从湖南农运的发展趋势看，也应解决农民的土地问题。因此，区委积极支持“平均佃权”的行动。同时提出了自己的一些见解，认为共产国际决议指出中国革命的非资本主义前途的发展方向是非常必要的，但“现在是国民革命时期，不是社会革命工农专政时期”，“农民运动决不是超过国民革命的运动”[①]。

中共中央不仅通过贯彻共产国际文件精神统一全党思想为召开五大做准备，而且先后派出中央执行委员和候补执行委员到武汉筹备会议。1927 年春，中共中央各机关陆续从上海迁到武汉。到 4 月初，蔡和森、瞿秋白、彭述之、张国焘、李维汉、谭平山、项英、向警予、罗章龙、张太雷、王荷波、朱锦棠等中央执行委员和候补执行委员先后来到武汉。此时，四届中央执行委员和候补中央执行委员中，只剩陈独秀一人在上海。为迅速推进中共五大筹备工作，按照共产国际代表团要求，中共中央执委会委员、中共湖北区委委员和共产国际代表于 4 月 4 日在汉口召开联席会议，决定在中央执行委员会完全迁到武汉前，以联席会议作为党的临时领导机构，由瞿秋白、谭平山和张国焘担任联席会议常务委员会委员。

这次联席会议确定五大在 4 月 25 日召开，开会之前于 4 月 20 日召开一次全会，具体落实五大召开有关事宜。联席会议最后确定五大议程，决定成立由瞿秋白、毛泽东主持的农民土地问题委员会和李立三主持的职工运动委员会、张国焘主持的组织委员会，具体负责筹备工作。此后至 4 月 20 日，又连续召开几次联席会议，决定致电上海催促陈独秀速到武汉，以中央名义通知各地区派代表到武汉开会。4 月中旬陈独秀从上海到汉口后，主持 18 日和 20 日的联席会议。4 月 22 日至 26 日，陈独秀在汉口召开主持召开第四届中央执行委员会全体会议，讨论确定五大

① 李维汉:《回忆与研究》上，中共党史资料出版社 1986 年版，第 110 页。

议事日程和中央委员会向大会报告以及大会主席团、各委员会和秘书处名单。至此，中共五大筹备工作基本完成。

中共五大：中国共产党探索中国革命道路艰难历程的重要环节

1927 年 4 月 27 日至 5 月 9 日，中国共产党第五次全国代表大会在武汉举行。这是中国共产党成立以后规模空前的全国党代会，出席大会的正式代表 96 人，因种种原因没有出席大会的代表九人，列席代表两人。这些没有出席大会的代表中，有的是在赴武汉途中因斗争需要又折返原地；有的是因秘密工作需要，虽人在武汉也不能出席；有的是因当地斗争需要不能出席，经组织安排另派他人列席大会。出席大会的正式代表中，有的是带决议票有表决权的代表，有的是带协商票只有发言权没有表决权的代表。出席大会的除全国 11 个省区代表团外，还有共青团代表团。

中共五大开幕式会址——武昌第一小学

4 月 27 日，中共五大开幕式在武昌都府堤武昌第一小学举行。武昌第一小学原名国立武昌高等师范附属小学。1922 年，中国共产党创始人之一、中共武汉区委委员长陈潭秋以教书为掩护在这里开展革命活动，这里一度成为湖北革命运动的指挥机关。武汉国民政府成立后，年仅 30 岁的共产党员王觉新任武昌第一小学校长，这里成为公开的革命活动中心。

这天上午，武昌第一小学热闹非凡，师生们像往日一样上课、唱歌、做游戏。校长王觉新穿上笔挺西装，满面春风站在校门口，迎接一批批客人到来。这些客人大部分是出席中共五大的代表，另外有前来指导的共产国际代表，前来祝贺的国民党代表和英国、法国、美国、苏联的嘉宾。

代表和客人们到达会场后，开幕式正式举行。身着西装的陈独秀走上主席台，宣布中国共产党第五次全国代表大会开幕，全场响起热烈掌声，全体代表高唱《国际歌》。大会第一项议程，罗易代表共产国际讲话。第二项议程，徐谦代表国民党中央讲话。第三项议程，嘉宾代表致贺词。首先，来自英国、法国、美国、苏联的来宾代表本国共产党致贺词，联共（布）中央委员会代表致贺词，苏联铁路工会书记代表前来汉口参加太平洋劳动大会的代表致贺词。接着，中华全国总工会、全国农民协会、共产主义青年团、少年先锋队代表致贺词。致辞完毕，湖北总工会纠察队长项英带领一队纠察队员走进会场，向全体代表和来宾行礼。下午，选举大会主席团。在主席团成员依次走上主席台就座后，宣布成立大会政治委员会、农民土地问题委员会、职工运动委员会和秘书处，开幕式结束。

开幕式的第二天，大会休会。瞿秋白和他的夫人杨之华再次来到会场，以墙上的两幅宣传画为背景，留下一张合影照。照片洗印后，瞿秋白在照片两侧写下几行字，右上方是“青天白日中山装，赤色大会已是五次！”左下方是“最可纪念的一日，一九二七、四、廿八，武昌第一小学”。

1927 年 4 月 28 日，瞿秋白、杨之华在武昌第一小学合影

从 4 月 29 日开始，大会转移到汉口黄陂会馆继续举行。因为蒋介石叛变革命后错综复杂、扑朔迷离的政局，共产国际代表团和中共中央决定中共五大半公开举行。这就是邀请国民党要人出席大会时公开，讨论党内事务时秘密。为了保密，黄陂会馆在大会期间不开大门，代表们都从会馆侧门进出。

中共五大会址——黄陂会馆遗址

4 月 29 日上午，陈独秀代表第四届中央执行委员会向大会作《政治与组织的报告》。这个报告基本接受罗易拟定的提纲，分“革命的形势及其发展和党的策略”“关于资产阶级的作用”“对小资产阶级的态度”“土地问题”“无产阶级的领导权”“军事力量和革命的社会力量”“革命基地和西北理论”“国民党问题”“改组军队问题”“建立革命民主政权”“财政经济政策”11 部分，整整讲了六个小时。

陈独秀在报告中回顾 1925 年 1 月党的四大以来中国革命发展进程和统一战线工作，介绍党内目前情况，着重论述革命形势及其发展、党的策略、资产阶级的作用、对小资产阶级的态度、土地问题、无产阶级领导权、国民党问题，同时讲到无产阶级与小资产阶级的关系、共产党和国民党的关系以及土地、军事、政权、财经等问题。

讲到中山舰事件发生后中央的决策，陈独秀说：“共产党的退让，是由于力量不足和党没有适当的准备而引起的。”“况且蒋介石也还没有公开地暴露出自己的反革命面目，社会舆论也不会同意对他进行镇压。因此，我认为中央的策略是正确的”。讲到上海三次工人武装起义，陈独秀说上海三次工人武装起义“有革命方法的错误”，“是冒险地举行胜利的暴动”。讲到统一战线问题，陈独秀说四一二反革命政变后，资产阶级完全脱离了革命，因此与小资产阶级建立联盟就成了革命成功与失败的关键；无产阶级为了巩固联盟，就必须对小资产阶级作出某些妥协和让步。谈到党内情况时，陈独秀用很长篇幅批评了中央的工作[①]。

尽管陈独秀口才极佳，代表们却对他的报告十分不满。他们希望陈独秀对过去的错误有所检讨，对当前的局势进行明确分析，然而他们失望了。报告内容虽面面俱到，但没有明确具体可行的答案，缺乏除旧布新、振奋前进的决心和信心。大会休息时，代表们三三两两在会场四周议论。主席台后面的休息室里，瞿秋白抽着烟，长久地沉默着。罗亦农来到瞿秋白面前，连声说：“糟糕！糟糕！糟糕！”

下午，罗易向大会作《关于共产国际执委会第七次扩大会议对中国

① 参见《中国共产党第五次全国代表大会》，中共党史出版社 2007 年版，第 37—60 页。

问题的报告》。罗易在报告中阐述共产国际执委会第七次扩大会议《关于中国形势问题的决议》的主要精神，通报了共产国际对中国问题总的政治方针。这就是中国革命要向非资本主义发展轨道即社会主义发展轨道过渡，中国革命现阶段是走向新的更高阶段的过渡时期，今后革命的基本动力是无产阶级领导下的工人、农民和小资产阶级的联盟，革命的中心任务是开展土地革命。他要说服中国共产党人接受共产国际执委会《关于中国形势问题的决议》。因为他认为，对共产国际决议案达成共识，是完成今后一切议题的前提。

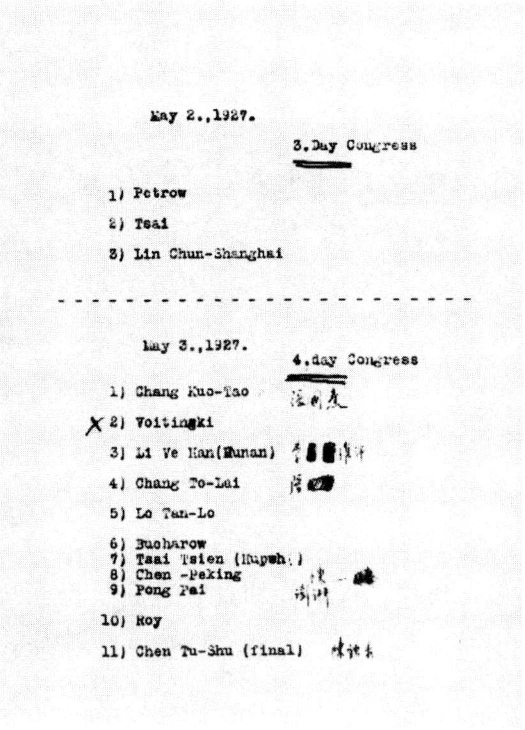
May 2.,1927.

3.Day Congress

1) Petrow

2) Tsai

3) Lin Chun-Shanghai

- -

May 3.,1927.

4.day Congress

1) Chang Kuo-Tao

2) Voitingki

3) Li Ve Han(Hunan)

4) Chang To-Lai

5) Lo Tan-Lo

6) Bucharow

7) Tsai Tsien (Hupeh)

8) Chen -Peking

9) Pong Pai

10) Roy

11) Chen Tu-Shu (final)

中共五大会议记录

4 月 30 日，会议继续进行。下午，恽代英走进会场，发现每个代表座位上都放着一本署名瞿秋白的小册子——《中国革命中之争论问题》，扉页上印着副标题：“第三国际还是第零国际？——中国革命中之孟塞维克主义”。他一边笑，一边对坐在旁边的杨之华说：“这个标题写得好，写得尖锐，目录上的五大问题也提得鲜明：中国革命么？谁革谁的命？谁能领导革命？如何去争领导？领导的人怎样？问得实在好！”

这本小册子是瞿秋白两个多月前在上海写的。1926 年 12 月汉口特别会议后，瞿秋白同陈独秀、彭述之在革命领导权和农民问题方面的分歧和争论逐渐表面化。为应对一场不可避免的争论，他在系统整理 1923 年到 1926 年所写的理论文章后，又写了近 20 篇理论文章，然后用两个星期写了这篇批评陈独秀、彭述之右倾错误的长文，但只点了彭述之的名。这篇长达 7.6 万字的文章，就是此刻放在中共五大代表座位上的小册子——《中国革命中之争论问题》。

1927 年 3 月中旬，瞿秋白从上海来到武汉，一方面参加中共五大筹备工作，另一方面负责党的宣传工作。在中央讨论起草陈独秀报告的会议上，对中山舰事件、《整理党务案》、四一二反革命政变等问题看法分歧，发生激烈争论。瞿秋白的主张一再遭到陈独秀反驳，而彭述之随声附和的发言则得到陈独秀充分肯定。瞿秋白便将《中国革命中之争论问题》油印成册，准备提交五大讨论。

彭述之在会场上看到瞿秋白这本小册子后，怒气冲冲地说：“这是见了鬼！”因为这本小册子点了他的名，把他的主张称为“彭述之主义”。文中针对他以否定中国民族资产阶级客观存在而放弃争夺革命领导权的论调写道：“彭述之虽然一口咬定没有民族资产阶级，民族资产阶级等于似有实无的鬼，实际上却去和这个鬼联合，以备反抗他所认为是买办阶级的新右派。”“彭述之虽然口头上高叫‘革命领导权天然是工人阶级的’，实际上却是双手拱送领导权于资产阶级。”①

在会议讨论时，彭述之又针对瞿秋白的意见说：“我看，中国民族资产阶级还是若有若无的鬼。”其实质是否认中国革命领导权有被资产阶级篡夺的可能与已被篡夺的现实。瞿秋白立即当众反驳：“不管如何，彭述之在客观上还是承认中国资产阶级是有的。不过不是人，而是若有若无

① 参见《中国共产党第五次全国代表大会》，中共党史出版社 2007 年版，第 11 页。

的鬼。既然前提定了，那我们就得正视现实，当前革命领导权，已经或正在被这个鬼篡夺了。”“我们党内就有那么象彭述之那样的人，只知和鬼联合，而反对和人——和广大工农群众联合，把中国革命领导权双手捧给鬼，这才真是见了鬼！”

瞿秋白对彭述之的批判，得到党内不少同志赞同。参加会议的李维汉后来回忆：在党的五大上，秋白把小册子散发给出席大会的代表团。我也得到了一本。小册子指名批的是彭述之，实际上批的是陈独秀，因为这两个人的基本观点是一致的。我和湖南代表团的同志表示赞同秋白的观点。

正当大家为瞿秋白的小册子所折服时，大会主席团执行主席张太雷宣布由共产国际代表罗易讲话。这是罗易在中共五大上第二次讲话，讲话的题目是《中国革命问题和无产阶级的作用》。

在讲到对革命形势的估计时，罗易说：“革命形势已经提出了下一个时期是低落还是进一步发展的问题。非常清楚，革命的下一个时期将是发展时期，而不是低落时期。”可见，在蒋介石叛变革命、大革命局部失败以后，罗易仍对革命的危机严重认识不足，一意孤行认为革命形势处于高潮。

在讲到国共两党关系时，罗易说：“我们就要求所有有关国民革命目前和将来的决议的通过，都要有共产党代表无产阶级自觉参与其事。”“共产党必须实现无产阶级在革命中的领导权。这应该通过在国民党内的共产党党组的工作来实现。”显而易见，这种实现无产阶级在革命中领导权的方法只是脱离实际的空谈①。

罗易在讲话中多次批评陈独秀报告的观点。在罗易看来，中国共产党应该根据共产国际决议，首先也是最根本的，是进行土地革命；第二是武装农民，保卫土地革命的胜利果实；第三是组织农村自治政府，摧毁农村封建地主的政权；第四是建立国家机构，进而实现民主专政；第五是建立一支革命军队，不采取把军阀军队变成革命军队的办法，而是

---

① 参见《共产国际、联共（布）与中国革命档案资料丛书》第5卷，第365—385页。

在巩固的社会基础上组成一支革命的军队。因此，中共五大代表的讨论，实际上不是围绕陈独秀的报告，而是围绕罗易的讲话。

罗易讲话之后，蔡和森、任弼时、谭平山、张国焘、李维汉、张太雷、罗章龙、陈乔年、彭湃、维经斯基等人也相继发言，批评陈独秀的报告。针对陈独秀必须以对小资产阶级也就是汪精卫集团作出妥协让步来巩固统一战线的观点，蔡和森尖锐地指出：我们现在虽然与国民党及国民政府合作，但我们不要忘记其中还保留有资产阶级及地主的分子（孙科、谭延闿），这些分子是随时可举行3月20日及4月12日的大屠杀对付我们的。以团中央书记身份出席中共五大的任弼时，则批评陈独秀报告的政治路线是错误的，是自动放弃无产阶级在民主革命中的领导权。

据史料记载，当时有38位代表签名要求发言。可由于时间关系，很多人没有发言，毛泽东就是其中之一。作为中央农委书记和全国农民协会临时执行委员会负责人，毛泽东在大会召开之前，就准备把湘鄂赣粤四省农协联席会议形成的“广泛地重新分配土地”和“迅速加强农民斗争”的提案提交大会讨论，可因遭到否决，没能在会上提出，感到非常沮丧。今天想发言又没有时间，他便把两个月前写的《湖南农民运动考察报告》交给大会秘书处。秘书处油印了300份，在5月2日分组讨论时分发大会代表。可刚发二十几份，就被彭述之发现，勒令立即如数收回。

毛泽东失望了！迷茫中，他登上蛇山，徘徊于黄鹤楼前，仰望烟雨苍茫的天空，俯瞰浩瀚东流的长江，吟出一首沉郁顿挫的《菩萨蛮》：

茫茫九派流中国，
沉沉一线穿南北。
烟雨莽苍苍，
龟蛇锁大江。

黄鹤知何去？
剩有游人处。
把酒酹滔滔，
心潮逐浪高。

31年后，文物出版社刊印《毛泽东诗词十九首》，毛泽东在这首词前写下几行说明：“一九二七年，大革命失败的前夕，心情苍凉，一时不知如何是好。这是那年的春季。”

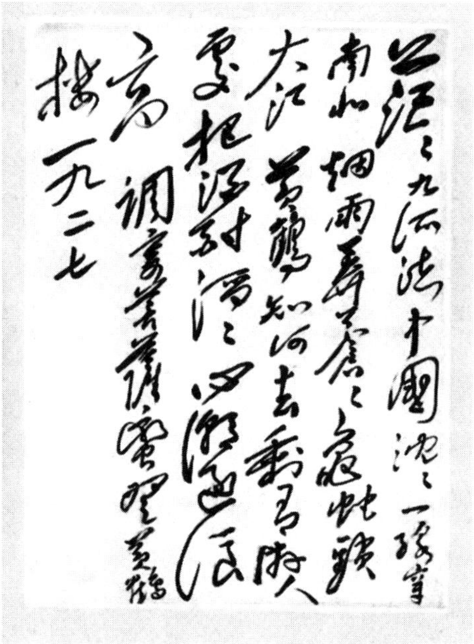

毛泽东《菩萨蛮·黄鹤楼》手迹

5月3日，正当代表们热烈讨论的时候，传来一个意外消息——汪精卫明天要到大会发表演说。于是，大会改变原定议程。第二天，汪精卫来到会场，登上主席台。台上台下响起热烈的掌声和欢呼声。掌声过后，汪精卫开始演讲。

汪精卫说：“蒋介石等反对共产党加入国民党，违反了孙中山的‘三民主义’，必须反对这样的态度，并驱除这样的人离开国民党。”“共产党代表了工人和绝大部分农民。国民党为了革命，就必须与共产党合作。”“事实证明，共产党已经在着手开始反帝国主义运动。如果国民党要想革命，必须与共产党合作。”“国民革命应该遵从孙先生的‘三民主义’：民族、民主、民生。这意味着我们不需要建立一个资本主义阶段，而可以直接将革命带入社会主义阶段。因此国共一定要合作。”[①] 汪精卫一而再、再而三地表示“必须和共产党合作到底”，共产党人似乎吃了颗定心丸。

汪精卫演讲完毕，罗易发表题为《中国革命的前途和性质》的讲话。罗易说，中国革命的前途“是非资本主义发展的道路”，而不是“一个循着资产阶级民主道路发展的前途”。帝国主义已采取分化革命阵营的新策略。无产阶级应竭力争取革命的领导权。要“取消资产阶级领导权，把领导权转到革命的阶级（无产阶级、农民和小资产阶级的联盟）手里，使中国革命成为世界革命不可分割的一部分”。他还说，革命军队是中国革命极重要的因素，武装的革命反对武装的反革命，是中国革命的特点和优点之一。

罗易的讲话对国民党的革命性作了很高的估计。汪精卫神情专注，认真倾听。罗易话音刚落，汪精卫就忍不住站起来第二次讲话。汪精卫说：“国民党完全接受共产国际关于革命的非资本主义发展的解释。没有人能够指责国民党支持资产阶级利益。相反，国民党正遵循一条革命的道路。”[②]

接着，汪精卫要大会回答：共产党怎样看待小资产阶级？小资产阶级是否赞成非资本主义发展道路？实质上，汪精卫是要大会回答中国共产党如何看待汪精卫集团，试探中共对武汉国民政府的态度。

汪精卫讲话后，陈独秀有一个简短发言。他没有正面回答汪精卫的问题，只是强调无产阶级和小资产阶级应联合起来。或许是认为陈独秀

① 《汪精卫在中共五大上的第一次讲话》，译自中央档案馆英文档案资料。
② ［美］罗伯特·诺思等编著：《罗易赴华使命》，中国人民大学出版社 1981 年版，第 82 页。

的发言不够中肯，罗易随即发表题为《中国革命和社会主义》的讲话，作为对汪精卫第二次讲话的回答。罗易说："听了汪精卫同志的讲话，共产国际代表团认为有必要把意思表达得更清楚一些"，这就是"共产国际没有向中国共产党提出立即为实现社会主义而斗争的任务"。"我代表共产国际代表团向汪精卫同志并通过他向整个国民党保证，……因为国民党正在进行反帝斗争，所以它现在是一个革命组织，将来也是一个革命组织。正由于这个原因，无产阶级同国民党合作，直到最后胜利。"罗易讲话后，汪精卫又第三次讲话。

作为共产国际代表团的首席代表，罗易在中共五大上非常活跃，先后七次讲话或报告。除前面提到的 4 月 27 日、4 月 30 日和 5 月 4 日的四次讲话和报告外，还在 5 月 3 日作题为《无产阶级和小资产阶级》的讲话，5 月 9 日作题为《非资本主义发展和社会主义，民主专政和无产阶级专政》的结论性讲话，5 月 9 日代表共产国际在新选出的中共中央委员会全体会议上作题为《布尔什维克的党》的讲话。大会闭幕以后，又在 5 月 13 日发表《中国共产党第五次全国代表大会之意义》一文。罗易的讲话和报告，涉及与会代表激烈争论的一系列问题。

尽管罗易在这些讲话和文章中提出了一些正确思想，但由于他所依据的共产国际执委会第七次扩大全会通过的《中国问题决议案》在很多问题上自相矛盾，很多决策不适合当时中国的革命形势，他的这些思想也只能是纸上谈兵。正如蔡和森所说："鲁易（罗易——引者注）同志所说的一些原则都是很对的，很可宝贵的，只可惜没有说出办法，每次开会都会像上课一般，只空空洞洞的教我们一些原则，这是不够的。"①

中共五大是在轰轰烈烈的大革命局部失败、革命面临严重危机的紧急关头，在共产国际指导下召开的。摆在年轻的中国共产党面前的是极为复杂的局势，有太多问题需要在这次大会上讨论解决。这就是无产阶级如何争取领导权？如何领导农民实行土地革命？如何对待武汉国民政府和国民

① 《共产国际、联共（布）与中国革命档案资料丛书》第 5 卷，北京图书馆出版社 1998 年版，第 527 页。

党？如何建立中国共产党领导的革命武装？大会围绕这些问题展开讨论，先后有 23 位代表发言。除此之外，大会还多次组织各个委员会分组讨论组织问题、修改党章问题、职工运动问题和农民土地问题。

经过热烈的讨论以至激烈的争论，大会在 5 月 9 日通过《中国共产党接受共产国际第七次执委会扩大会议关于中国问题决议案之决议》《政治形势与党的任务议决案》《组织问题议决案》《土地问题议决案》《职工运动议决案》《对于共产主义青年团决议案》《中国共产党第五次全国代表大会宣言》。因为会期正值“五一”国际劳动节，大会还发表了《为“五一”节纪念告世界无产阶级书》和《为“五一”节纪念告中国民众书》。

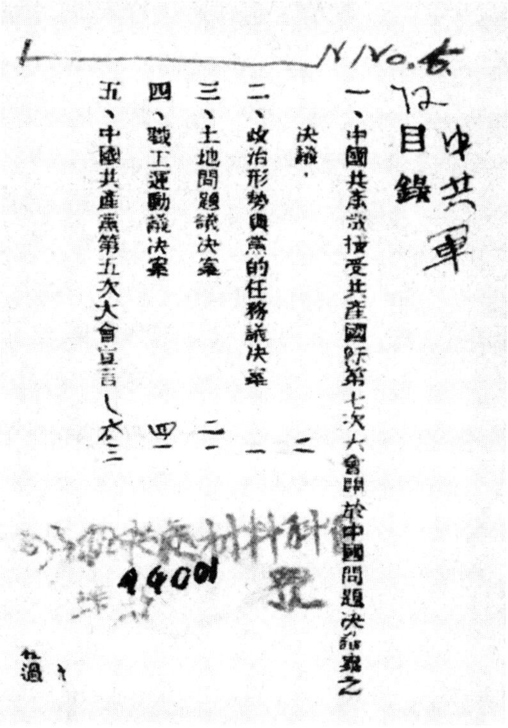
目錄

一、中國共產黨接受共產國際第七次大會關於中國問題決議案之決議

二、政治形勢與黨的任務議決案

三、土地問題議決案

四、職工運動議決案

五、中國共產黨第五次大會宣言

中共五大通过的决议案

中共五大通过的决议案，提出了争取无产阶级对革命的领导权、建立革命民主政权、实行土地革命等指导中国革命的正确原则，为党的思

想理论建设作出了积极贡献；决定将中央领导机构改为中央委员会，中央委员会设政治局，设立中央监察委员会，明确党的指导原则是民主集中制，强调党的各级组织都要实行集体领导，在党的组织建设上前进了一大步。遗憾的是，在大革命局部失败的危急关头，大会没能提出挽救革命的具体措施。

5 月 9 日，在通过各项决议案和宣言以后，大会选举产生由 31 名中央委员和 14 名中央候补委员组成的第五届中央委员会。中央委员：陈独秀、李维汉、瞿秋白、蔡和森、李立三、邓中夏、苏兆征、项英、向忠发、张国焘、罗亦农、赵世炎、张太雷、陈延年、谭平山、周恩来、刘少奇、任弼时、恽代英、彭湃、夏曦、贺昌、易礼容、彭述之、杨之华、罗珠、罗章龙、李涤生、顾顺章、杨其珊、陈乔年。中央候补委员：毛泽东、郭亮、黄平、吴雨铭、陆沉、刘伯庄、袁达时、毛科文、陈潭秋、薛六、林育南、庄文恭、李震瀛、王亚璋。

接着，召开五届一中全会，选举产生由陈独秀、蔡和森、李维汉、瞿秋白、张国焘、谭平山、李立三、周恩来八名委员和苏兆征、张太雷两名候补委员组成的中央政治局，由陈独秀、蔡和森、张国焘三名委员组成的中央政治局常委会，在大会上遭到炮轰的陈独秀依然当选中央总书记。

在中共五大选举之前，罗易就考虑中央领导人的变动问题。他认为，“老中央委员会的 7 名委员中有 2 名或 3 名没有公开反对老领导，因为他们感到自己没有足够的力量。……如果我们能给他们打好基础，他们就会形成对抗老领导的实实在在的反对派，这样我们就能在中央委员会中把老领导孤立起来”。但是，他不得不承认：“尽管党内对老中央委员会存在着普遍的不满情绪，但是谁都没有表示出要推翻它的丝毫愿望。第一，党没有要求推翻老领导；第二，（共产国际）代表团看到，如果推翻老领导，没有谁能替代它。”① 在这种情况下，罗易认为，最好的办法就是

① 中共中央党史研究室第一研究部译：《共产国际、联共（布）与中国革命档案资料丛书》第 4 卷，北京图书馆出版社 1998 年版，第 446—447 页。

从一些省里吸取新的成员参加中央委员会，让一些在各地工农运动中起过领导作用的同志进入中央委员会。经过罗易策划，中共五大选举的中央委员会委员和候补委员中，多数是工人运动、农民运动的领导者。罗易对这个结果比较满意，认为“中央委员会表面上体现了党在那种条件下可以拥有的最佳领导”[①]。

经过80年历史沉淀，中共五大旧址举办《中国共产党第五次全国代表大会历史陈列》。这个陈列的结束语中有这样一段话：“中共五大是中国共产党历史上的一次重要会议，是中国共产党探索中国革命道路艰难历程中的一个重要环节。在幼年时期，党虽然对中国革命的基本问题进行了有益探索并初步提出了一些正确思想，但主观上还没有能力、客观上也不可能独立自主地运用马克思列宁主义妥善解决中国革命的一系列理论和实际问题。”中共五大的不足与局限，是幼年时期的中国共产党难以避免的成长代价。在经历大革命全面失败的挫折以后，中国共产党才吸取血的教训，逐步找到一条符合中国国情、具有中国特色的革命道路。

① 中共中央党史研究室第一研究部译：《共产国际、联共（布）与中国革命档案资料丛书》第4卷，北京图书馆出版社1998年版，第447页。

第三章　进退维谷的艰难
——革命危机加深与挽救方略探索

中共五大以后，武汉国民政府辖区反革命势力日益猖獗，反革命活动迅速表面化。5 月中旬，夏斗寅、杨森叛乱，武昌卫戍司令叶挺根据中共中央和国民政府命令，率部与恽代英任党代表的中央独立师奋起反击，迅速击败夏斗寅叛军。5 月 21 日，许克祥在长沙发动马日事变，由于汪精卫和共产国际的影响，中共中央采取了妥协退让策略。面对急剧恶化的局势，一些共产党人积极探索挽救革命方略，中共中央也开始逐步注重军事工作。

贯彻落实五大精神的数十次会议

面对纷繁复杂、急剧逆转的革命形势，中共党内对一些重要问题见解不一，经常发生争论。在五大闭幕后两个月内，中央就召开政治局会议 12 次、政治局常委会议 34 次，围绕贯彻落实五大制定的政治战略、党的建设方针和加强地方党的工作等重大问题进行讨论。

5 月 12 日，中共中央政治局和共产国际代表举行联席会议，讨论“关于国民党左派在同小资产阶级和农民的关系的基础上建立相互关系的问题”①。这个问题是五大制定的政治战略中的关键问题。因为大会认为，这时的形势是资产阶级已经背叛革命，中国革命已经发展到建立小资产

① 《中国共产党第五次全国代表大会》，中共党史出版社 2007 年版，第 105 页。

阶级的民权独裁制阶段，应该以土地革命及民主政权的政纲去号召农民和小资产阶级，使革命向非资本主义前途发展；现阶段共产党与国民党的关系，应该比以前更加密切；资产阶级的退出，使国民党日益成为工、农、小资产阶级三种被压迫阶级的联盟，无产阶级是这个联盟的原动力。所以，联合民权派的一切成分于国民党旗帜之下以强健这个革命同盟，是无产阶级在这个革命阶段中主要的职任。在这个阶段，革命势力的社会基础是无产阶级、农民与城市小资产阶级的革命的联盟。也就是说，在这个阶段，党的任务是继续争取领导权——建立包含工、农、小资产阶级的左派革命联盟，以反对封建分子及资产阶级的领导。而汪精卫及国民政府是国民党左翼力量的核心，所以这时的关键就是要继续与汪精卫合作，共同推进国民政府北伐。这次会议实际上就是解决与汪精卫继续合作的问题。

会议开始，陈独秀首先通报最近汪精卫同他谈话的情况。汪精卫讲了四点，其中之一就是“存在两个党组织是不合适的。如果领导权属于国民党左派，共产党人跟随他们，那就不需要共产党；如果是另一种情况，领导权在共产党手里，那就不需要国民党”。在讲完这四点之后，“汪精卫总结说：现在的主要问题是，谁领导群众？群众跟谁走？跟国民党走还是跟共产党人走？国际关系和军队状况的恶化无论过去还是现在都是共产党人的过错。如果国民革命因此遭到失败，那对人民群众来说会更糟糕”①。

陈独秀通报后，鲍罗廷第一个发言。他提出同国民党改善关系的三条意见：“（1）两党密切合作，共同解决所有问题；（2）制定对小资产阶级的总的政策，没有这种政策，灾难就不可避免；（3）制定对农民的总的政策。”鲍罗廷提出这些意见，实际上是指责共产党对小资产阶级的政策错误。张国焘表示拒绝接受，“要求派遣工人和农民到军队中去，并把他们武装起来”②。

---

①《中国共产党第五次全国代表大会》，中共党史出版社 2007 年版，第 105—106 页。
②《中国共产党第五次全国代表大会》，中共党史出版社 2007 年版，第 106 页。

维经斯基接着说："这里讨论的问题并不是新问题。国民党左派会在一定的方面摇摆不定，因为现在坐而论道的时候已经过去，需要解决的问题非解决不可了"。他主张"对所提出的问题共产党可以作两种回答：（1）要求国民政府对土地问题有明确的态度，协调而不是反对这一运动，或者（2）完全支持土地运动"。然后说："我们对小资产阶级的态度是明确的：国民政府应当帮助小资产阶级反对大资产阶级，它自己也要同大资产阶级作斗争，并且支持这种斗争。另一方面，我们应当帮助小资产阶级劳动群众为改善他们的生存条件而斗争，但这种斗争应当通过工会加以协调。"① 这时，陈独秀说，我们同国民党左派对土地问题的态度似乎是一致的。鲍罗廷马上说："现在唯一的出路是向小资产阶级作出让步"②。随后，陈独秀提出六条具体意见供大家讨论。

5 月 13 日，会议继续进行。针对昨天鲍罗廷提出的"现在唯一出路是向小资产阶级作出让步"的意见，蔡和森说："我们已多次向小资产阶级作出让步。能否保住工人阶级和农民所取得的成绩现在还没有保证。如果我们增加对小资产阶级的让步，工人和农民的利益就会丧失更多。让步是必要的，但不能只从我们方面，国民政府在国家政策上，例如在减轻小资产阶级和小地主的税负方面也应作出让步。"接着，罗易提出自己的意见。他不同意鲍罗廷和陈独秀提出的"向小资产阶级作出让步"，原则上赞同蔡和森的意见，但认为在策略上不宜提捐税一条③。

讨论结束后，会议通过《关于小资产阶级问题共产党与国民党的关系》议决案。议决案指出："国共两党的关系，在此阶段中，建筑在无产阶级在斗争中的领导权上。共产党加入国民党同他合作，强健左派，帮助他领导革命，可是同时不要失掉自己代表无产阶级，并为无产阶级利益而行动的政治独立的性质。无产阶级决不在牺牲阶级独立性条件之下，加入左派的国民党。无产阶级只有借用他的政党——共产党，才能执行

① 《中国共产党第五次全国代表大会》，中共党史出版社 2007 年版，第 106 页。
② 《中国共产党第五次全国代表大会》，中共党史出版社 2007 年版，第 107 页。
③ 《中国共产党第五次全国代表大会》，中共党史出版社 2007 年版，第 108 页。

巩固国民党和推动国民党逐渐前进。”①

6 月 1 日，中央政治局召开会议，审议并通过《中国共产党第三次修正章程决案》。中共五大在党的建设方面前进了一大步，为将这些新的举措制度化，《组织问题议决案》决定：“根据本党自第四次大会以来党员数量激增这一事实并根据本党目前的任务，第五次大会认定必须改正并补充旧时党章。”所以，五大闭幕后，中央政治局就组织对原有党章进行全面修改，并于 6 月 1 日通过《中国共产党第三次修正章程决案》。《中国共产党第三次修正章程决案》共 12 章 85 条，约 9000 字，是中国共产党成立以来篇幅最大、内容最丰富的党章，充分体现了五大在党的建设方面的重要贡献。

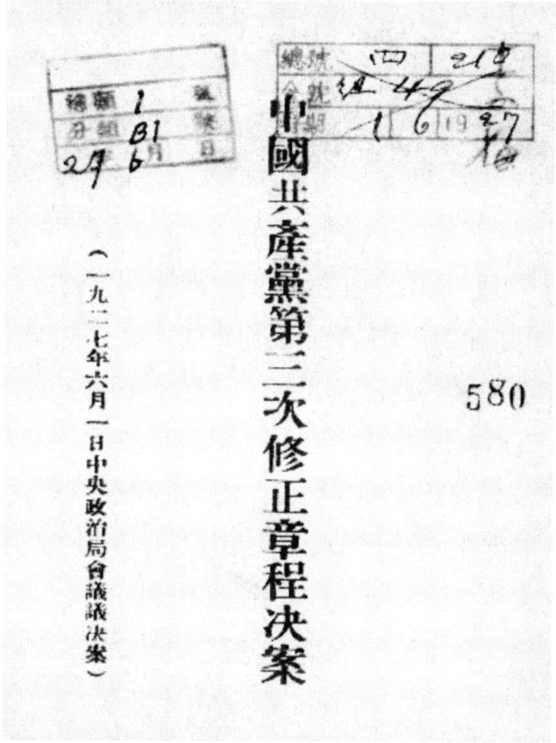
580

中國共産黨第三次修正章程決案

（一九二七年六月一日中央政治局會議議決案）

中国共产党第三次修正章程决案

① 《中国共产党第五次全国代表大会》，中共党史出版社 2007 年版，第 109 页。

中共五大在党的建设方面的重要贡献，首先是组织建设，尤其是中央领导机构的建设。中共从一大到四大，每次选举产生的中央领导机构人数都很少。一大选举产生的中央领导机构叫中央局，中央局成员三人。二大、三大、四大选举产生的中央领导机构叫中央执行委员会，中央执行委员分别为五人、九人、九人。当时，中央领导机构成员人数少，是因为直到四大召开时，全国党员人数还不到 1000 人。而五大召开时，全国党员人数已达到 57967 名。所以，陈独秀在五大的《政治与组织的报告》中说："我们的工作仍然在开展着，九个中央委员是不够的。中央工作更感到困难的是，甚至九个中央委员也不能经常在一起工作。在中央一起工作的只有两三个委员，有时只有一个委员。这样一来，中央自然而然就产生了独裁。""党中央不很健全，我们党目前还不是一个有完善组织的党，而是各个共产主义者的小组……我们必须指派更多的同志到中央工作，否则我们就会面临危险。"①

正是基于这种认识，中共五大通过的《组织问题议决案》指出，为完成"领导无产阶级、农民及城市小资产阶级的革命联盟，并建立这些阶级的民主独裁制政权"这种"迫切的任务"，"本党不仅应该变成群众的党，而且应该变成布尔什维克的党，在思想上如此，在组织的原则和实际上也是如此"。从思想上、组织上和实际工作中使党"变成群众的党""变成布尔塞维克的党"，是中共五大提出的新的历史阶段党的建设的目标。要达到这一目标，首先就要加强组织建设尤其是中央领导机构的组织建设。原因之一是组织建设是党的建设的基础，中央领导机构建设是基础的基础；原因之二就是陈独秀在《政治与组织的报告》中所说的，当时"中央的工作做得最好的是宣传工作，做得最差的是组织工作"，而"在组织工作方面，最重要的是使中央成为强有力的中央"。所以，《组织问题议决案》指出："中央应该强毅地实行集体的领导，从中央、省委以至支部"。中共五大第一次把党的组织系统划分为中央委员会、省委、市（县）委、区委、

① 《共产国际、联共（布）与中国革命档案资料丛书》第 4 卷，北京图书馆出版社 1998 年版，第 338—364 页。

支部五级，中央领导机构第一次采用“中央委员会”名称，并在中央委员会设立中央政治局，中央政治局设立常务委员会，将中央日常工作机关与决策机构分开，从此确立中国共产党的领导体制，一直沿用至今。

按照《组织问题议决案》精神，中共五大选举产生由31名正式委员和14名候补委员组成的第五届中央委员会。接着，在五届一中全会选举产生由八名正式委员、两名候补委员组成的中央政治局，由三名委员组成的中央政治局常务委员会。毛泽东、周恩来、刘少奇、任弼时、瞿秋白、蔡和森、李立三、张太雷、项英、陈潭秋、林育南等一大批杰出人才进入中央领导机构。这些人物中的大多数后来承担起挽救革命的历史使命，成为党在腥风血雨中坚持斗争的中流砥柱。其中，蔡和森、瞿秋白、邓中夏、苏兆征、项英、罗亦农、赵世炎、张太雷、陈延年、恽代英、彭湃、夏曦、贺昌、杨其珊、陈乔年、郭亮、陈潭秋、林育南、毛科文、薛六20人壮烈牺牲，毛泽东、周恩来、刘少奇、任弼时成为中国共产党第一代领导集体重要成员。正如罗易5月10日写给共产国际的《中国共产党第五次代表大会》报告所言，这次大会选举产生的“新的中央委员会集中了一切有能力的党的领袖人物”①。

在五大会议讨论时，代表们对党的集体领导状况很不满意，有的甚至认为“集体领导实际上从来没有过”，对陈独秀的家长式工作方式与作风进行严厉批评。因此，6月1日通过的《中国共产党第三次修正章程决案》，在第二章《党的建设》中第一次提出“党部的指导原则为民主集中制”②。在第三章《党的中央机关》中明确规定：“中央委员会，选举正式中央委员一人为总书记及中央正式委员若干人组织中央政治局指导全国一切政治工作，并选正式中央执行委员若干人为中央政治局候补委员。候补政治局委员参加政治局会议时，只有发言权而无表决权，正式政治局委员离职时间，候补政治局委员依次递补。全体中央委员会议得改组中央政治局；中央政治局互推若干人组织中央常务委员会（secretariat）处理党的日

① 《中国共产党第五次全国代表大会》，中共党史出版社2007年版，第241页。
② 《中国共产党第五次全国代表大会》，中共党史出版社2007年版，第120页。

常事务。”同时，要求“中央委员会至少每两月须给省委一次中央执行委员会工作书面的报告”，以便全党了解和监督中央的工作[1]。这些明确规定，是对家长制的坚决否定，为集体领导的实行提供了制度保障。

中共五大在党的建设方面的另一重要贡献，就是对纪律建设的高度重视。首先，是第一次将“政治纪律”的概念引入党的纪律检查制度。政治纪律是处理党的各级组织、党员同党中央、党的路线、方针、政策之间关系的规定，是保证全党在思想上、政治上、组织上统一的基础。严格政治纪律，对于实现党的基本路线至关重要。五大在完善纪律检查制度的过程中，明确了政治纪律的地位。五大通过的《组织问题议决案》指出：“党内纪律非常重要，但宜重视政治纪律”[2]，要求各级组织（党部）、群众组织中的党团、党的领导干部和个人，在政治问题上，都要严格服从党的指导。《中国共产党第三次修正章程决案》在第九章《纪律》中规定：“严格党的纪律是全体党员及全体党部最初的最重要的义务，党部机关之决议，应当敏捷的与正确的执行之，但对于党内一切争议问题，在未决定以前，得完全自由讨论之。”“不执行上级机关的决议及其他破坏党的行为，即认为违背党的共同意志而处罚之。处罚之方式如下：A. 对于整个的党部则加以警告、改组或举行总的重新登记（解散组织）。B. 对党员个人，则加以警告，在党内公开的警告，临时取消其党的、国民党的、国民政府的及其他的工作。留党察看，及开除党籍。”还规定：“党的一切决议取决于多数，少数绝对服从多数。党员及下级机关对于上级机关决议不同意时，得各该党部过半数党员的同意，得对于上级机关提出抗议，但在抗议时期内，未解决以前仍须执行上级机关之命令。”同时规定，未经党的许可，党员不得加入其他政治党派，不得担任国家机关内任何职务[3]。在党的纪律检查制度中明确提出政治纪律的概念，把政治纪律放在首位，对于维护党的统一，保证党的方针、政策、路线的贯彻执

① 《中国共产党第五次全国代表大会》，中共党史出版社 2007 年版，第 122 页。
② 中央档案馆编：《中共中央文件选集》第 3 册，中共中央党校出版社 1983 年版，第 88 页。
③ 中央档案馆编：《中共中央文件选集》第 3 册，中共中央党校出版社 1983 年版，第 132、133 页。

行，具有极其重要的作用。

其次，是第一次设立监察委员会。《中国共产党第三次修正章程决案》在第八章《监察委员会》中指出："为巩固党的一致及威权起见，在全国代表大会及省代表大会选举中央及省监察委员会"，规定"中央及省监察委员，不得以中央委员及省委员兼任"，监察委员会对违反党的纪律的行为"依合法手续审查之"，中央和省委不得取消中央监察委员会和省监察委员会的决议，但这些决议必须得到中央及省委同意才能生效与执行。五大规定的党的监察委员会与党的委员会是平行的，但必须接受党的委员会领导，其决定得到党的委员会同意才能执行。这种体制有利于更加充分地发挥监察机关的制衡功能。

中国共产党之所以在五大决定设立纪律检查机构——中央及省监察委员会，也是党组织和革命形势发展到一定历史阶段的客观需要。从一大到四大，都因为党员人数少、质量高，机构精干，纪律严明，违纪现象较少，没有成立专门的纪律检查机构，而由党的各级委员会直接维护和执行党纪。随着大革命高潮兴起，中国共产党的影响迅速扩大，党员人数从四大召开时的 994 人猛增到五大召开时的 57967 人，成为全国第二大政党。新党员急剧增加，党员教育滞后，加上少数投机分子混入，对党的先进性和纯洁性形成严峻考验。同时，国共合作后，大量共产党员以个人身份加入国民党，在国民党各级党部、军队和政府任职，时刻面临权力地位、金钱美色、灯红酒绿等各种诱惑，加上革命阵营内部分化日益加剧，少数意志薄弱的党员抵制不住高官厚禄诱惑，出现追求享受、贪污腐化、思想动摇乃至叛党变节现象。尤其是四一二反革命政变以后，少数党员被白色恐怖吓倒，脱党、自首乃至叛党投敌现象屡见不鲜。面对这种形势，党内成立专门的纪律检查机构，已是刻不容缓。

正因如此，中共五大在最后一天大会上，选举产生中国共产党历史上第一个中央纪律检查机构——中央监察委员会。王荷波、张佐臣、许白昊、杨匏安、刘峻山、周振声、蔡以忱当选中央监察委员，杨培森、萧石月、阮啸仙当选候补中央监察委员，王荷波、杨匏安分别担任中央监察委员会主席、副主席。这十名当选的监察委员会成员，都是在工农运动和革命斗争中久经考验、在群众中拥有崇高威望的党员领导干部，其中六人是工人出身，后来有八人在刑场或战场牺牲，无一人叛党投敌。

中共五大后召开的政治局会议和政治局常委会议，很多次是研究各省党的工作。仅5月中旬，就召开三次常委会，研究陕西、河南、北方、山西、四川、湖北、湖南、广东、上海、内蒙古等地工作。同时，派出大批干部奔赴各地领导或指导工作。据时任湖南区委书记的李维汉后来回忆，他在五大当选为中央政治局委员，中央决定调他担任中央组织部部长，湖南省委（五大后湖南区委改称湖南省委）书记由夏曦接任，并要他回湖南做两件事：一是向夏曦交代工作；二是帮助省委拟定湖南土地问题单行条例。大约在五大闭幕后十天，李维汉回到长沙，向夏曦移交工作，并帮助省委按照国民党土地委员会通过的土地问题决议草案，起草了一个土地问题单行条例[①]。

5月14日召开的中央政治局常委会，研究了陕西、河南、东北三省、山西和北方的工作。关于陕西工作，决定成立中共陕西省委，由耿炳光任省委书记，同时决定共产党员参与陕西省政府，要求国民政府每月资助20万元，给军校1000支枪。关于河南工作，制定对红枪会的政策，要求河南组织农民协会，并于7月23日派周以粟到开封成立河南省委。关于东北三省工作，5月14日研究东北军事问题和预算问题，5月18日讨论东北地区形势和党的建设问题，决定成立中共满洲省委。关于山西工作，5月14日研究山西党的工作，5月19日批准成立以颜昌杰为书记的中共山西省委。阎锡山在山西“清党”后，中共中央又指示山西省委注意秘密工作。关于北方工作，经过研究，陈独秀将北方工作归纳为打奉、倒蒋、打李、打阎，指示北方准备秘密工作。

5月15日下午，中央政治局常委会主要研究四川问题。经过讨论，会议决定先召集吴玉章、李嘉仲、钟梦侠、任旭商量特别委员会事宜，提议派郑鼎勋、黄达全、张鸿次、刘荣简、赵世兰到四川工作，但要先

① 参见李维汉：《回忆与研究》（上），中共党史资料出版社1986年版，第113—114页。

查清其身份。5 月 22 日下午，陈独秀、蔡和森、陈乔年与吴玉章、李嘉仲、钟梦侠、任旭等人再次讨论四川问题。6 月 6 日，中央决定派傅烈担任四川临时省委书记。7 月中旬，中央指定傅烈、钟梦侠、刘披云等五人组成四川临时省委。5 月 15 日的政治局常委会议，还正式通过湖北省委名单，研究山西、内蒙古工作。

5 月 16 日下午，中央政治局常委会议讨论广东和上海工作。关于上海工作，因为 4 月中旬中央已派李立三到上海与周恩来、陈延年、赵世炎、维经斯基组成特务委员会，决定赵世炎与陈延年工作对调，上海的军事工作要争取和联络周凤岐。关于广东工作，研究了广东农民暴动的子弹和军饷问题，决定广东组织三个特别委员会。

6 月，中央决定成立中共广西特委。6 月 26 日，中央派王若飞到上海召开江苏省委会议，宣布 30 多人为江苏省委委员，陈延年任书记。陈延年和赵世炎牺牲后，中央决定重新组建江苏临时省委，任命王若飞任代理临时省委书记，袁达时、吴雨铭、顾作霖等为常委。

中共五大以后，共青团第四次全国代表大会、太平洋劳动大会、第四次全国劳动代表大会先后在武汉举行。中共中央在贯彻落实五大制定的政治战略、党的建设方针和指导地方党的工作的同时，也为这几次重要会议的召开做了大量工作。

全力反击夏斗寅、杨森叛乱

1927 年 5 月中旬，中共五大闭幕不到一个星期，夏斗寅和杨森在湖北发动叛乱。夏斗寅原为北洋军阀旧部，客居湖南。北伐军先遣队叶挺独立团攻占湖南攸县时，广州国民政府军事委员会收编夏部为国民革命军鄂军第一师，委派夏斗寅为师长，编入国民革命军第八军战斗序列。1927 年初，夏部移防宜昌、沙市，改称独立第十四师。杨森系四川军阀，1926 年 8 月就任四川省省长。此时北伐军迅猛攻击吴佩孚，杨森要求参加北伐军。9 月，被委任为国民革命军第二十军军长兼川鄂边防司令，率部驻四川东部。

1927 年 4 月下旬，第二次北伐开始，起初战事进展比较顺利。不久，北伐军沿京汉路及其两侧北上，遭到奉军顽强反扑，双方发生异常激烈的战斗，一度形成僵持不下的苦战状态。这时，蒋介石趁武汉军队主力出师北伐、后方空虚的时机，不断指使川黔桂粤等地方军阀进攻两湖，同时秘密策划两湖反动军官发动叛乱，企图里应外合，推翻国共合作的武汉国民政府。蒋介石委任杨森为第五路前敌总指挥，担负偷袭武汉的任务，同时派密使加紧策动夏斗寅叛乱。

4 月底，第二次北伐的主力部队刚刚离开武汉，第三十五军军长何键就在汉口邀集部分高级军事将领开会，密商发动反共军事政变的计划。当讨论在何处发动叛乱时，有人建议就近在武汉三镇动手，但何键认为不可，其原因：一是唐生智现在河南前线，态度很不明确，若闯下大祸，难以担待；二是叶挺师现驻武昌，战斗力也强，一旦起事，他们决不会袖手旁观；三是武汉三镇的工人纠察队不可小瞧。因此，他要大家再考虑别的地方。夏斗寅反共态度最为激烈，跃跃欲试，表示愿当反共“先锋”。密会最后决定，首先在湖南发动，接着由夏斗寅在湖北响应，然后由何键部和李品仙部在武汉相机举事，一举完成“两湖共举”的“清党反共大业”[①]。本来这次密会商定的起事时间是先湖南后湖北，结果首先发难的却是驻守湖北的夏斗寅。

5 月初，蒋介石派遣密使与夏斗寅和杨森的代表在宜昌秘密会商，准备采取杨攻夏退、伪装锐进的方法，由长江、汉水分两路袭击武汉。5 月 9 日，杨森率部占领宜昌，强令解散宜昌总工会、农民协会，屠杀工农群众，同时发出反共、讨伐武汉通电。夏斗寅按原定计划佯作战败，将宜昌让给杨森先遣部队范绍增第九师，率部顺长江东下。夏斗寅为麻痹武汉政府，连电告捷，谎称已在荆沙战退杨森，信誓旦旦表示“我们

① 魏镇:《“马日事变”亲历记》,《文史资料选辑》第 45 辑。

是宜昌的屏障，不让四川军阀杨森犯我们的防地一步”[①]。5 月 13 日，夏斗寅领衔发表通电，对工农群众运动肆意诬蔑毁谤，谩骂董必武、徐谦、邓演达、詹大悲、张国恩、李汉俊等共产党人和国民党左派，攻击提高党权运动，杀气腾腾地叫嚷要以武力“清党”反共，重建新政。15 日，夏部在嘉鱼登陆，16 日进至咸宁汀泗桥一带，拆毁武长铁路。17 日，进逼距武昌仅 40 里的纸坊。沿江东进的杨森部由于有夏斗寅为其开路，未遇任何抵抗，顺利占领荆州、沙市、岳口、嘉鱼，前锋直指仙桃，威胁汉阳，与夏斗寅部形成对武汉夹击之势。与此同时，其他反动军官也相继响应。第四十三军李燊部尾随杨森，占领鄂西、鄂中部分县市。第二十五军周西成部宣布反对武汉政府，向距江口 60 里三处集中兵力。驻京汉路的第十五军刘佐龙部向青山、黄州集结。驻鄂北的吴佩孚残部于学忠、张联升也与夏杨叛军联络，准备协助行动。

夏斗寅、杨森的突然袭击，顿时引起武汉局势严重混乱，人心恐慌，谣言蜂起。普通市民不明真相，误信谣传，以为叛军已进入武汉，纷纷逃入租界避难。一些富商财主收拾细软，乘船东下，逃出武汉。武汉国民政府军政要人虽然对夏斗寅图谋叛变早有所闻，但未做应变准备。当叛军兵临城下时，他们惊恐万状，束手无策。汪精卫、谭延闿等控制的国民党中央领导核心严重动摇，不仅拿不出任何坚定主张和有效办法，反而极力为夏斗寅辩护开脱，坐观时局颓坏。

在这千钧一发的关键时刻，中国共产党人挺身而出，成为挽救危局的中流砥柱。5 月 18 日，中共中央发表《中国共产党对夏斗寅叛变告民众书》及《告夏斗寅部下的兵士书》。《中国共产党对夏斗寅叛变告民众书》首先指出：“夏斗寅的叛变，是表现目下反动分子假充革命党的事实依然存在。这些反动分子虽说站在革命战线里，他们却时时想利用机会反对革命破坏革命。但是革命的运动已经强大起来，消灭革命已非易事。革命的势力是建筑在大多数工农群众之上，工农已有为革命而战斗的意志，为革命而牺牲的决心，革命的运动未曾因蒋介石的叛变而削弱，

① 时宣：《平定夏斗寅、杨森叛乱的经过》，《武汉文史资料》第 15 辑。

革命的势力现已立于不败之地的地位。故对于夏斗寅及其同类定能以必要的手段应付之。”接着，针对夏斗寅“制造共产党将破坏中等阶级的谣言”，用大量篇幅详细说明中国共产党对中等阶级的政策，揭露夏斗寅的反动阴谋。最后庄严宣告：“中国共产党决定向以反对共产党的过火行为保障中等阶级利益为借口的夏斗寅正式宣战，号召工农群众随于国民政府之后削平夏斗寅的反叛！”“打倒反动派罪魁夏斗寅！”“打倒反国民革命的一切封建军阀！”①

聲討夏斗寅

△湖北省黨部漢口特別市黨部之通電

△湖北全省總工會武漢碼頭總工會之通告

—夏斗寅甘心作蔣介石吳佩孚的走狗—暗中勾結楊森由宜昌退沙市直至嘉寧—沿途殘殺工農破壞黨部—政府已派隊迎頭痛剿

省市兩黨部通電

湖北省党部声讨夏斗寅叛乱的报道

《中国共产党对夏斗寅叛变告民众书》发表时，中共中央已指挥党直接领导的革命武装和工农群众，共同讨伐夏杨叛军。为平息夏杨叛乱，中共中央向武汉国民政府建议，抽调由武昌卫戍司令叶挺任师长的第十一军第二十四师为反击主力，调遣由中央军事政治学校学员、中央农民运动讲习所学员和武汉工人纠察队合编的由恽代英任党代表的中央独立师及第

① 《中共中央文件选集》第三册（一九二七），中共中央党校出版社 1989 年版，第 128—132 页。

十一军教导营协同作战，以坚决果敢的行动，彻底消灭逼近武昌的夏斗寅部。武汉国民政府接受中共建议，决定以叶挺任总指挥，统率第二十四军第七十二团、第二十五师第七十五团以及中央独立师组成平叛部队，开赴纸坊，发动反击。经一日激战，于 19 日打败叛军，并跟踪追击至咸宁，在农民自卫军配合下，迫使叛军向鄂东方向逃窜。叶挺率部平叛首战告捷，解除武汉之危，本来可以乘胜彻底消灭夏斗寅残部，但由于此时汪精卫主张调解，强令叶挺停止追击，使叛军得以流窜至阳新、大冶至鄂东一带，与蒋介石互通声气，为害匪浅。

叶挺

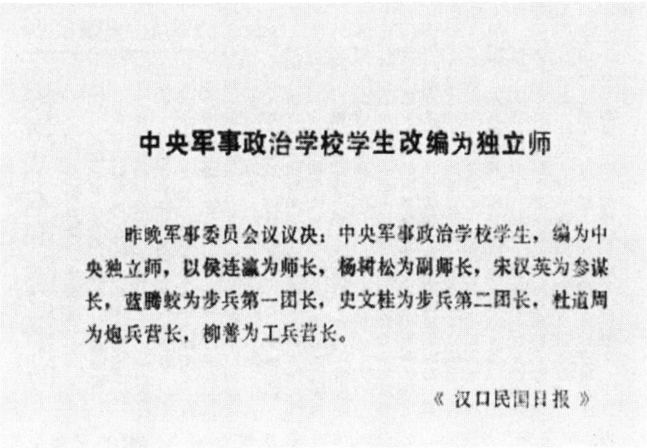

中央军事政治学校学生改编为独立师

昨晚军事委员会议议决：中央军事政治学校学生，编为中央独立师，以侯连瀛为师长，杨树松为副师长，宋汉英为参谋长，蓝腾蛟为步兵第一团长，史文桂为步兵第二团长，杜道周为炮兵营长，柳善为工兵营长。

《汉口民国日报》

《汉口民国日报》关于中央独立师组建的报道

在击退夏斗寅叛军以后，武汉国民政府又抽调兵力对杨森叛军进行反击。5 月 25 日，抽调二、六、八军各一部组成西征军，由程潜任总指挥，于 5 月 31 日与驻防襄河的第十五军第三师协同北据岳口镇，南抵毛家场。6 月中旬，各路会合后占领荆沙，24 日收复宜昌。与此同时，派赴鄂北的右路军也在第十五军第三师配合下一举平息叛乱。西征军收复宜昌后，杨森率部从水陆两路向巴东逃窜。武汉局势暂时缓和下来。

反击夏斗寅叛军战场遗址——纸坊土地堂车站

漢口民國 星期五 國十六年六月十號

西征軍進佔潛江

楊逆基本部隊已消滅

▲所謂第九師完全覆沒

▲敵旅長二名重傷團長二名被擊斃

我軍各路推進ㄧ沙洋沔陽潛江相繼克復

軍事委員會昨得西征軍前方捷報：（一）袁家口胡家場，係楊逆親轄第九師，號稱五千槍，昨午被我軍擊斃二千餘，兩旅長俱負傷，兩團長二員，楊之基本部隊消滅，（二）本日我軍進佔岳口潛江等處，敵向荊沙潰退，（三）我三十五軍第一師昨日進佔監利，匪軍向荊沙潰退，沿江完全肅清，（四）我中央獨立第一師，昨由新堤向沔陽轉進，（五）襄河北岸之匪軍，號稱三師，被我第六軍一擊潰退，我軍逕向沙洋推進，（六）魯軍長將進攻潛江，（七）所有此次匪軍約二萬，因地勢損，除槍支一桿，子彈數十粒外，軍服全無，專以燒殺封奪為能事，

李師長雲杰來電：頃念（銜略）□密，職師奉令攻擊大石院前面之敵，會其部隊，為楊森自爨之第九師，職于七日拂曉向敵開始進攻，激戰數小時，斃敵官兵無數，據俘虜云，該師之第十七旅長雷忠厚，十八旅長楊漢忠，均負傷，三十五團團長傷甚重，該敵退胜胡家場方面，我部七團楊營，及八團劉營，由胡家場西方截擊，余家台鄒家場一帶敵人，有一師以上之兵力，經我軍七團及鄒楊兩營用最猛火力，向敵攻擊，敵向通順河南岸退卻，劉營跟蹤渡河，抄襲敵人後路，敵人南復折西向潛江方面退去，是役敵人馬匹輜重，概行遺棄，職部奪獲步槍輕重機槍甚多，撥機關槍十挺，斃敵千餘，俟續報，職李雲杰叩齊（八日印，

《汉口民国日报》关于反击杨森叛军的报道

在反击夏杨叛军的战斗中，创建不久的湖北工农自卫武装发挥了重要作用。5 月 17 日，湖北省农协召开第七次常委会，决定派聂洪钧回咸宁组织农民支援平叛，并函请湖北省政府速发枪弹武装农民。其后又派出大批宣传员随军出发，动员各地农民组织运输队、救护队，为革命军运送粮草，看护伤员。省农协还将农民训练班学员五六百人分两批送往军事政治学校进行紧急军事训练，作为支援平叛的后备武装力量。各县农协也加紧

武装广大农民，准备随时迎击来犯之敌。蒲圻农民自卫军 2000 人堵截叛军于嘉鱼一带，切断敌人退路。粤汉铁路总工会领导工人抢修被叛军捣毁的铁路，并组织交通队、宣传队，帮助平叛部队运送军用物资，随军队沿途演讲、慰问。天门县各群众团体联合组成向导、运输、交通、慰劳、侦探、粮糈、宣传、卫生八股，积极组织广大群众开展支援平叛军队的工作。因此，中央独立师党代表恽代英在平叛战斗结束后总结战斗胜利时说："我们所以胜利，是因为不怕死，人人都有死的决心，而且我们每次打仗都得着工农的帮助"[①]。

中国共产党在指挥党直接领导的革命武装和工农群众讨伐夏杨叛军的同时，还领导湖北地区的群众团体组织广大革命群众，投入反对夏杨叛军、保卫武汉革命首府的斗争。就在《中国共产党对夏斗寅叛变告民众书》发表的 5 月 18 日，担任国民党中央秘书长的共产党人吴玉章以国民党中央秘书处名义，召集湖北省总工会、湖北省农民协会、湖北省学生联合会等群众团体代表举行会议，成立临时各界联合会，负责对群众的宣传与组织工作；董必武主持召开国民党湖北省、汉口特别市两党部执、监委联席会议，通过声讨夏斗寅、召开武汉三镇讨夏大会等项决议，并决定以董必武、詹大悲出席中央政治会议，敦促武汉国民政府采取果断措施，领导反夏斗争。5 月 19 日，武汉三镇 50 万群众分别在武昌、汉口、汉阳举行讨夏大会。董必武在主持武昌群众大会时，历数夏斗寅罪行，阐明讨夏意义，明确指出"夏逆打出拥蒋的旗帜"，讨夏便是讨蒋。正在血花世界举行非常代表会的武汉店员总工会得知夏斗寅叛变的消息后，立即改开讨夏大会。在中国共产党推动下，武汉国民政府发布命令，革职拿办夏斗寅等叛军首逆。

在叶挺率平叛部队被迫撤离以后，董必武又亲自调派王慧闻、陈卫东率湖北省政府警卫二团一个连前往鄂南，先后在咸宁、蒲圻、嘉鱼、崇阳、通山、通城等县痛击叛军，惩办土豪劣绅。通山县农民自卫军数百人配合平叛部队攻打县城，迫使叛军弃城逃跑，又打开监狱

① 《汉口民国日报》1927 年 5 月 25 日。

放出数百名无辜群众，惩办杀人凶手，恢复通山县农民协会。6月上旬，夏斗寅叛军千余人从通城县城倾巢而出，进犯农民自卫军。农民自卫军奋起反击，激战一昼夜，连续打退叛军九次进攻，毙伤敌官兵百余人，缴获步枪百余支。为将夏斗寅残部彻底赶出通城，中共通城县委、国民党通城县党部经过周密部署，于6月13日拂晓率领农民自卫军600余人及梭镖队1000余人，从东、西、南三面向驻守县城的叛军发起突然袭击，叛军惊恐万状，未加抵御即弃城而逃。黄石、大冶、黄冈、罗田、襄阳、枣阳等地农民群众也同叛军和土豪劣绅展开了激烈的斗争。

与此同时，中共湖北省委还领导群众团体协助政府打击反革命破坏活动，维护治安，保障供给，安定人心，巩固革命后方。5月18日，湖北省总工会发出通告，号召广大工人积极报名参军，武装支援革命政府的平叛斗争。通告发出四小时内，就有上千工人报名。在武汉店员总工会举行的讨夏紧急会议上，到会的4000余名代表群起报名参加军事行动，并迅速武装起来。就在这天晚上，武汉工、农、商、学等群众团体与武汉市公安局召开联席会议，议决共同维持秩序、保护治安办法。公安局和省总工会分别派出保安队和工人纠察队，沿江岸及租界交界处各街衢布防，加放步哨，以防反动分子乘机捣乱生事。5月19日，湖北全省总工会通告各行业工会，并令武汉店员总工会转令各钱业店员切实调查各钱庄所存铜元数量，督促各钱商依照规定价格兑换铜元，要求各商会、商民协会严饬各商店行号一律照常营业，责成粮食总工会动员全体工人调查和收集所有谷米杂粮供给武汉民食，令武汉码头总工会和车工总工会禁止码头工人和各种车辆工人替人搬家，令童子团全部出发，组织宣传队向市民宣传，协助维持社会秩序。由于各群众团体共同努力，武汉市面至5月21日钞票行使、兑换已无阻碍，粮食供应虽然不足，但抢购风已经平息，搬家完全停止，人心安定，社会秩序基本恢复正常。

夏斗寅叛变革命以后，中国共产党立即发表《中国共产党对夏斗寅叛变告民众书》，同时向武汉国民政府提出建议，指挥党直接领导的革命武装和工农群众共同讨伐夏杨叛军。这一点值得充分肯定，但也存在策略上的失误。这主要体现在《中国共产党对夏斗寅叛变告民众书》针对夏斗寅“制造共产党将破坏中等阶级的谣言”，关于中国共产党对中等阶级的政策的说明上。《中国共产党对夏斗寅叛变告民众书》是由共产国际代表罗易起草，在5月17日召开的中共中央政治局会议上通过的。《告民众书》说：“农民的幼稚行为，特别是湖南——使军队里边发生不安。夏斗寅欲利用军队中不安的情形，以达到他的反革命的目的。中国共产党关于小地主的政纲已明白规定，农民幼稚的行为，绝非共产党的行动。”① 这就是承认农民运动“过火”，并说农民运动“过火”是农民自己做出来的，中国共产党不负这“过火”的责任。在尚未最后决定同国民党决裂的时候，中国共产党表明对中产阶级和小地主的政策，这种策略对稳定时局是必要的，但是不应该指责农民运动“过火”，把一切过错推给农民，同时应该看到这种表白与推诿都于时局无补。这样的表白与推诿，实际上为几天后处理马日事变时的退让埋下了伏笔。

艰难应对马日事变

1927年5月21日，夏斗寅公开通电叛变不到十天，国民革命军第三十五军第三十三团团长许克祥在长沙发动反革命叛乱，调动军队向国民党湖南省党部、省总工会、省农民协会等机关发起突然进攻，收缴工人纠察队枪械，捕杀共产党员和革命群众100多人，使长沙笼罩在白色恐怖之中。因为平水韵上声第二十一韵韵目为“马”，所以旧时将每个月的21日简称“马日”，这次事变也被称为马日事变。

如前所述，第三十五军军长何键曾于4月底在汉口邀集部分高级军

① 《中共中央文件选集》第三册（一九二七），中共中央党校出版社1989年版，第130页。

事将领秘商举事反叛计划。商定以后，他就呈报国民政府，以武汉没有适当驻地为由，将第三十五军学生队改为教导团移驻长沙，具体策划湖南的军事叛变。随后，又将远在湘乡、湘潭整训的许克祥部调到长沙，作为发动军事叛变的主力。许克祥原为贵州军阀袁祖铭部旅长，1926 年率部进驻常德。1927 年国民革命军进攻湖南时，许部被改编，许克祥被任命为国民革命军第三十五军第三十三团团长，驻扎湘乡、湘潭一带，受命于何键。对湖南农民运动，许克祥极为反感。因为其父在湘乡广置田产，仗势横行乡里，被农协会员捉去游乡批斗，他发誓要报“辱父之仇”，决心以共产党为敌。

马日事变后，许克祥于 5 月 24 日成立中国国民党湖南省救党临时办公处，作为反革命叛乱领导机构。27 日，正式组建中国国民党湖南省救党委员会，取代国民党湖南省党部。随后，通令湖南各级党部及民众团体一律改组，对国民党左派主持的各级党部及民众团体的执行委员和共产党员一律拿办，格杀勿论。一时间，湖南各地反革命屠杀事件频发，一万多人被杀害。

長沙事變經過情形二

第一、屠殺慘狀 湖南自長沙五月二十一日事變後，許克祥彭國鈞仇紫薇張超等叛逆，日益囂張，反革命工作，擴張到鄉村中去了，農工民衆大遭屠殺，茲就最近得到的消息，分別報告如次。（一）長沙方面：許逆克祥搗毀封閉各種革命團體後，白晝戒嚴，夜行屠殺，不問理由及事實，只要是各級黨部各級農會各級工會及其他民衆團體負責的同志，卽行拘捕，以處死刑，他們的刑法，很殘酷的：如殺女子，先行割去乳部，用刀斬斷頸部一半，又用步槍向陰門一槍。殺男子，先用極慘刑法考問，再用刀及槍的重刑而死，其如腰斬梟刑，剮割，種種慘殺，實極爲悲慘，令人痛心疾首，此種處決，均在夜間或清晨舉行，並無罪狀宣布，卽有罪狀，亦係成文油印之罪狀紙，只在罪狀上面添寫被殺姓名，如殺省民會議代表李異謇，曾做學生運動的田波揚：省黨部青年部的秘書賈云吉，省學聯四屆總務主任等七同志時，均係先用極酷的毒打，再行斬首，田波揚夫人陳受謇去保釋田君，亦被扣留慘殺。 六月一日，瀏陽民衆被反動派摧殘，不知長沙已變，逃來省垣請願，該許克祥等叛逆，卽取軍事行動，在長沙小吳門外屠殺請願民衆一百三十餘人，同時將小吳門行走的女子誣爲偵探，就地槍斃五人。 自六月一日後，長沙每天至少要慘殺民衆數十餘人，擅行拘捕而不見釋放者無算。 （二）常德方面： 一、五月二

（第一百九十九期）

《汉口民国日报》有关马日事变的报道

事变发生后，汪精卫将其视为“军工冲突”，力主“调解”，一面声称要查办许克祥，一面又下令查办工农运动的“过火”行为。以陈独秀为首的中共中央原来主张像对付夏斗寅那样以武力解决许克祥部，听到汪精卫的意见后又转而认为从政治上考虑目前不宜用武力讨伐，“百事应由（武汉）政府解决，不得自由行动”[①]，甚至公开指责这次事变“自然和湖南农民运动的幼稚行动不无关系”[②]，决定派谭平山去湖南纠正“过火”行为。

马日事变的消息传到莫斯科时，正是共产国际执行委员会召开第八次全会期间。如何处理马日事变？是通过战斗还是使用策略？这时，斯大林接到了鲍罗廷关于“国民党左派决定反对土地革命”的电报，所以他说，处理马日事变“共产党人应当使用策略，而不会遭到任何损失。土地革命使国民党害怕，仅仅是由于它直接损害到了国民党员和军官们的利益。我想给鲍罗廷送发指示，叫他反对没收和分配国民党员和国民军军官的土地。”[③]有了斯大林支持拉住国民党左派的策略，鲍罗廷认定马日事变是工农运动“过火”引发的，所以要求中共中央否定党内存在的“采取更激烈的手段，反抗国民党屠杀政策”的呼声，认为“绝对不能以武力对付”，要以和平方式平息事变，“要求共产党支持国民党的退让政策”，因为他认为“共产党人的良好行为是改变局势的唯一手段”[④]。

这时，在中共党内，以蔡和森为代表的另一部分领导人主张坚决反击，并提出利用叶挺部队控制湘鄂边界的有利条件，以暴动对反动，把反动派的嚣张气焰镇压下去。但是，陈独秀赞同鲍罗廷的意见，认为夏斗寅、许克祥叛变都是农民运动“过火”引起的，因而表现出一种理亏、内疚的心情。陈独秀认为：“国民革命军百分之九十是湖南人，整个军队对农民运动的过火行为都抱有敌意。夏斗寅叛变和长沙事变是这种普遍

---

① 《中共中央政治局常委会记录》，1927 年 5 月 27 日、29 日。

② 独秀：《湖南政变与讨蒋》，《向导》第 199 期，1927 年 6 月 20 日。

③ 《共产国际、联共（布）与中国革命档案资料丛书》第 5 卷，北京图书馆出版社 1998 年版，第 559 页。

④ 《共产国际、联共（布）与中国革命档案资料丛书》第 5 卷，北京图书馆出版社 1998 年版，第 274 页。

敌意的表现。在这种情况下，不仅国民党，就是共产党也必须采取让步政策。必须纠正过火行为，节制没收土地的行动。”①

5月25日，中共中央政治局召开会议，研究应对马日事变的问题。鲍罗廷在会上说：国民党的左派还是好的，一切错误都是工农运动过火，我们同志太幼稚，不能真正领导农民运动；我们现在必须向左派让步，继续取得与他们合作是中心的问题，假若现在我们与他们决裂，便是中国革命完全的失败；农民运动只要能做到减租、减息、乡村自治等，便是我们的胜利，便是土地革命；中共中央及一切工农会现应发表宣言，号召群众拥护国民党中央及其政府最近所公布之一切取缔民众运动过火和错误的法令。会上，对处理马日事变的问题，罗易与鲍罗廷发生争执。陈独秀同意鲍罗廷的意见，认为“长沙的转变不只是反对土地革命，而且也是由过火引起的”。他和鲍罗廷不顾罗易反对，主张派谭平山等人到湖南“去纠正过火行为”。陈独秀承认：“在去湖南的问题上我与罗易有分歧。”他进一步解释说：“去是必要的。农民运动引起的过火行为〈破坏了〉同地主、绅士和军官的统一战线，过火行为妨碍了土地问题的解决。”②

这次会议通过《对于湖南工农运动的态度》决议。决议认为，马日事变是“湖南工农运动所引起的纠纷，会形成全部政局上很严重的问题”。决议提出解决目前严重问题的态度：“（一）城市中工运问题，应该迅速执行已决定的关于小资产阶级问题决议案及工人政治行动议决案而解决。（二）乡村中农运问题，一切非本党政策所规定的幼稚行动，必须依本党的领导力量，切实矫正。已没收之军人产业一概发还（其曾愿捐助者得不在此例）。（三）关于土地问题，我们固然不能根本放弃第五次大会所决定政纲；但我们须知道中国土地问题尚须经过相当宣传时期，并且必须先行解决土地问题之先决问题——乡村政权问题，因此我们即

---

①《共产国际、联共（布）与中国革命档案资料丛书》第5卷，北京图书馆出版社1998年版，第467页。

②《共产国际、联共（布）与中国革命档案资料丛书》第4卷，北京图书馆出版社1997年版，第308—309页。

须：（1）扩大土地问题在各方面之宣传，尤其在军队中；（2）着手建立乡村自治政权及县自治政权。”决议特别强调，没收大地主土地，“局部的在各省实行是可能的，可是必须在两个条件之下：（一）能使革命军官中立，（二）能与左派群众及领袖共同行动。”[①]

就在中共中央召开政治局会议的同一天，国民党中央执行委员会召开第二十四次会议，汪精卫等人提出派谭平山、彭泽湘（代表共产党）、陈公博（代表武汉国民政府）、周鳌山、邓绍芬（代表唐生智）五人为特派员，组成特别委员会，前往湖南调查军队与工农的所谓“冲突”。汪精卫规定，特派员“制止军队，制止农会，应该同时进行”。

鲍罗廷主动要求随同五人特别委员会前往湖南调查，并与特别委员会一起确定处理马日事变的五条意见：（1）改组湖南省政府；（2）改组湘省党部及农协、工会；（3）制裁越轨军阀，由周斓调查；（4）命令停止军队与农工之军事行动，不听者严厉执行；（5）其余善后问题听中央办理[②]。这个处理办法实际上是一方面以政府名义查办工农运动过火，另一方面以赤手空拳查办武装的反革命。

5 月 26 日，鲍罗廷随特别委员会离开武汉后，中共中央政治局再次召开会议。由于没有鲍罗廷的干扰，这次会议更多的是讨论如何保存党的力量和工农武装，以便将来更好地组织进攻。会议通过《关于湖南事变以后的当前策略的决议》。

决议指出：“反动的军阀分子已开始向工农运动公开进攻。在长沙和湖南全省对工人纠察队实行缴械、逮捕和枪毙，并且解散工会和农会，这表明了当前军事和政治形势的严重性。保卫革命的胜利果实，准备进行推翻反动分子的斗争——这是我们党的迫切任务。”但是，“今天党所面临的问题，不是立即推翻敌人或者我们彻底投降，这里有一条中间道路。在各种军事力量的当前这种相互关系下，冒立即同敌人发生武装冲

① 《建党以来重要文献选编》（一九一九——一九四九）第四册，中央文献出版社 2011 年版，第 258 页。

② 《中国国民党中央执行委员会常委会第十四次扩大会议速记录》，1927 年 6 月 3 日。

突之险，对于我们党来说是不可取的。我们的政策是争取时间，保存自己的力量，为不可避免的战斗作准备”。所以，“党必须同左派国民党建立更密切的关系”。因为“保护和加强左派国民党，是革命发展的条件。能够而且必须用‘保卫革命的国民政府’的口号去准备反对军阀反动势力的公开武装斗争”。同时，“必须千方百计保卫党的合法地位。我们的同志将不退出政府”。“鉴于这些考虑，政治局决定”：“同左派国民党的领导人，特别是同汪精卫建立密切的关系，以便结成一个联盟去反对名义是在国民政府领导下的国民党内的军阀反动势力。”①

决议强调：“在充分利用各个‘左派军阀’领袖之间的矛盾的同时，革命必须创造自己的武装力量。把工人和农民武装起来，并且把士兵争取到革命方面来，——这是党在以上策略手段所争取的时间内必须完成的主要任务。”“为了完成这些任务，政治局决定：（1）建立一个党的秘密机构，并且在进行公开活动的同时加紧进行秘密活动。（2）把工人和农民组织所拥有的武器隐藏起来。（3）弄到大量的武器，并且把它们分发到各战略地点。（4）用派我们自己人参军的办法来扩大叶挺和陈嘉佑（chen cha-yo）领导的部队，在六个月之内把他们的几个师扩大为几个军。（5）利用第二军、第六军同第八军、第三十五军、第三十六军之间的矛盾。用派遣大量工会会员和农会会员进去的办法，把第二军和第六军掌握到我们手中。（6）为收复广东进行鼓动。一俟占领郑州，第四军和第十一军必须转过头去收复南方，此点不容忽视。”②

由于鲍罗廷没有参加这个决议的制定，考虑他未必同意这个决议，所以决议最后特别指出：“将本决议立即通知鲍罗廷和谭平山同志，让他们按此路线行事。未经政治局批准，他们不得执行在原则上不同于本决议的路线。”③但是，这个决议还没来得及传达到鲍罗廷和谭平山，赴湖

① 《建党以来重要文献选编》（一九一九—— 一九四九）第四册，中央文献出版社 2011 年版，第 260—261 页。

② 《建党以来重要文献选编》（一九一九——一九四九）第四册，中央文献出版社 2011 年版，第 261—262 页。

③ 《建党以来重要文献选编》（一九一九——一九四九）第四册，中央文献出版社 2011 年版，第 262 页。

南的特别委员会就回到了汉口。

原来，5 月 26 日，特别委员会到达岳阳火车站时，当地驻军第一师副师长兼第一团团长周磐到车站迎接，要求他们下车小住，并在岳阳楼设宴招待，同时急电长沙请示处理办法。湖南省政府负责人张翼鹏得电后，立即命令岳阳驻军设法阻止特别委员会到长沙。许克祥等反动军官得知消息后，立即联名致电岳阳驻军，要求将特别委员会人员逮捕并就地枪决。周磐因顾及两湖地区不断高涨的革命形势，以及武汉国民政府并不明朗的态度，不愿冒险照电报行事，便将电报出示给鲍罗廷等人。特别委员会不得不仓皇折回汉口。

到 5 月 28 日，汪精卫的态度更明确了。这天，武汉国民党中央就长沙事件训令全体党员，强调“误会必须消除，错误必须纠正”，一面把反动军官对工农的屠杀说成“误会”，一面又大肆指责工农运动的“错误”。至此，汪精卫控制的武汉国民政府一直没有明令声讨许克祥，没有申斥所谓救党委员会是反叛行为并严令解散，没有申斥马日事变是反革命事变。

6 月 4 日，陈独秀签署《中国共产党致中国国民党书——关于政局的公开信》，向国民党提出如何解决马日事变的建议。信中说：“革命的国民党不可站在一个分歧的路口。反动的军阀已经公开的反叛革命（夏斗寅的叛变，长沙的政变可十足的表明这一点）。他们已经向工农运动宣战了。他们的屠杀工农群众，和张作霖、孙传芳、张宗昌、蒋介石、李济深一模一样。他们要挟国民党放弃土地改革政策，以赚得大地主和劣绅的爱戴。他们侮蔑了国民党和国民政府的威权。长沙政变发生后，湖南省党部即被解散，并未得国民党中央的批准，擅自成立省党部（及所谓救党委员会）。打毁党校，劫夺前方购买军米之款项，国民政府所派遣之特别委员团中途被阻不得到长沙，并且派军队到各县屠杀农民工人学生妇女。”“这是明白的反革命行动。”“国民党的责任到此情形之下，非常明显，宜立即下令讨灭此少数叛徒，以维护其最高权威。”“湖南的反革命必须讨灭，迅速的行动已经十二分必要了。犹豫不决，必遗后患！”“中国共产党中央委员会提议采用以下的行动，削平湖南的反革命：一、国民政府明令宣布长沙叛徒许克祥等所组织之委员会系反革命，并令军队联合革命的民众共同推翻之。二、解散叛徒的委员会另委合法的省政府。三、火速派兵讨伐叛乱，与唐总指挥以派兵之权削平之。四、取消叛徒窃据之省党部，另由国民党中央下令改选新省党部行使职权。五、国民政府明令宣布工农组织及共产党在湖南得享完全的自由。六、武装农民以防御反革命叛乱之发生。”[①]但是，这些建议最终遭汪精卫否决。

随后，在6月17日和20日召开的中共中央政治局常委会议上，中央政治局代理常委、中央军事部长周恩来两次提出湖南暴动计划的报告。周恩来指出，现在浏阳、平江一带农军还有8000支枪，军事部已派了军事干部十人，其中有营长三人，到那里去，计划先取湘潭，集中浏阳、平江，全力攻下反动势力薄弱的城池，而在反动势力较强的地方则到各处打土豪劣绅，在可能范围内成立乡村的临时委员会。周恩来还准备在人员聚齐后亲自到湖南去指挥这次暴动。但是，这个计划因为最后遭到罗易反对被取消。所以，蔡和森后来说，“鲁易（即罗易——引者注）当此紧张之时不仅未把政治局的中心问题置在镇压反革命上，反而把它建立在所谓与左派的关系上，这是与老鲍（即鲍罗廷——引者注）全然相同的”[②]。

这时，湖南各县有500多万农民协会会员，因为得不到共产党强有力的领导，分散于各地，不能给反革命势力以有效反击。此外，湖南许多地方的共产党组织是在大革命高潮的合法环境中建立或发展起来的，“没有斗争的经验，不能应付这个斗争的环境”，对反革命势力的突然袭击缺乏精神准备，“因此事变临头，手忙足乱”[③]。事变发生后，中共湖南临时省委一度决定调长沙附近十余县万余农军向长沙进军，但因为中央提出和平解决的方针，有些人害怕攻城会破坏国共合作，又中途改变计划，下令撤

---

① 《中共中央文件选集》第三册（一九二七），中共中央党校出版社1989年版，第168—171页。

② 《共产国际、联共（布）与中国革命档案资料丛书》第5卷，北京图书馆出版社1998年版，第524页。

③ 直荀：《湖南马夜事变之回忆》，《布尔什维克》第20期，1928年5月30日。

退。浏阳等地5000名农军因未及时接获命令，单独进攻长沙，被许克祥打败。各县农军也先后被各个击破。许克祥等反革命分子由此更加疯狂，短短20多天，在长沙附近各县屠杀一万多人。湖南党组织遭到严重打击。

马日事变不久，统治江西的国民革命军第五方面军总指挥、江西省政府主席朱培德也在5月底6月初转向反动，用所谓“礼送出境”的办法，把共产党员和国民党左派逐出江西。随后，宣布南昌戒严，禁止工农运动。

可是，直到7月1日中共中央在武昌召开扩大会议时，鲍罗廷还明确提出，此后不要再提土地革命，现在夏斗寅、许克祥、朱培德、冯玉祥一起叛变，左派与我们的关系千钧一发，还同他谈什么土地革命，谈更无益。现在只有东征才能跳出此危机。一切较高的政纲都待打到南京后再说。此后，中央政治局完全实行鲍罗廷的路线：中共暂时受些委屈，合作东征，渡此难关，待东征成功后再与他们谈别的事情；只要东征期间汪精卫不反共，我们一切退让均可以。

在汪精卫集团日趋反动，杨森、夏斗寅、许克祥、朱培德等相继叛变的情况下，共产国际和以陈独秀为首的中共中央仍然把汪精卫看成国民党左派，认为当前最重要的问题是搞好中共同国民党左派的关系，因此对汪精卫集团处处采取迁就态度，跟着他们指责工农运动“过火”，不敢对反动派的进攻作坚决斗争，导致整个形势更加恶化。

积极探索挽救革命方略

1927年4月18日蒋介石在南京另立国民政府后，在军事上不断指使川、黔、桂、粤等地方军阀进攻两湖，策反驻两湖的国民革命军军官发动叛乱，在经济上切断周边各省与武汉政府辖区的交通，禁止流通贸易，武汉国民政府遭受空前严重的军事危机和经济封锁。在统一战线内部，武汉国民党中央和国民政府连续发出制裁工农运动的训令，汪精卫于6月中旬同冯玉祥在郑州会谈，逐步走向反动。面对急剧恶化的局势，共产国际和中共领导人继续奉行退让和妥协的右倾政策，不惜一切代价维持统一战线，把挽救危机的希望完全寄托在汪精卫身上。一些共产党人对此表示强烈不满，他们在思想理论上批判右倾错误，在应对策略上提出进攻和反抗的积极举措，表现出实事求是、执着坚韧、一往无前的革命精神。

中共中央政治局常务委员、代理中央秘书长蔡和森，在5月13日出席中央政治局会议讨论《关于共产党与国民党在小资产阶级问题上的关系的决议》时，就明确表示“不同意所谓工人和农民应对小资产阶级的苦难负责的见解”[①]。夏斗寅叛乱后，他立即同李立三向中央建议，由叶挺部和武汉中央军事政治学校的全部武装立即占领粤汉路，围剿夏斗寅，同时广泛发展工农武装“积极准备武力讨伐，以暴动对付暴动”。

马日事变后，蔡和森又对中央静候政府解决的策略产生疑问。6月中旬，他在中央常委会议上指出，“湖南问题政策决定，静候政府解决无出路，决扩大权力，用自己的力量来解决”，主张在唐生智返湘前，“发展十万农民武力及乡村自治”，“集中力量在乡村打击反动势力，解决与许克祥一致的军队”，并建议由毛泽东任中共湖南省委书记。中共中央因此决定发动湖南农民暴动，恢复湖南革命局面。但是，这个暴动计划因遭到共产国际代表反对而停止实施。

蔡和森

6月下旬，蔡和森肺病复发，住在武昌都府堤41号毛泽东家养病。他在这里通过从湖南逃亡到汉的农民了解到湖南的真实情况后，马上给中央常委写信，说明“唐生智回湘后反动态度既然如此明白，我们坐此等待人家来处置，直无异鱼游釜底”，建议“中央及军部应检查自己的势力，做一军事计划，以备万一”。蔡和森之所以一再向中央建议做军

① 《中国共产党第五次全国代表大会》，中共党史出版社2007年版，第107页。

事计划，准备以暴动对付暴动，是因为他对形势的清醒认识。后来，他在《党的机会主义史》的报告中曾列举六种表现来说明这时中国共产党所面临的严重形势：（1）冯玉祥来电驱鲍、分共；（2）何键发布讨共檄文，并发布讨共通电于全国；（3）叶琪、周烂（唐部下）名为回湘查办许克祥，实际举行十路“清乡”，积极向农民进攻；（4）唐生智公开反共，将马日事变责任完全推于 C.P. 身上；（5）何键等公开要求 C.P. 分子立即退出国民政府和国民党中央，宣布解散一切工农会、纠察队、童子团和妇女团体；（6）何键之三十五军移驻汉口，其势汹汹，企图开刀。蔡和森的描述，足以说明这时国共两党的关系已是剑拔弩张，一触即发。

在中共五届一次全会当选为中央政治局委员的瞿秋白在中共五大闭幕前一天，就在《向导》第 195 期发表《农民政权与土地革命》一文，指出“中国革命最近进了新的阶段”，这个新阶段“便是建立农民政权，实行土地革命”。“中国革命的新时期，在农民政权及土地革命的旗帜之下，将要战胜一切反动势力，将要根本推翻帝国主义在中国统治，将要与世界无产阶级革命合流而直达社会主义！”而“中国资产阶级决不能实行土地革命，也决不能解决中国革命中的民权主义的责任”。这就是说，土地革命必须由无产阶级领导①。

在中共五大闭幕后 11 天，瞿秋白又撰写《论中国革命中之三大问题》，指出中国革命当前面临三大危险：“（一）外部的危险；（二）资产阶级在革命中有获得革命领导权的危险；（三）无产阶级对于革命领导权作用没有准备的危险”，并在分析这些危险的基础上，提出应对方略。其中，最重要的就是“无产阶级领导权的问题”。瞿秋白说：“中国共产党最近几年来把自己总是看作‘在野党’的趋向，不求参加革命政府的趋向，与资产阶级妥协的趋向，以致逐渐的消失了中国工人阶级的独立性，并且迟钝了它的斗争，这都不是偶然的现象。”现在解决无产阶级领导权问题，就是“无产阶级应当参加革命的政权，应当指导革命中的武力，应使军队中的指挥成分继续由真正忠于革命的成分来代替和补充，

① 《瞿秋白文集》（政治理论编）第四卷，人民出版社 2013 年版，第 560—567 页。

使军队本身直接关顾劳动群众的利益”[①]。

马日事变以后，瞿秋白又先后在《向导》第197、第198期发表《长沙政变与郑州开封的克复》和《革命的国民政府之危机》，指出：“革命之中发生危机是不畏惧的。如果革命能够战胜这种危机，当然就是革命之更加进展更加深入。所怕的是：革命方面没有能力与决心去战胜危机，那就足以使反革命的企图得以完成”，所以“武汉的国民政府，应当以工农联共联俄三大革命政策为领导——无产阶级领导农民小资产阶级，而彻底实行推翻封建军阀反帝国主义的国民革命”[②]。

在中共五届一次全会缺席当选为中央政治局委员的周恩来，5月下旬从上海来到武汉，担任中共中央秘书长。5月22日，列席第九次中央常委会议。5月25日，又列席第十次常委会议。这次会议决定，中央秘书长一职改由李维汉担任，周恩来转任中央军事部长。会上规定，军事部长在必要时参加常委会议。5月29日，常委会议决定周恩来代理张国焘的中央常委职务，参加中共中央核心领导。这时，局势更加紧急。6月6日，朱培德在江西宣布礼送共产党员出境。6月13日，汪精卫同冯玉祥会谈后从郑州回来，宣布唐生智部主力全部从河南回师武汉。6月20日，冯玉祥同蒋介石在徐州会谈后，公开右转，要求驱逐共产党员出国民党。与此同时，表面上维持同共产党合作的汪精卫、唐生智支配下的武汉国民党中央，也准备转向公开反共。

这时，周恩来向中央提出一项挽救革命的建议——发动湖南农民暴动。因为这时湖南农民运动的力量很大，并且拥有不少武装；由共产党人掌握的叶挺部队在击败夏斗寅叛军以后，正驻军湘鄂边境；而唐生智主力的三分之二还在河南，没有回师两湖。这是一个稍纵即逝的良机。为抓住这个良机，周恩来已经派出大批军事干部赴湖南，准备实施这一计划。中央接受了周恩来的建议，并成立湖南特别委员会组织实施，但最后遭到共产国际代表反对，这个计划没能实现。蔡和森后来谈到这件事时

① 《瞿秋白文集》（政治理论编）第四卷，人民出版社2013年版，第570—580页。
② 《瞿秋白文集》（政治理论编）第四卷，人民出版社2013年版，第738—750页。

说："此时中央政治局有点'进攻'的新空气。""开始宣传反对反动的国民党中央，同时派去大批军事同志赴湘发展农民暴动，推翻许克祥。这些军事同志去时，中央常委出席说明是要准备对付整个的唐生智的反动之到来。于是中央与国际代表之间，组织一湖南特别委员会，专为指挥湖南暴动。后来此会开会数次，外国同志将暴动计划改了又改，同时所决定之款项迁延不发，而我们已派去大批军事同志前去，须要计划与款项异常之急；最后外国同志听了一个不关重要的报告，认为我们自己在湖南的势力已完全瓦解，暴动为不可能，对于前次所决定之款完全翻腔。于是军部周恩来同志与（国际代表）鲁易（即罗易——引者注）大闹一场，取消此委员会。"①

湖南暴动计划被取消后，陈独秀主持的中共中央再也拿不出什么好的主张来，完全处于不知所措的慌乱境地。周恩来则主持军事部派出大批共产党员、青年团员和工农骨干，大力充实一向受共产党影响较深，共产党员已掌握或部分掌握兵权的正规作战部队；有效争取国民革命军上层左派将领贺龙完全听党指挥，同样派出大批共产党员、青年团员和工农骨干充实贺龙任军长的第二十军，并以共产党员、青年团员为骨干组建该军教导团；当张发奎的第二方面军指挥部警卫团组建时，又通过大量工作使这个团实现以共产党员、青年团员为骨干组成。

在中共三大就进入中共中央核心领导层的毛泽东，虽然在中共五大只当选候补中央委员，仍然执着坚持，艰辛探索挽救革命的方略。夏斗寅叛乱后，他组织中央农讲所400余人枪编入叶挺部队，参加讨伐叛乱。马日事变后，他实际主持工作的全国农协立即发出声讨通电，要求国民政府对许克祥"立予免职查办"。随后，在武汉租界的一家旅社里接待逃亡出来的湖南工农干部，详细了解情况，并要大家"回到原来的岗位，恢复工作，拿起武器，山区的上山，滨湖的上船，坚决与敌人作斗争，武装保卫革命"②。6月13日，他又在出席国民政府军事委员会会议时，以

① 《中共党史报告选编》，中共中央党校出版社1982年版，第117—118页。
② 袁任远：《石门南乡的起义》，《星火燎原》第1集，人民文学出版社1964年版，第429页。

大量事实说明马日事变的真相是许克祥部队向湖南省农协进攻。

毛泽东 1927 年在武汉

6 月上中旬，朱培德在江西以“礼送出境”的名义逐走大批共产党员和国民党左派人士，汪精卫赴郑州和冯玉祥、唐生智会谈，冯玉祥赴徐州同蒋介石会谈，蒋汪携手已是势所必然。在这期间，毛泽东和谭平山、邓演达等人以中华全国农协临时执委会常委的名义，连续发表四个《训令》，要求明令制止江西驱逐共产党及工农领袖之行动，严惩屠杀民众的反动派，揭露蒋冯的徐州会谈是“谋反前敌武装同志及国民政府”，要求国民政府保护工人纠察队和农民自卫军，号召各级农协严密组织，武装自卫。

因为遭受马日事变的严重打击，湖南省委已近瘫痪。6 月 24 日，中央政治局常委会议决定成立以毛泽东为书记的新的湖南省委。毛泽东立即赶赴长沙开展工作，决定打通长沙附近各县及衡阳、常德等地同省委的联系。随后又到衡阳召集会议，再三强调：马日事变是上海事件的继续，随之而来的将有无数个马日事变在全国发生。因此，各县工农武装一律迅速集中，不要分散，要用武力来对付反动军队，以枪杆子对付枪杆子，不要再徘徊观望。

这时，唐生智也回到长沙，明令取消工农团体，公开打出反对共产党的旗帜。毛泽东针锋相对，主持制定《中共湖南省委目前的工作计划》，明确提出“一切经济的和政治的斗争，一切口号的鼓动，都以推翻唐生智的统治为目的”。推翻唐生智的统治最终靠什么？靠工农武装。因此，这个计划提出保存工农武装的三种办法：“编成合法的挨户团，次之则上山，再次之则将枪支分散埋入土中。”①

毛泽东到湖南刚十天就被召回武汉。7 月 4 日，出席中央政治局扩大会议，讨论湖南农民协会和农民自卫武装应当如何对付敌人的搜捕和屠杀。

① 转引自《毛泽东传》（1893—1949），中央文献出版社 1996 年版，第 134 页。

他在发言中分析了保存农民武装的两种策略："1. 改成安抚军合法保存，此条实难办到。2. 此外尚有两路线：a. 上山；b. 投入军队中去。上山可造成军事势力的基础"①。"上山"，作为一条出路，被毛泽东突出地提了出来。

张太雷

在毛泽东要逃亡到汉的湖南工农干部赶快回到原来的工作岗位，上山下湖，武装保卫革命不久，以中央委员张太雷为书记的湖北省委也制定全省国民党工作和工农运动的《策略要点》，明确提出武装农民"上山"和争取地方武装等应变策略。

6 月初，湖北省委召开全省党员代表大会，根据中央政治局关于解决湖北问题的决议案，制定《关于对国民党及工运、农运之策略要点》。关于湖北农民运动的策略：一是将湖北全省划为 11 个区，实行秋季抗租、减租运动；二是在鄂北组织武装农民上山，在鄂南积极协助革命军讨蒋；三是保存骨干，严密组织，办好农运刊物，发表宣言，宣传无农运即无国民革命。《策略要点》明确提出"招兵""募夫""上山"和争取土著武装的策略，表明了湖北省委整军经武、准备应变的指导思想。接着，省委又召开在国民党内工作的共产党员会议，传达中央及省委有关指示，要求他们做好思想和行动准备。

6 月 6 日，张太雷又在《向导》发表《武汉革命基础之紧迫的问题》，指出我们现在最怕的是"把应对着敌人的枪口来对着我们"，面对反革命分子的猖狂进攻，我们"不应是撤退或解散我们的队伍，而应是整顿强固我们的队伍"，因此"革命纪律是巩固民众运动，而不应是压制民众"，"对革命的民众固然要有革命的纪律，但对反革命尤其要有严格的镇压反革命的纪律"，"对农民运动单单是消极的禁止，或下令解散是不够的"，要给农民政治上、经济上的正当出路。张太雷在文中严厉批驳汪精卫集团将武汉国民政府的政治、经济困境归因于工农运动"过

① 转引自《毛泽东传》(1893—1949)，中央文献出版社 1996 年版，第 135 页。

火”“幼稚”的言论，特别提醒全省共产党员注意：“暴风雨来了，我们要随时准备应变。”①

在中共五大当选为中央委员的共青团中央总书记任弼时，在五大闭幕后一直以共青团中央代表身份出席中共中央会议。马日事变后，在共产党面临生死存亡的关键时刻，中共中央总书记陈独秀却一筹莫展，说：“革命现阶段的问题，既不是退却也不是进攻”。他的犹豫不决，思想混乱，使得党中央无法决策。为探索挽救革命的方略，任弼时旗帜鲜明地同陈独秀的右倾错误进行斗争。

6 月 15 日，中共中央政治局召开会议，任弼时因不满意会议决定的土地问题政策，表决时“一票反对”。6 月 26 日，中共中央政治局与共产国际代表召开联席会议，任弼时又在会上反对鲍罗廷关于共产国际训令难以执行的意见。他说，我完全不同意鲍罗廷的意见，为什么鲍罗廷要把我们引上歧途，说什么如果我们进入南京，国民党就会向左转，就会在那里武装工农？恰恰相反，在南京，资产阶级和反革命军队会一齐向我们扑来。那就别想武装工农了。怎么能反对没收土地呢？应当完全彻底地接受莫斯科的指示。

6 月下旬，任弼时和团中央其他同志一道，起草了一份《政治意见书》。这份《政治意见书》的主要内容是：（一）赞成共产国际训令，领导农民起来没收大中地主、豪绅、祠堂、庙宇及反动派的土地，反对由国共两党委员会拟定办法经国民政府颁布执行的主张；（二）处理国共两党关系时，无产阶级应有独立的政策与主张，尤须依赖群众的力量，不应仅靠与上层领导谈判来解决一切问题；（三）积极执行共产国际武装工农的指示。

《政治意见书》起草以后，团中央决定召开会议讨论。开会前，任弼时去请陈独秀参加。陈独秀带着秘书来到团中央驻地，任弼时把意见书递给他。陈独秀一边看，一边念叨“幼稚”“荒唐”，脸色越来越难看，因为意见书批评了他的退让政策。当看到意见书责问为什么不执行五大

① 张太雷：《武汉革命基础之紧迫的问题》，《向导》周报第 197 期。

路线，搞土地革命时，陈独秀生气地将意见书撕掉，指着任弼时说："你们晓得什么？我现在还是党中央的总书记，究竟是党领导团还是团领导党？"任弼时没有生气，对陈独秀说："团中央的同志在二楼等着你呢，准备向你陈述意见。"陈独秀看看态度坚决的任弼时，无可奈何在任弼时陪同下上了二楼。上楼后，任弼时当着大家的面，将意见书重新读了一遍。陈独秀的家长作风立即发作，没等任弼时念完，就怒气冲冲地离开了会场。

任弼时 1927 年在武汉

6 月 29 日，中共中央政治局召开会议。会议开始后，任弼时与瞿秋白一起来到会场。虽然上次陈独秀撕毁了意见书，任弼时仍不后退，再次将意见书带到会上，交给大家。7 月 3 日下午，中共中央召开扩大会议，参加会议的有在武汉的中央委员、党的活跃分子、共产国际和青年共产国际的代表。会议宣布陈独秀准备的《国共两党关系的决议案》。这是一个名为妥协退让、实为向汪精卫投降的机会主义纲领。陈独秀讲话后，任弼时当即发言，要求宣读共青团的《政治意见书》。陈独秀恼羞成怒，厉声训斥："青年（团）根本没有权利提出政治决议案！"话音刚落，会场大哗，很多人发言，批判陈独秀的专制和武断。

除上述几位共产党人之外，这时还有不少共产党人在探索挽救革命的方略。这些在大革命濒临全面失败紧急关头的执着探索，为即将到来的历史转折打下重要基础，成为中国共产党探索中国革命道路艰难历史的重要组成部分。

开始逐步注重军事工作

由于革命形势日益危急，中共中央开始逐步注重军事工作。从严格意

周恩来

义上说，中国共产党从事军事活动是从黄埔军校开始的，并由此“开始懂得军事的重要”①。1924年5月，在苏联帮助下，国民党在广州黄埔创办陆军军官学校（即黄埔军校）。黄埔军校是一所国共合作的学校。中国共产党十分重视黄埔军校的工作，从各地选派大批党、团员和革命青年到军校学习。第一期学生中就有共产党员和青年团员五六十人，约占学生总数的十分之一。教职员中也有不少共产党员。11月，刚从欧洲归国不久的中共广东区委委员长周恩来出任黄埔军校政治部主任。共产党人恽代英、萧楚女、熊雄、聂荣臻等后来也到军校担任政治教官和各级领导工作。

周恩来到黄埔军校不久，就在取得孙中山同意之后，从军校第一期毕业生中抽调部分共产党员、青年团员作为骨干，改组大元帅大本营铁甲车队，由共产党员廖乾五任党代表、政治部主任。后来在统一广东革命根据地的战斗过程中，周恩来等共产党人对军事工作的认识又有新的进步。1925年6月，周恩来在东征回师途中讲演时指出：军队是工具，“压迫者拿这工具去压迫人”，被压迫阶级“也可利用这工具去反抗他们的压迫者，推翻压迫者的势力”；就打倒帝国主义和封建军阀而言，“军队便是实现我们理论的先锋！”② 于是，他和中共广东区委书记陈延年等人共同努力，在11月以大元帅府铁甲车队为基础，组建以共产党员叶挺为团长的国民革命军第四军独立团。这个团的骨干是共产党员和青年团员，团里建立共产党支部，实际上是中国共产党直接领导的第一支正规部队。

1926年4月，瞿秋白也撰写《中国革命中之武装斗争问题——革命战争的意义和种种革命斗争的方式》，比较系统地阐述武装斗争和革命军队在国民革命时期的重要性。他指出：中国人民已经以示威、抵制、罢工等方式进行斗争，“但是，从‘五四’、‘二七’、‘五卅’、

① 《毛泽东选集》第2卷，人民出版社1991年版，第547页。
② 《周恩来军事文选》第1卷，人民出版社1997年版，第3—5页。

‘三·一八’和广州战争直到现在，革命的波澜旋起旋落地昂然前进，运用这种种斗争方式，已经到了武装直接决战的准备时期，已经到了将近决死战争的时机”。“尤其在这一时期，革命战争是主要的方式”，其他方式都是直接的或间接的做革命战争的准备。瞿秋白特别强调：“中国国民革命里极端需要革命的正式军队”，草创的民间武装和民间的武装暴动，始终难以战胜强大的敌人，必须编制和训练工人、农民、小资产阶级群众组成正式的革命军队。他说：“政治上以革命民众的政党为主体，军事上以正式的革命军队为主体，从事于革命的作战，……而后中国平民才有彻底解放的希望”①。这是中国共产党内早期专门论述武装斗争问题的文章，它不仅为即将开始的北伐战争进行舆论鼓动，而且为后来党探索中国革命道路作出开拓性的理论贡献。

1926年7月12日至18日，北伐出师不久，中国共产党在共产国际远东局直接指导下，在上海召开第四届中央执行委员会第二次扩大会议，制定对资产阶级和国民党以及蒋介石的方针。会议通过的《军事运动议决案》，是中共中央第一次正式作出的关于军事问题的决议。决议虽然强调党要“进行相当政治宣传”，助长“进步的军事势力”，但没有提出党应当力争直接掌握军队的任务。这说明党对于军事工作的极端重要性还缺乏充分认识，仍然把主要注意力放在领导群众运动方面。

1927年5月，面对夏斗寅叛变和马日事变以后的严峻形势，中共中央开始注重军事工作。5月26日，中央政治局通过《关于湖南事变以后的当前策略的决议》。决议虽然认为马日事变后党的策略仍然是“同左派国民党的领导人，特别是同汪精卫建立密切的关系，以便结成一个联盟去反对名义是在国民政府领导下的国民党内的军阀反动势力”，但指出“在充分利用各个‘左派军阀’领袖之间的矛盾的同时，革命必须创造自己的武装力量。把工人和农民武装起来，并且把士兵争取到革命方面来，——这是党在以上策略手段所争取的时间内必须完成的主要任务”。为了完成“创造自己的武装力量”的主要任务，决议提出“用派我们

① 《瞿秋白文集》（政治理论编）第四卷，人民出版社2013年版，第49—62页。

自己人参军的办法来扩大叶挺和陈嘉佑（chen cha-yo）领导的部队”，“用派遣大量工会会员和农会会员进去的办法，把第二军和第六军掌握到我们手中”等六项措施[1]。

就在5月26日中央政治局通过《关于湖南事变以后的当前策略的决议》前后，中央军委委员周恩来从上海来到武汉，担任中央军事部部长，随后代理中央常委，参加中央核心层领导，主持中央军委工作。军委机关设在汉口友益街尚德里，同时在武昌中和里设立中央军委武昌办事处。中央军事部的班子是以湖北省委军委为基础建立起来的，原来人手很少，只有聂荣臻、欧阳钦等五六个人。周恩来到后，增加了几个黄埔四期的学生，但机关仍很精干，总共不到十人。军委的主要工作是领导军队中的中共党团组织，负责与叶挺、贺龙等部队联系，选派朱德、陈毅、刘伯承等党的军事干部和共产党人到国民革命军或武汉中央军校工作，指导湖北、湖南、江西、河南、四川的军事工作，指导国民革命军北伐军西路与中路的中共组织和军事工作，指导武汉工人纠察队和湖南、广东农军，保卫中央机关安全。

武昌中共中央军委办事处旧址

① 《中共中央文件选集》第三册（一九二七），中共中央党校出版社1989年版，第140页。

作为中国共产党创建的第一支正规革命武装，国民革命军第二方面军第四军叶挺独立团在北伐到达武汉后迅速扩编，由一个团发展成五个团，这就是第二十四师第七十团、七十一团、七十二团和第二十五师七十三团、七十五团。叶挺晋升为第二十五师副师长，不久又晋升为第二十四师师长。第二十四师参谋长徐光英、师部秘书长彭干臣、师政治部主任陈兴霖都是共产党员，师部实际由共产党人掌控。在中下级军官中，第七十二团团长许继慎、副团长廖运泽和七十三团团长周士第都是共产党员；第七十团团长古勋铭、七十一团团长欧震是张发奎委派的，但两个副团长分别由共产党员董朗、刘明夏担任；第七十二团一营营长宛旦平、二营营长黄克健、三营营长袁也烈和第七十一团二营营长廖快虎以及第二十四师教导队大队长孙树成等许多中级军官也都是共产党员。

第二十四师教导队是中共为收留湖南、湖北等地被反革命迫害逃亡到汉的青年学生和工农骨干，准备为党培养基层军事干部的一支武装。教导队成立不到半个月，就招收 1000 多名学员，几乎是清一色的党团员。中共中央十分重视这批新生力量，中央常委会第二十八次会议不仅肯定了第二十四师教导队办得“成绩很好”，还设法为其解决经费问题。党组织派出得力政治、军事干部来这支部队加强领导，其中教导队大队长孙树成、副大队长申朝宗、中队长李鸣珂以及谭家述、洪超、吴高群、江振海等学员，后来在斗争中表现出色，很多人成为红军指挥员。

1927 年 6 月底，第二方面军总指挥张发奎为扩充实力，新组建第二方面军总指挥部警卫团，作为总指挥部直属部队。中共决定从叶挺部队调黄埔二期毕业生、共产党员卢德铭担任警卫团长。考虑到如果由叶挺出面推荐，张发奎不一定批准，因为叶挺是公开身份的共产党员，而卢德铭又不是广东人，于是决定由张云逸出面推荐。因为张云逸与张发奎是广东陆军小学堂的同学，都是广东人，两人长期在粤军和国民革命军第四军十二师共事，私交很好，而张云逸的共产党员身份是秘密的，张发奎并不知道。张云逸向张发奎极力推荐，说卢德铭虽然是四川人，但他毕业于黄埔二期，在第二十五师七十三团当参谋长，富有作战经验，

卢德铭

有勇有谋，是难得的军事人才，警卫团新组建，正需要广纳人才，卢德铭应该是最合适的人选。最后，张发奎同意了张云逸的建议，任命卢德铭为警卫团团长。

卢德铭担任警卫团长后，又有许多中共党员被陆续派遣到警卫团担任各种职务。团政治指导员辛焕文、团参谋长韩浚、第一营营长宋文彬、第三营营长余洒度都是共产党员。全团三分之一的连、排长和各营、连指导员也都是共产党员，如共产党员何长工、宛希先、何挺颖、伍中豪、张宗逊等都在警卫团任职。全团士兵大多是经农协选送来的农民协会会员。第三营由叶挺领导的第二十四师后方留守处一个新兵营改编而成。另有一个300余人的学兵连，都是思想进步的大学、中学或高小毕业生。因此，这个团从上层领导到基层士兵，在思想上和政治上都倾向革命。

在第二方面军中，除叶挺担任第三十四师师长、卢德铭担任总指挥部警卫团团长之外，第十一军十师三十团和二十六师七十七团的团长职务也分别由共产党员范荩、蒋先云担任。至此，共产党人仅在第二方面军第四军和第十一军中，就掌握了八个团的兵力。此外，还有不少共产党员担任师以上重要职务，如第二方面军秘书长高语罕，第四军参谋长叶剑英、军政治部主任廖乾吾，第二十五师参谋长张云逸、师政治部主任李硕勋，第十二师参谋长吴致明等。

这时，国民革命军第四集团军总司令唐生智的警卫团中也有一个由共产党人指挥的特务营，担任总司令部警卫工作。指挥这个特务营的就是黄埔一期毕业生、共产党员陈赓。这个警卫团的团长是唐生智的弟弟唐生明。在黄埔军校学习时期，唐生明就在陈赓连队里当学员，受陈赓影响倾向革命，与陈赓私交很好。所以，陈赓到武汉以后，就被党组织安排到唐生智所部担任特务营营长。这个特务营装备精良，有四个步兵连和一个机枪连，共1000余人，营指导员蒋歌薰、副营长兼二连连长吴幼军也是共产党员，班、排长和士兵中也有一些党团员。不久，陈赓又把他的妹夫谭政动员到武汉参军，担任特务营第二连上士文书，后来担任营指导员办公室准尉书记。四一二反革命政变血的教训，使军人出身的陈赓更加重视枪杆子的作用。他在上海就有过培训工人纠察队的经验。到武汉后，他又承担武汉工人纠察队的领导和训练工作。中共五大召开时，他和项英默契配合，分别调动特务营和工人纠察队担任会场警戒保卫工作。

这一时期，共产党人还同国民革命军第二十军军长贺龙真诚合作，建立了一批新的部队。贺龙，人称“两把菜刀起家”，1914年加入孙中山领导的中华革命党，先后担任讨袁护国军指挥、湘西护国军营长、靖国军团长、四川警备旅旅长、混成旅旅长、建国川军师长，率部与北洋军阀及四川军阀杨森作战。1926年4月11日，以澧洲镇守使兼川黔边防军第五路司令名义率部参加北伐战争，任国民革命军第九军第一师师长。1927年率部东下武汉驻防鄂城，任国民革命军独立第十五师师长。第二次北伐时，率部出师河南，在逍遥镇、临颍和许昌等地大败奉军，尔后进占开封。6月，率部回师武昌，任国民革命军第二十军军长。

早在北伐战争开始不久，国民革命军总政治部就派以共产党员周逸群为队长、以共产党人为骨干的国民革命军左翼军宣传队来到第九军第一师。贺龙知道周逸群曾经是黄埔军校青年军人同志会的负责人，就想请宣传队帮助办两件事：一是帮助改造部队；二是帮助建立政治部和政治工作。周逸群满口答应，并建议先办青年军官政治讲习所。贺龙马上决定，在随营军官学校基础上开办政治讲习所，由周逸群具体负责。不久，又建立政治部，由周逸群任主任。

贺龙不仅欢迎共产党派人到他的部队工作，而且支持共产党在他的部队中发展党员。他自己同周逸群见面的第三天，就提出加入中国共产党的要求。因为当时中共中央规定，在友军内部不准吸收高级军官

贺龙

入党，周逸群不敢贸然表态，只是说："共产党是不关门的，只要够条件，时机一到，一定会有人来找你的。"后来贺龙又多次提出入党申请。

在第二次北伐向河南进军途中，听说一些北伐将领已在其管辖的部队和区域"清党"，将共产党员"礼送"出境，二十军中的共产党员不免顾虑。得知这一情况后，贺龙对周逸群说："时局虽然这样紧张，我还是拥护共产党，执行共产党的决定的。你可以放心。所有在我们部队工作的共产党员都不要离开，继续工作。我们不会'礼送'你们的。"

1927 年 6 月，周恩来在武昌与贺龙交谈，贺龙明确表示："只有共产党才能救中国，只有马列主义才是救国救民的真理。我听共产党的话，决心和蒋介石、汪精卫这班王八蛋拼到底。"[①] 7 月 10 日，周逸群向贺龙转达中共中央军委准备将正在遭受严重迫害的鄂城、大冶等地的工人武装纠察队秘密编入二十军教导团的打算，征询贺龙的意见。贺龙高兴地说："我带了多少年的兵，从来没有哪个上级给我补充过人员，连军饷都要层层克扣，要么干脆不给。肥了大脑袋，苦了当兵的。现在，共产党给我补充，工农同志愿意编到二十军来。我能不欢迎吗？他们能来，这说明什么呀？逸群，说明我们有一点子进步嘛！"

随后，贺龙就命令在武汉三镇到处张贴《国民革命军第二十军招收学兵、工兵章程》，宣布招收有文化的知识青年和有技术的工农人员。贺龙这次扩编的部队主要是第二十军第六团和教导团，专门吸收共产党员、共青团员和工农运动骨干，分别由共产党员蔡申熙、侯镜如担任团长，直属军部管辖。第六团除团长蔡申熙外，副团长李奇中、第一营营长陈赓、第二营营长徐士品、第三营营长侯凤墀、指导员卓庆坚都是共

① 廖汉生：《沧海横流，方显出英雄本色》，《怀念贺龙同志》，湖南人民出版社 1979 年版，第 32 页。

产党员，士兵大多数是因白色恐怖逃亡出来的工人、农民。教导团除团长侯镜如外，指导员刘大业、参谋长周邦采和副团长都是共产党员，士兵主要来源于共产党掌控的武汉市公安局保安总队、湖北农民武装训练班和国民政府农政部农政训练班。

与此同时，贺龙还听从共产党的建议，改编自己的警卫部队特务营，将特务营营长、副营长、第一连连长、第二连连长均换任共产党员，让共产党员刘力劳任营长，将直接警卫军部的第一连连长交给共产党员黄霖担任，还任命共产党员唐天际、南觉昆先后任副连长，共产党员吴溉之任第二排排长。

正是用这些办法，共产党与贺龙真诚合作，将许多共产党员、进步青年安置在二十军中，组建了一批新的部队。这批人当中，有从张发奎那里逃出来的黄霖、唐天际，从唐生智那里逃出来的陈章甫、段德昌。随后，武汉工人纠察队队长陈赓、共产党员傅维钰、武汉市公安局保安总队长侯镜如、著名记者范长江，都先后经周恩来介绍，由贺龙安排在二十军中担任要职。正因如此，由汪精卫派到二十军当高级参谋的武汉国民政府中央军委三局局长陈浴新，在他从二十军出逃后写的《陈浴新脱险之报告》中说：二十军新编的部队"如团营连指导员，无一非 C.P. 分子，官佐弁兵夫役，均极力吸收入党。新组建的教导团、第六团、特务营、炮兵营，清一色 C.P.。多数军官都是黄埔生"。

中国共产党在帮助受党领导和影响的叶挺、贺龙部队发展的同时，还向其他部队派出一些党员掌握兵权，如在程潜第六军任职的十七师五十一团团长陈烈、十九师二团团长李隆光，在冯玉祥国民军中担任第三师师长的张兆丰，都是中共党员。

这时，武汉市公安局保安总队也是共产党人掌握的一支重要武装力量。武汉市公安局长江董琴是国民党左派，后来参加南昌起义。副局长吴士崇就是新中国成立后担任武汉市第一任市长的共产党员吴德峰。保安总队长侯镜如是黄埔军校第一期毕业的共产党员，1927 年 3 月上海工人武装起义时任上海总工会纠察队指挥，四一二反革命政变后来到武汉，由中共中央军事部派到武汉保安总队工作。总队指导员刘大业、参谋长周邦采都是共产党员。学兵队长王之宇、汉口保安大队长刘希程虽不是共产党员，也都是国民党左派。1927 年 7 月，这支队伍被编入贺龙的二十军教导团。

位于两湖书院的武汉中央军事政治学校，俗称黄埔军校武汉分校，由黄埔军校第五期政治科、炮兵科、工兵科学生迁到武汉后，加上新招收的全国各地学员组成。武汉军校虽然由蒋介石任校长、汪精卫任党代表，但从筹建之日起就由共产党人和国民党左派主导。武汉军校的筹备工作，由国民党左派、北伐军总政治部主任邓演达亲自主持、代理校长，共产党员包惠僧具体负责、代理校务，共产党员恽代英担任政治总教官，教育长由与共产党人关系密切的张治中担任，不久张治中辞职，由共产党员侯连瀛接任。

1927 年 2 月 12 日，武汉军校举行开学典礼。在 3 月中旬召开的国民党二届三中全会上，吴玉章、恽代英、毛泽东等坚决支持国民党左派彭泽民提案，将中央军事政治学校领导体制由校长制改为委员制。会后，恽代英、邓演达、谭延闿三人被任命为中央军事政治学校常务委员，全面负责军校工作，这就变相撤销了蒋介石的校长职务。由于谭延闿只是挂名，邓演达忙于总政治部和中央农民部工作，武汉军校的工作实际上由共产党员恽代英主持。

4 月，武汉军校调来一位准尉文书，这就是新上任的武汉军校中共组织负责人——党委书记陈毅。陈毅在泸顺起义时被党派到四川军阀部队中做政治工作，四川军阀刘湘制造三三一惨案后，在重庆无法立足，便辗转来到武汉，找到中共湖北省委。湖北省委对这位失掉组织联系的党员毫不了解，便安排他到叶挺部队当兵。就在这时，陈毅在街上遇到他的入党介绍人——在中央军委工作的颜昌颐。颜昌颐要陈毅暂时不去叶挺部队报到，把他带到中央军委办事处引荐给聂荣臻，聂荣臻便派遣他到武汉军校做党委工作。

恽代英

陈毅

武汉军校吸引了全国各地向往革命的进步青年。在数以千计的报考者中，经过初试、复试，最终录取的只有1200余人。许多落选考生不愿离开武汉，强烈要求进军校学习，参加革命。后来，军校便在武昌南湖设立隶属北伐军总司令部的学兵团，吸收这些热血青年从军。四一二反革命政变后，武汉军校师生队伍发生奇异的双向流动现象。一部分国民党右派分子和立场亲蒋的学生离开军校投奔蒋介石，各地逃亡到武汉的革命者纷纷进入军校。武汉军校由此成为革命者和进步势力聚集的大本营，军校师生也被国民党右派恶毒咒骂为“赤子赤孙”。

武汉军校素有“红色黄埔”之称。中国共产党在这里培养了大批军政人才。在夏斗寅叛乱的危急时刻，由武汉军校学员和中央农民运动讲习所学员、武汉工人纠察队合编成中央独立师，由恽代英任党代表，配合武昌卫戍司令叶挺任师长的十一军二十四师奋力作战，将兵临城下的叛军打败，解除武汉之危。在大革命失败后的血雨腥风之中，这些红色火种点燃土地革命和武装斗争的星火，成为中共建军的骨干和栋梁。

与此同时，中共还加快了武装工农的步伐。当时，规模最大、力量最强的工人武装就是武汉工人纠察队。武汉工人纠察队始建于1926年底，由项英、蒋先云、陈赓等共产党人先后担任队长。武汉工人纠察队成立时就有2000多人，下辖两个大队和一个女生直属队，每个大队下设三个小队，小队下设区队，武器都是木棒。为了训练这支工人武装，培养工人运动骨干，湖北省总工会还开办武汉工人运动讲习所。刘少奇、董必武、陈潭秋、李立三、林育南、恽代英、许白昊等共产党人先后到讲习所讲课。学员们在这里不仅学习理论知识，还接受军事训练。到1927年5月，武汉工人纠察队已发展到5000余人，拥枪3000多支。

武汉工人纠察队

1927年4月，以毛泽东为书记的中共中央农委作出《对于武装问题之决议案》，指出："各省应一致努力建设农民武装组织农民自卫军"。所以，他主办的武昌中央农民运动讲习所在整个教学过程中把军事训练放在相当重要的位置，成为中国共产党培养农民武装骨干的主要阵地。农讲所设立军事教育委员会，成立总队部，下设四个大队和一个特别训练队。学员全部实行军事编制，给每个学员配备汉阳造"七九式"步枪，配发灰布军装和草鞋、绑腿及斗笠等生活用具。军事教官多是黄埔军校毕业的军人。学员每天都要学习军事知识，进行军事训练。1927年5月，农讲所学员还远赴麻城，参加平息土豪劣绅和红枪会匪叛乱的战斗。这些经过严格军事训练的学员，后来大多成为各地农民自卫军领导人和土地革命骨干。7 月，在第一期 800 多名学员毕业以后，农讲所又开办农政训练班，招收 120 多名学员，讲授军事知识，进行军事训练。这次训练班培养的农民武装不久编入贺龙的第二十军教导团。

1927 年的武昌中央农民运动讲习所

中共湖北省委也一直非常重视农民武装建设。早在 1926 年 12 月，董必武主持的国民党湖北省党部就制定人民自卫军组织法及进行大纲，并成立自卫部。湖北省农协随后发出通告，要求各县农协迅速建立农民武装，成立自卫部。与此同时，董必武在汉口建立秘密联络点，收藏武器弹药支持湖北各地建立农民武装。从 1927 年 4 月初开始，天门、黄安、罗田、远安、麻城、咸宁、夏口、崇阳、通山、武昌、汉阳、应城、大冶、蕲春、黄梅等县纷纷成立农民自卫军。至 6 月中下旬，全省已有 30 余县建立农民自卫武装，共有武装人员四五千人、枪 3000 余支。在这期间，省农协先后开办两期农民武装训练班，培养农民武装人才数百人。6 月底，省农协召开扩大执委会，再次强调建立和扩大农民武装的重要性，通过《武装问题决议案》，提出在农村中建立健全完善的农民自卫武装组织系统的全面构想。随后，省委又在武昌秘密举办全省农民武装训练班。这次训练班培养的一个大队的农民武装，后来编入贺龙的第二十军教导团。

广州四一五反革命政变以后，一支幸存的工农武装——广东北江工农军遵照党的指示，在总指挥罗绮园等共产党员率领下，由广东韶关、清远一带千里迢迢转移武汉。中共中央派出政治局候补委员、国民政府劳工部长苏兆征与国民党中央政治委员会磋商，最终将这支武装改编为陈嘉祐的第十三军补充团，使这支历尽劫难的工农武装力量成建制完整保存下来，后来编入叶挺的第二十四师和贺龙的第三师第六团。

朱德

1926 年 12 月，身兼国民革命军第二十军党代表、军政治部主任和军国民党党部主任委员等重要职务的朱德，肩负两项使命从四川来到武汉。一项是公开的，以第二十军党代表身份向国民政府和国民革命军总政治部汇报杨森部队接受改编的情况。另一项是秘密的，以中共重庆地委军事委员会委员身份向中共中央汇报泸顺起义的计划与准备情况。

四个月前，朱德从苏联学习军事回国后，中共中央就派他到四川争取杨森军阀部队参加国民革命。11 月 18 日，杨森公开宣布接受国民革命军总司令蒋介石的任命，就任国民革命军第二十军军长兼川鄂边防督办，朱德被任命为第二十军党代表。由于朱德领导共产党人通过卓有成效的政治工作，改变了旧军队面貌，杨森对他产生疑忌，担心部队被共产党控制瓦解，于是设法“调虎离山”，派朱德赴武汉考察。朱德对杨森的反复无常早有警觉，便顺水推舟，率领第二十军 80 余名中下级军官组成军事政治考察团，前往武汉汇报工作。

朱德一到武汉，就向中共中央汇报了泸顺起义的计划与准备情况。根据中央指示，中共重庆地委于 11 月上旬成立由杨闇公、朱德、刘伯承三人组成的军事委员会，由中共重庆地委书记杨闇公兼任军委书记。重庆军委的主要任务是利用四川军阀内部矛盾，在泸州、顺庆一带策动军阀部队起义，建立一支名义上属于国民革命军，实际上为共产党领导的军队。由刘伯承任起义总指挥。从12月1日开始，起义按计划先后在泸州、顺庆等地爆发。起义部队很快占领泸州、顺庆两城。12月10日，拥有7000多人的三支起义部队在顺庆集会，推举刘伯承正式就任国民革命军四川各路总指挥。起义爆发后，四川各派军阀急忙调兵遣将进行镇压，致使泸州的起义部队未能按计划到顺庆会师，已会师顺庆的三支起义部队陷于孤军无援的困境。刘伯承率军经过艰苦的转战，于12月下旬退至开江。随后，杨闇公、刘伯承转移到万县，与从武汉赶回的朱德会晤，共商起义失利后的行动方案。会后，刘伯承前往泸州，指挥起义军坚守孤城，与十倍于己的敌军浴血奋战。

留在万县的朱德此时也陷入险境，只得脱离二十军，返回武汉。朱德一到武汉，就被分配一项新的任务——前往江西南昌第五方面军朱培德部队中工作。不久，朱德到达南昌，受到他在云南讲武堂的同学和旧友、第五方面军总指挥朱培德的欢迎，被委任为第三军军官教育团团长，不久又担任第五方面军总参议，后来还兼任南昌市公安局局长。朱德很快组建起一支近千人的军官教育团。这支名义上隶属于第三军的部队实际上直属中共中央军委和江西省委领导，每个连队都成立党小组，由团参谋长陈奇涵担任党支部书记。这支部队成为又一支中共直接领导的武装力量和培养军事人才的基地。

刘伯承

1927年4月，还在泸州苦战的刘伯承被武汉国民政府任命为暂编第十五军军长。在历时167天的起义过程中，他调兵遣将，进退有方，安民治政，措置裕如，有力地策应了北伐战争，实现了中共中央关于抑制四川军阀部队东下威胁武汉的战略目的。5月16日，终因寡不敌众，起义失败，刘伯承带领两名部下一路拼杀冲出包围圈。6月中旬，他们终于翻山越岭来到西安，但已身无分文，幸而得到陕西军务会办邓宝珊接济，才经郑州到达武汉，找到党组织。刘伯承从泸州突围来到武汉后，一直以久经战事、身体疲惫、急需休养为理由，深居简出，闭门谢客。实际上，他在暗中运筹帷幄，一面向中央汇报泸顺起义情况，总结经验教训，一面酝酿新的武装起义。周恩来得知刘伯承到了武汉，立即和他见面交谈。周恩来在深入分析当前革命正处于转折关头的形势后指出，中国现阶段的革命运动是广大人民群众的事业，目前革命势力虽有分化，但革命洪流不可阻挡，终会浩荡前进。汪精卫公开“分共”后，中央政治局临时常委会决定成立由周恩来任书记的前敌委员会，负责领导南昌起义。周恩来在军事上需要一个得力助手，他选中了刘伯承。于是，刘伯承乘江轮前往九江，参与策划南昌起义。

综上所述，可见中国共产党这时确实已经开始逐步重视军事工作，并取得一定成效。但是，由于共产国际指示既要推进土地革命，动员共产党员和工农建立可靠的革命军队，又不破裂统一战线，通过与汪精卫政府合作完成这项工作，中共党内为此争论不休，固执己见的陈独秀仍然坚持继续妥协让步以争取与汪精卫合作，错失了不少发展和掌握更多武装力量的良机。后来，周恩来在回顾这段历史时非常惋惜地说：如果我们努力做的话，我们本来还有可能征募和装备十个师的共产党军队。当时我们已经有一个军、两个师和武汉的警卫团，以当时的军校作骨干，再加上湖南、湖北的工农武装和武汉的工人纠察队，组织五万到七万军队是有可能的。正是这无可挽回的历史遗憾，使年幼的中国共产党很快就付出了沉重的历史代价！

第四章　江潮陡转砥中流
——大革命全面失败与八七会议召开

面对更加恶化的中国革命形势，共产国际发出五月紧急指示，提出开展土地革命、建立中国共产党自己的革命武装等挽救时局的重要主张。汪精卫公开“分共”前夕，中共中央改组，随后作出发动南昌起义、组织湘鄂赣粤农民秋收暴动、召开中央紧急会议三项重大决策。1927 年 8 月 1 日，南昌起义爆发，打响武装反抗国民党反动派第一枪。8 月 7 日，召开中央紧急会议（即八七会议），批评党的右倾错误，制定继续进行革命斗争的正确方针，为挽救党和革命作出巨大贡献。中国革命从此开始由大革命失败到土地革命战争兴起的历史性转变。

共产国际五月紧急指示与中共中央改组

1927 年 5 月 18 日至 30 日，共产国际执行委员会在莫斯科召开第八次全体会议，中心议题是讨论中国问题。斯大林在全会上作《关于中国革命和共产国际的任务》讲话。面对中国革命的危急局面，斯大林等人仍认为“武汉是中国革命运动的中心”，汪精卫仍是左派，“武汉政府和国民党左派的上层分子，就其阶级成分而论，不仅代表着农民、工人和手工业者，而且也代表着一部分中产阶级”，所以称“中国左派国民党对现在中国资产阶级民主革命所起的作用，近乎苏维埃在 1905

年对俄国资产阶级民主革命所起的那种作用”。会议最后通过《共产国际执行委员会第八次全体会议关于中国问题的决议》。决议分析四一二反革命政变的原因及后果，指出这是“中国革命的局部失败和反革命集团势力一定程度的增长”；要求中国共产党十分积极地参加武汉“临时革命政府”的工作，称“拒不参加或者对它持怀疑不定的态度，在形式上看似乎是‘激进革命’的，而实际上是重蹈了俄国孟什维克1905年的错误”；向中国共产党提出开展农村土地革命、武装工农群众、发展国民党而坚决反对退出国民党、积极参加武汉中央及地方政府机关等任务与政策，并且不指名地批评陈独秀对上述问题的动摇态度①。

在共产国际执委会第八次全会结束当天，联共（布）中央政治局根据共产国际执委会第八次全会精神作出关于中国问题的决定，并就此给在中国的鲍罗廷、罗易和苏联驻汉口总领事柳克斯发出电报。电报的主要内容是：（1）不进行土地革命，就不能取得胜利，国民党领导机关就会变成不可靠将领手中的玩物。坚决主张通过农会，从下面实际没收土地。同时必须同过火行为作斗争，但不能动用军队。（2）对手工业者、商人和小地主作出让步是必要的。只应没收大、中地主的土地。如果形势需要，暂时可以不没收中地主的土地。不要触及军官和士兵的土地。（3）改变国民党领导层人员的构成，从下面多吸收一些新的工农领导人加入国民党中央。同时依靠工农组织中的数百万人扩大国民党地方组织。（4）动员两万共产党员，再加上湖南、湖北的五万革命工农，组建自己可靠的军队。（5）成立以著名国民党人和非共产党人为首的军事法庭，惩办和蒋介石保持联系或唆使士兵迫害人民、迫害工农的军官②。

---

① 参见《共产国际有关中国革命的文献资料（1919—1928）》第一辑，第323、329页。

② 《联共（布）中央政治局会议第107号（特字第85号）记录》（1927年6月2日），中共中央党史研究室第一研究部编译：《共产国际、联共（布）与中国革命档案资料丛书》第4卷，北京图书馆出版社1998年版，第298—299页。

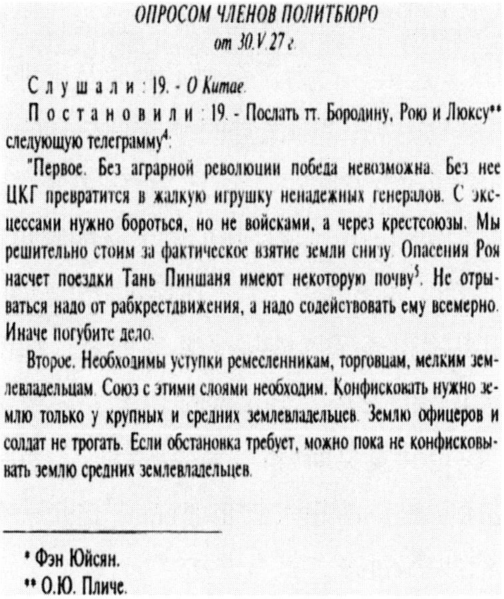

ОПРОСОМ ЧЛЕНОВ ПОЛИТБЮРО
от 30.V.27 г.

С л у ш а л и : 19. - *О Китае.*

П о с т а н о в и л и : 19. - Послать тт. Бородину, Рою и Люксу** следующую телеграмму[4]:

"Первое. Без аграрной революции победа невозможна. Без нее ЦКГ превратится в жалкую игрушку ненадежных генералов. С эксцессами нужно бороться, но не войсками, а через крестсоюзы. Мы решительно стоим за фактическое взятие земли снизу. Опасения Роя насчет поездки Тань Пиншаня имеют некоторую почву[5]. Не отрываться надо от рабкрестдвижения, а надо содействовать ему всемерно. Иначе погубите дело.

Второе. Необходимы уступки ремесленникам, торговцам, мелким землевладельцам. Союз с этими слоями необходим. Конфисковать нужно землю только у крупных и средних землевладельцев. Землю офицеров и солдат не трогать. Если обстановка требует, можно пока не конфисковывать землю средних землевладельцев.

---

* Фэн Юйсян.
** О.Ю. Пличе.

俄文五月紧急指示

联共（布）中央政治局发给鲍罗廷、罗易、柳克斯的这份电报，后来被称作五月紧急指示。这个指示提出的开展土地革命、建立中共自己的革命武装等挽救时局的重要主张，指出了克服革命危机的关键所在，理论上是有积极意义的。但是，斯大林等人寄希望于汪精卫集团能同中国共产党合作执行这个指示。

6 月 1 日，罗易收到这个紧急指示后转给陈独秀，要陈独秀立即召开中共中央政治局会议讨论贯彻。陈独秀看后，心情更加沉重：莫斯科又出难题了，在当前国共两党这样剑拔弩张的情况下，这个指示怎么执行？但是，又不得不开会讨论。于是，他遵照罗易的指令，在 6 月 7 日召开有鲍罗廷、罗易、维经斯基参加的中共中央政治局会议。会上，他宣读了这个指示，然后谈了自己的看法。

陈独秀说："尽管莫斯科不了解中国的实际情况，但共产国际的这个提纲原则上是正确的"，问题是难以执行。"由工农组成新的军队当然很好，但存在一些困难。现在我们应当进行谈判，同军阀进行接触。我们不能同这些将领断绝往来，因为在这种情况下我们没有可能建立自己的（武装）力量。”关于土地革命，农民运动的“过火行为妨碍了土地问题的解决”，应当先纠正“过火”行为，否则不能谈及土地问题。关于吸收工农领导人来加强国民党中央，“国民党的领导是在党的代表大会上选举产生的。现在我们怎么能改变它呢？”至于“组建革命法庭实际上是不可行的”。“我们衷心赞同指示，但问题是我们党未必能够贯彻执行。因为实际运用却很难，需要时间。也就是说，共产国际的指示暂时还不能执行。”①

谭平山、张国焘等也表示不能接受紧急指示。鲍罗廷、维经斯基则抱怨莫斯科不了解中国的形势。会议经过讨论，一致认为共产国际的指示一时无法执行，决定回复莫斯科：“命令收到，一旦可行，立即照办。”罗易虽然也同意这个意见，却想入非非地说：“这是一个原则，不是不能执行，只要把汪精卫说服过来，就有办法。”

罗易一向认为汪精卫是国民党领导机构中唯一的小资产阶级代表，是国民党主要领导人中唯一努力同共产党保持友好关系的人。他想汪精卫回国途经莫斯科时，斯大林承诺给他 1000 万卢布的经济援助，现在汪精卫还没得到这么多，还需要莫斯科更多的帮助，汪精卫还会听从莫斯科的。所以，他便背着中共中央和共产国际其他代表，私自把五月紧急指示送给汪精卫看，希望得到汪精卫的支持。

据罗易当时的翻译王剑龙后来回忆，开始罗易是派他去送这份电文的，王剑龙认为这个训令极其重要，应当保密，不能送给汪精卫，担心万一汪精卫把这个训令出示于众，那怎么办？便拒绝罗易，坚决不去。罗易没有再派别人，他自己出马了。

几个月后，汪精卫在广州中山大学演讲时回述了事情的经过：6 月 1 日，苏联代表罗易忽然约见兄弟去谈话，说：“莫斯科曾有一项决议案，给我和鲍罗廷的，鲍罗廷给你看没有呢？”我说：“没有。”他说：

① 《罗易给联共（布）中央政治局的电报》（1927 年 6 月 8 日），中共中央党史研究室第一研究部编译：《共产国际、联共（布）与中国革命档案资料丛书》第 4 卷，北京图书馆出版社 1998 年版，第 308—309 页。

“我可以给你看。”他于是把那个决议案给我，一是俄文的，一是中文的。中文的是他们自己翻译出来的。兄弟看过以后，觉得严重时期已经到了。兄弟说：“可以给我吗？”他当时有点迟疑，最后才说：“今天晚上送给你，因为要修改几个字。”晚上果然送来[①]。

“到了争船的时候了！”这是汪精卫看到五月紧急指示后的第一反应。汪精卫曾将国共合作比喻同坐一条船。他认为国民党要将国民革命带往三民主义的那条道路上去，共产党要将国民革命带往共产主义的那条道路上去。正如一只船有两个把舵的，有两个不同的方向，除了赶去一个，更无他法[②]。汪精卫看完电文，沉着脸对罗易说：这件事很重要，要交给政治委员会主席团看了以后再作答复。

汪精卫拿到电报副本后，立即给武汉国民党中央主席团成员孙科、谭延闿、陈友仁等人传阅。他们都很吃惊。据说陈友仁看过电文后，吓得面如土色，说：“这意味着国民党同共产党之间的战争”。

几天后，在一次中共中央会议上，周恩来通报了从国民党内部透露出来的罗易私自向汪精卫泄露共产国际指示的消息，与会者都怔住了。鲍罗廷和维经斯基责问罗易：“你是共产国际首席代表，为什么要泄露如此重要的机密？”罗易若无其事地说：“我的本意是想缓和与汪精卫的关系。”

鲍罗廷立即给斯大林发电报，要求撤回罗易。6 月 22 日，共产国际执行委员会政治书记处秘密会议决定：“立即把罗易同志从他所担任的共产国际执委会代表职位上召回，因为他给国民党中央的一些成员看了发给鲍、罗、柳三同志而无论如何不能给其他人看的电报。”[③]6 月 23 日，联共（布）中央政治局致电鲍罗廷、加伦、罗易：“我们建议罗易返回莫斯科。将派另一名同志作为共产国际代表接替他。我们召回罗易是因为

① 《武汉分共之经过》。
② 《武汉分共之经过》。
③ 中共中央党史研究室第一研究部编译：《共产国际、联共（布）与中国革命档案资料丛书》第 4 卷，北京图书馆出版社 1998 年版，第 344 页。

他违反了纪律。”[1]6 月 30 日，联共（布）中央政治局再次重申让罗易返回的决定，建议他准备经最安全的路线立即动身。在联共（布）中央和共产国际的坚决督促下，罗易于 7 月 2 日动身离开中国，于 8 月初返回莫斯科。

罗易虽然被召回莫斯科，但其泄密的后果已无法挽回。他轻率幼稚的举动不仅没有拉住汪精卫，反而给了汪精卫“分共”的口实，加快了他反共的步伐。就在看到五月紧急指示后不久，汪精卫从武汉赶往郑州会见冯玉祥。6 月 10 日至 12 日，汪精卫与冯玉祥在郑州会谈，达成反共默契，决定将河南和西北的军政大权交给冯玉祥，武汉国民政府的北伐军全部回师武汉。

回到武汉后，汪精卫就召集国民党中央党部中非共产党员负责人开会，以共产国际指示“根本危害”国民党生命为借口，商量与共产党分离的办法。他在会上说：现在讨论的“不是是否应当驱逐共产党，而是什么时候驱逐——现在还是过些时候”的问题。同时，召集国民党军事将领，布置防范共产党事宜。唐生智的主力部队从河南撤回武汉后，也公开站在反叛的军官一边，镇压工农运动。接着，唐生智以“解决湘事”为名回到湖南，开始搜捕共产党人和革命群众。

早在 6 月上旬，莫斯科就来电批评中共中央对土地革命的态度不坚决，要求“立即切实领导土地革命”，“立即消灭长沙的反革命。招募农民，鼓动他们去进攻军官团，彻底将其摧毁，以儆效尤”[2]。此时，湖南尚有不少农民武装，由共产党人掌握的叶挺部队击败夏斗寅叛军后正驻军湘鄂边境，而唐生智主力的三分之二还在河南，来不及回师两湖。

6 月中旬，中共中央政治局及常委会连日开会讨论对策，一度准备在湖南组织武装起义，打算在力量调集后，派中央军事部长周恩来前去

① 《从中共五大到八七会议》，中共党史出版社 2008 年版，第 447 页。

② 《联共（布）中央政治局紧急会议第 108 号（特字第 86 号）记录》（1927 年 6 月 7 日），中共中央党史研究室第一研究部编译：《共产国际、联共（布）与中国革命档案资料丛书》第 4 卷，北京图书馆出版社 1998 年版，第 306—307 页。

指挥，并派毛泽东为湖南省委书记。但是，中央许多人态度动摇，鲍罗廷、彭述之等人认为共产党在湖南的势力已完全瓦解，表示反对。这个计划最终被取消。6 月 15 日，陈独秀在致共产国际的电报中表示：“你们的指示是正确而重要的，我们表示完全同意；中国共产党设法要建立民主专政，但在短时期内不可能实现。用改组的办法驱逐汪精卫尤其困难。当我们还不能实现这些任务的时候，必须与国民党和国民革命军将领保持良好关系。”“如果我们同他们分裂，要建立我们自己的军事力量将是很困难，甚至是不可能的。”电文还说明：“没收大地主和反革命分子土地的政策没有废止，也没有禁止农民自己起来没收土地。我们的迫切任务是要纠正‘过火’行为，然后没收土地。”①

6 月 20 日，冯玉祥与蒋介石在徐州举行会议，公开倒向蒋介石，与蒋介石达成反共默契。随后，冯玉祥致电武汉国民政府，要求将鲍罗廷解职回国，并将国民革命军内部的共产党员和大批政治工作人员解聘。

6 月 26 日，鉴于冯玉祥已完全倒向蒋介石，汪精卫、唐生智日益走向反共反苏，中共中央政治局与共产国际代表召开联席会议，分析当前的政治形势，讨论中国共产党的任务，探寻挽救革命的良策。

会议开始后，陈独秀首先发言。陈独秀说，我们面前有两条路：右的道路与左的道路。右的道路意味着放弃一切，左的道路意味着采取激进行动。在这两条道路等待我们的都是灭亡。此外还有一条中间道路，即继续目前的局面，这也是不可能的。怎么办？也许应该寻找第四条道路？在我们这次会议上需要讨论这个问题。

鲍罗廷说：“我们应该先同莫斯科取得一致。”接着，宣读联共（布）中央政治局 6 月 23 日给汪精卫的电报。然后说：莫斯科给汪精卫的这份电报的内容与给我们的电报一样。莫斯科希望：（1）进行土地革命；

① 《陈独秀根据政治局意见致共产国际电》（1927 年 6 月 15 日），〔美〕罗伯特·诺斯、津尼亚·尤丁编著：《罗易赴华使命》，王淇、杨云若、朱菊卿合译，中国人民大学出版社 1981 年版，第 325 页。

（2）使国民党民主化（无产阶级化，吸收农民参加）；（3）建立革命军；（4）不退出政府和国民党（这被看作是危险）。如果我们根据这四点去做，党的独立自主问题就自行解决了，就不再是问题。

接下来，鲍罗廷讲了他对莫斯科提出的这四项任务的理解。这就是：土地革命不是没收土地，而是分自治、减租、无地农民专政、武装农民、培训农村工作干部五个步骤进行；武装工农因武汉守不住而实际上不可能；国民党民主化要自下而上地缓慢解决，如果自上而下就会导致与国民党的分裂；不宣布退出政府但实际上并不工作。

陈独秀知道，鲍罗廷的意见名义上是莫斯科的，实际上是他自己根据莫斯科的指示提出的挽救危机的药方。所以陈独秀说，莫斯科的指示我弄不明白，我不能同意。莫斯科根本不了解这里发生的事情。鲍罗廷顾问所说的土地革命（不没收土地），不是莫斯科所希望的。因为我们确切地知道，莫斯科的所谓没收土地指的是什么。莫斯科要求没收土地，我们不能这样做。因此，鲍罗廷顾问的整个纲领是无稽之谈。

张国焘发言支持陈独秀。谭平山对鲍罗廷的意见表示支持。瞿秋白、张太雷、周恩来、任弼时都各自发表了自己的意见。会议进行了长时间的辩论，最终也没有得出明确的意见。

6 月 27 日，武汉国民政府逼迫共产党人谭平山、苏兆征辞去所任国民政府部长职务，要求解散工人纠察队。从 6 月下旬开始，一些军队开始占领基层工会，公开向工人纠察队挑衅。何键的三十五军从汉阳移驻汉口，准备对共产党人和工农群众进行大屠杀。为了寻找借口，何键等故伎重演，称武汉工人纠察队要缴三十五军的枪。于是，社会上迅速流传工人纠察队将缴三十五军枪的谣言。

中共中央政治局预感又一个马日事变即将到来，于是 6 月 28 日凌晨在汉口鲍罗廷公馆召开紧急会议，讨论如何应对即将发生的突然事变。会上，周恩来、张太雷都报告了何键即将起事的消息。谭平山也说，邓演达在离开汉口前，也说过希望共产党注意汉口马日事变的发生。会议经过讨论，最后决定公开宣布解散工人纠察队，以消除何键暴动的借口。

会议结束后，湖北省总工会即一面致函武汉国民政府军事委员会请求保护；一面在《汉口民国日报》发表文告，称“本会为避免反动派借口武装纠察造谣起见，业于本月28日将纠察队全体解散”，阐明总工会解散纠察队的苦心。与此同时，周恩来指导总工会和工人纠察队总队长组织人员将工人纠察队的大约100支破旧枪支交到武汉卫戍司令部。

实际上，武汉工人纠察队有3000支枪，当时只把破旧枪支交到武汉卫戍司令部，好一点的枪支都送给了叶挺和贺龙的部队，同时将一些纠察队员补充到叶挺、贺龙部队，为后来党领导的武装起义发挥了重要作用。工人纠察队主动缴械不失为一种自我保护的策略，但只是一种消极退却的暂时措施，以至在湖北的共产党员和工人中造成一定程度混乱。

6月29日，第三十五军军长何键发出反共训令，“明令与共产党分离”。同日，何键和负责武汉卫戍任务的第八军军长李品仙协同动作，占领中华全国总工会，捣毁、解散各行业工会。何键大肆煽动说：“民众的敌人是万恶的共产党。三民主义的敌人也是万恶的共产党。共产党不灭，国民革命便不能成功。”

在6月28日召开的中共中央政治局紧急会议上，还决定将中央机关搬到武昌。29日晚上，中央政治局在武昌新机关召开会议。6月30日，中央政治局又迁回汉口。7月3日，中共中央通过关于国共两党关系的决议，向国民党作出种种让步的表示，如：“为了减少冲突，共产党的部长可以暂时离开政府”；“工农群众组织必须受国民党的领导”；“根据国民党的命令，工农纠察队必须置于国民政府的监督之下”；“武汉现有的纠察队，为了减少冲突的可能性，可以减少或者编入军队”；等等。这个决议可谓一个“集机会主义之大成”地对国民党全面退却的纲领。

自6月以来，以陈独秀为首的中共中央作出的一系列决定，都是企图以妥协让步来拉住汪精卫、唐生智。事实证明，这样做不仅无济于事，反而助长了反革命的气焰。中共中央为何一再妥协退让？这与共产国际的指示密切相关。因为在莫斯科的联共（布）中央多数派与少数派之间，一直就在中国革命的基本问题上不断进行争论。所以，对于如何挽救中国革命危机，共产国际的指导方针一直存在矛盾，一方面要求中国共产党立即实行土地革命，另一方面又要求中国共产党千方百计维护与国民党的统一战线。这种方针在执行过程中必然发生不可调和的矛盾。因为土地革命的开展，必然导致国民党上层和国民革命军上层军官的反对，进而导致反对推行土地革命的中国共产党，国共合作的统一战线也就不可能保持。但是，共产国际、联共（布）中央仍然希望拉住汪精卫。联共（布）中央政治局决定再给武汉国民政府200万卢布的援助，并电告汪精卫：为挽救革命，应当停止动摇，必须支持土地革命和农民，继续与共产党人合作。这些已无法拉住已经右转的汪精卫。

在革命面临严重危机的关头，共产国际和联共（布）驻华代表之间也矛盾重重。共产国际指示的矛盾和鲍罗廷与罗易的争论不可避免地加剧了陈独秀等中央领导人的困惑和分歧。陈独秀动摇于鲍、罗二人不同主张之间，左右为难，难下决断。罗易多次向斯大林和布哈林建议撤换鲍罗廷和陈独秀，他甚至称陈独秀是“国民党在共产党内的代理人”，“应当把陈独秀清除出共产党领导机构”①。5月下旬至6月底，陈独秀这个总书记实际上已无法掌握党中央大政方针，更无法阻止形势进一步逆转。面对统一战线内反动军官一次次背叛，陈独秀两次提出退出国民党，自己独立干。但是，鲍罗廷在中共中央会议上说：“莫斯科必不容许这样做。”这时，武汉的汪精卫集团正一天天向南京的蒋介石集团靠拢，随时都有发生反革命政变的可能，国共合作已难以为继。在这种情况下，党内绝大多数干部对陈独秀的领导越来越不满。陈独秀已感到“领导不下去了”②。

当大革命不可避免地面临失败时，共产国际及其代表首先想到的是推卸责任，证明自己的正确，他们要找一个“替罪羊”。6月17日，罗易就发电报给斯大林，提出“应当把陈独秀清除出共产党的领导机构”。

---

① 《罗易给斯大林和布哈林的电报》（1927年6月5日、17日），中共中央党史研究室第一研究部编译：《共产国际、联共（布）与中国革命档案资料丛书》第4卷，北京图书馆出版社1998年版，第303、322页。

② 《武汉春秋》1996年第5期，第19页。

7月8日，联共（布）中央政治局紧急会议通过对中国共产党的决议案，随后很快给鲍罗廷发出电报指示。电报要求中国共产党必须示威性退出国民政府，同时仍然强调“退出国民政府并不意味着退出党。共产党人必须留在国民党党内，即使国民党领导者正在进行把共产党从国民党开除出去的运动”。电报指示中国共产党纠正中央的机会主义错误，在政治上健全党的领导机构。

7月12日，鲍罗廷找陈独秀谈话，表示要执行共产国际训令。陈独秀一言不发，只是点点头。同鲍罗廷谈过话后，陈独秀也感到再无法继续工作下去了，于是向中央提出辞呈，要求辞去总书记职务。他在辞呈中说：“国际一方面要我们执行自己的政策，一方面又不许我们退出国民党，实在没有出路，我实在不能继续工作。”[①] 同陈独秀谈话后，鲍罗廷主持召开中共中央政治局会议，根据共产国际执行委员会指示，对中共中央进行改组，由张国焘、李维汉、周恩来、李立三、张太雷组成中央政治局临时常务委员会，代行中共中央最高职权。同时，提议陈独秀、谭平山去莫斯科与共产国际讨论中国问题，瞿秋白、蔡和森赴海参崴办党校。陈独秀从此离开中共中央最高领导岗位。

实际上，在中共五大时，共产国际便有意换下陈独秀，只是因为一时没有合适的替代人选，只得维持他的领袖地位。五大后，共产国际曾在一些决议和指示中不点名地批评陈独秀，但仍对他寄予希望。6月以后，共产国际对他更加不满。7月8日，共产国际致电鲍罗廷和加仑，要求中共中央“召开紧急会议，纠正党的错误”。7月10日，布哈林在苏联《真理报》发表《中国革命的转折关头》一文，公开点名批评陈独秀是中国共产党党内“机会主义倾向最严重的领袖”，呼吁中国共产党人同他“进行最坚决的斗争”，“直至将他们开除出党”[②]。7月14日，共产国际又发表《关于中国革命目前形势的决定》，指出中国共产党领导

① 中共中央党史研究室第一研究部编译：《联共（布）、共产国际与中国国民革命运动》第6卷，北京图书馆出版社1998年版，第354页。

② 《共产国际、联共（布）与中国革命资料丛书》，人民出版社1985年版，第515页。

犯了一连串的最严重的错误，“必须彻底纠正这种机会主义错误”，要剥夺“不遵守国际领导者在中央之指导权”①。

陈独秀辞职以后，便悄然离开居住了三个月的中共中央机关——汉口四民街61号。临走时，中央秘书厅工作人员任作民、任淑兰等将他送出门外。当晚，他在秘书黄玠然（文容）陪同下，暂住于汉口一家餐馆的阁楼上。第二天，转移到汉口前花楼街亚东书局的纸庄商行隐居下来，直到9月10日离开武汉前往上海。

汪精卫公开“分共”与“五人临时中央”三项决策

1927年7月12日中共中央改组后成立的中共中央政治局临时常务委员会，因为由五人组成，后来人们称之为“五人临时中央”。受命于危难之际的“五人临时中央”，担负起挽狂澜于既倒、扶大厦之将倾的重任，一上任，首先实行党的总政治路线转变。

7月13日，中共中央改组的第二天，中央政治局临时常委会就发表《中国共产党中央委员会对政局宣言》。宣言严厉谴责蒋介石和汪精卫集团背叛革命的行径，明确指出现在已处在“革命之危机存亡的时候”，武汉国民党中央和国民政府“近日已在公开的准备政变，以反对中国人民极大多数的利益及孙中山先生之根本主义与政策”，“实足以使国民革命陷于澌灭”。因此，“中国共产党中央委员会决定撤回参加武汉政府的共产党员。”②

① 《共产国际、联共（布）与中国革命资料丛书》，人民出版社1985年版，第535页。
② 《中共中央文件选集》（一九二七），中共中央党校出版社1989年版，第201—205页。

中國共產黨中央委員會對政局宣言

中國共產黨中央委員會

中國國民黨革命同志書

中国共产党对政局宣言

宣言严正声明："中国共产党必将努力奋斗，反抗反动军官封建豪绅的［及］资产阶级完全攫政［取］国民革命运动的阴谋，反抗他们屠杀工农剥削民众的政策；他们这种阴谋和暴行是使革命破产，实在就是和帝国主义妥协，——因为抛弃土地革命，就是抛弃消灭封建制度的革命运动，而封建制度不消威［灭］，帝国主义的压迫是决不能推翻的。"①

宣言特别强调："凡此一切革命工作，中国共产党都要和国民党党员群众一切真正革命分子，共同去实行——因此共产党员决无理由可以退出国民党，或者甚至于抛弃与国民党合作的政策。如果国民党的指导机关及国民政府真能实行这种革命政策——反对帝国主义军阀封建制度及反动派的阴谋，那么，中国共产党必以全力赞助这种真正革命政策；但是，中国共产党永久认为革命的利益民众的利益高于一切——较之保存某种政治联

① 《中共中央文件选集》（一九二七），中共中央党校出版社 1989 年版，第 205 页。

盟领袖结合高出十倍。中国共产党不能放任背叛革命的军人以及犹豫骑墙的政治家，冒充国民党假借孙中山先生的旗号以自文饰。中国共产党决意与一切革命分子合作，只要他们能够诚实的坚决的根据三民主义三大政策而奋斗——民族解放民权政治民生改善的三民主义，联俄联共赞助农工的三大政策，是伟大的孙中山先生之遗训。所以中国共产党，必定严厉的揭发一切假借孙中山先生旗号的伪国民党之出卖革命。”①

宣言一改过去共产党对国民党反动派势力忍气吞声、妥协退让的软弱态度，淋漓尽致地揭露国民党反动派的罪行，是一篇铿锵有力的讨伐国民党右派的檄文。在汪精卫集团叛变革命的严峻关头，宣言严正声明共产党员退出国民政府，及时表明中国共产党的严正立场，宣布与国民党反动派决裂，打击汪精卫集团反动气焰，振奋了党内的革命精神，标志中国共产党“改变政策之开始”②。根据共产国际电令，中共中央命令谭平山、苏兆征退出国民政府，并于 7 月 24 日发表《对于武汉反动时局之通告》，进一步对武汉国民党中央和国民政府进行谴责。

就在《中国共产党中央委员会对政局宣言》发表的同一天，国民党左派邓演达公开发表宣言，强烈谴责汪精卫一伙“向蒋（即蒋介石——引者注）图谋妥协，并与共产党相分离，而残杀农工”的行为，决心“遵奉先总理遗嘱，根据三民主义努力作真正之革命”③，随即启程前往莫斯科。7 月 14 日，宋庆龄发表声明，坚决抗议武汉国民党中央违背孙中山的革命原则和革命政策，推行反革命的所谓“新政策”。声明严肃宣布“对于本党新政策的执行，我将不再参加”，指出“这种政策是注定要失败的”。声明重申“三大政策是实行三民主义的唯一方法”，指出：“如果党内领袖不能贯彻他的政策，他们便不再是孙中山的真实信徒；党也就不再是革命的党，而不过是这个或那个军阀的工具而已”④。

---

① 《中共中央文件选集》（一九二七），中共中央党校出版社 1989 年版，第 207 页。

② 《中共中央文件选集》（一九二七），中共中央党校出版社 1989 年版，第 247 页。

③ 北京《晨报》1927 年 7 月 17 日。

④ 宋庆龄：《为抗议违反孙中山的革命原则和政策的声明》（1927 年 7 月 14 日），《宋庆龄选集》，人民出版社 1966 年版，第 18—21 页。

7月15日，武汉国民党中央执行委员会常务会召开扩大会议，由谭延闿主持，汪精卫作报告。汪精卫拿出共产国际代表罗易40多天前给他看的共产国际五月紧急指示电报副本，逐条宣读后，危言耸听地说："综合这五条，有五层意思，都是很厉害的，随便实行哪一条，国民党就完了。""现在不是容共的问题，乃是将国民党变成共产党的问题"，提出"中央党部应制裁一切违反本党主义、政策之言论行动"[①]。他还不顾宋庆龄等国民党左派的反对，提出对于参加国民党的共产党员的处置办法。会议在表决"统一本党政策案"时，出席会议的12名中央执行委员中十人同意，获得通过。会议接受汪精卫"分共"主张，正式作出"分共"决定。这就是武汉的"分共"会议。会议结束后，宋庆龄即离开武汉前往上海，陈友仁等也相继出走。

七一五"分共"会议记录

① 见"分共"会议记录。

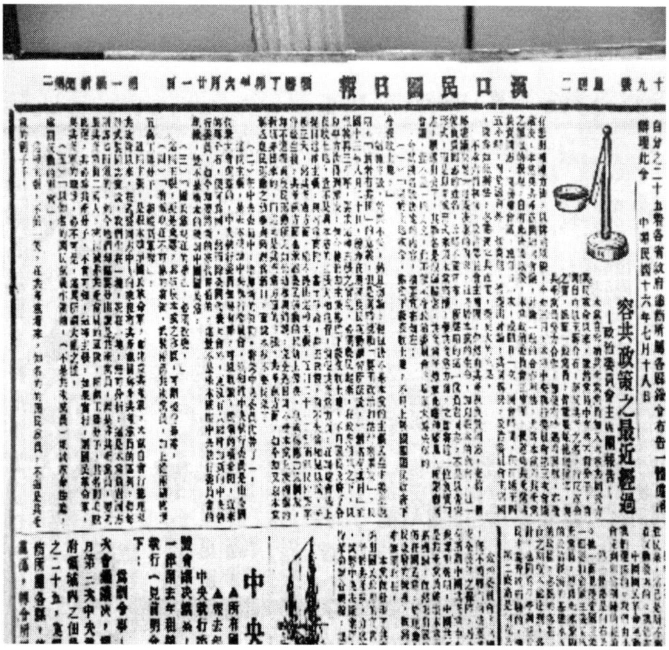
漢口民國日報

容共政策之最近經過

——政治委員會主席團報告

《汉口民国日报》刊登的《容共政策之最近经过》

汪精卫集团正式宣布“分共”叛变革命时，还假惺惺地发布《保护共产党员个人身体自由令》，实际上早已向共产党人举起屠刀。两个月前，湖北乡村已经开始白色恐怖。据湖北省委统计，牺牲在反革命屠刀下的革命者已“有五千七百四十人”，其中共产党人牺牲“在二百以上”。7月13日，共青团江岸区委组织部长、江岸铁路工会秘书宋继武因散发革命传单被捕，当天便被武汉卫戍司令部枪杀。“自此以后，几乎每日武汉三镇均有枪决共产党员的事。”

宋继武

武汉“分共”会议当天，国民革命军第三十五军何键部占据汉口、汉阳各工会，搜捕吴玉章等共产党人，进行反共示威。第二天，武汉国民党中央执行委员会发出布告：“近因农工运动，发生错误，有少数不良分子混入其间，反蒋打倒土豪劣绅口号，屡发现危害良善及滥行逮捕情事，实与政府保护私有财产命令大相违反，殊失本党提倡农工运动之主旨，自不能不亟于纠正，从严制止。”①

7 月 19 日，武汉国民党中央训令军事委员会在军队中“清共”。7 月 26 日，武汉政治会议议决：（一）凡列名国民党之共产党员，在党政各机关任职者，应即日起声明脱离共产党，否则一律停职；（二）共产党员在国民革命期间，不得有妨害国民革命之行动；（三）国民党员不得加入他党，违者以反党论。之后，汪精卫集团大规模逮捕、屠杀共产党人和革命群众。至此，汪精卫等控制的武汉国民党中央同共产党决裂，彻底背叛孙中山制定的国共合作政策和反帝反封建纲领，第一次国共合作全面破裂，由国共合作发动的大革命全面失败。

汉口戒严情况

从蒋介石武力“清党”，到汪精卫所谓“和平分共”，被血腥屠杀逼入绝境的中国共产党人除了拿起武器，走武装斗争的道路，已经别无选择。7 月 24 日，中共中央政治局临时常委会发布《中央对于武汉反动时局之通告》，进一步谴责武汉国民党中央和国民政府叛变革命的罪行，向全党通告“对于现时武汉反动之策略”。通告首先分析汪精卫“分

① 见《一周间国内外大事述评》，《国闻周报》第 4 卷第 28 期，1927 年 7 月 24 日。

共”以后的时局，指出：“国民党中央居然于七月十五日开常务委员会（C.P. 未到）决定”“分共”。“汪精卫派之虚伪主义现已完全揭破。汪（即汪精卫——引者注，下同）将国际向他提议国民党应组织两万 C.P.、三［五］万工农分子军队之电报做一种煽动分家之材料及投降蒋介石、唐生智之掩饰。国民政府一面下令保护工农及 C.P.，但反动军队一面摧残党部民众。中央对于此已发表宣言，攻击武汉政府之反动，声明共产党参加政权之条件已消灭，命令谭苏（即谭平山、苏兆征——引者注，下同）退出政府，但仍留在国民党内与一切革命分子团结奋斗。谭苏二同志已示威的退出国民政府。”“孙夫人发表宣言不满于现中央之政策而避往上海，邓演达因不满汪等亦早已离汉他去，左派下层领袖除一部分受买外，现拟择一地点集会以求团结左派在党内反抗反动的与虚伪的领袖。”①

据此，中共中央确定九项应对策略：第一，“认武汉中央政府已完全反动，武汉不再为革命中心而为反革命中心。故我们应攻击其反动行为，披露其虚伪，不可再事拥护其罪恶。对国民政府固然不应再说拥护，对汪精卫亦须历数其改变三大政策曲解三民主义之罪恶。”第二，“与国民政府合作之条件基础既已消灭，当然应立即召回国府内之党员。惟仍须留在国民党内工作”。“我们要团结下层左派分子在国民党内组织在野反对派，反对中央的反动政策。”第三，“我们现在要积极宣传反对武汉中央的反动政策，号召一切革命分子团结起来拥护孙夫人及邓演达的宣言。”第四，“要根据答复《容共政策经过》之一文，宣传汪精卫等借该电报以文饰其反动。”第五，“揭破武汉政府之假面具而使工农认识其真面目。当政府不能接受民众要求时，总罢工与抗税是必要的。”第六，“要积极领导两湖工人，反抗资本家之进攻及毁约，并应要求增加工资补偿因票价低落及物价增高之损失。”第七，“在国民政府领土内今年秋收时，积极做广大的减租抗租运动以鼓励农民悉起夺取乡村政权，实行没收大地主的土地。”“向土豪劣绅反攻”，“推翻其乡村政权而建立农会政权”。第八，“领导城市贫苦居民做要求平低物价、纸票兑现、收回国库

① 《中共中央文件选集》（一九二七），中共中央党校出版社 1989 年版，第 223—224 页。

券之运动。”第九，“我党要准备全国秘密工作”[1]。

7月29日，中共中央政治局临时常委会又发表《中国共产党中央执行委员会致中国国民党革命同志书》，阐述革命的国民党政纲。因为中国共产党这时已退出国民政府，但没有退出国民党，所以用书信的形式阐述挽救革命的主张，争取国民党内的革命同志。

《致中国国民党革命同志书》首先说明："中国共产党中央执行委员会给你们这封信，是在国民党最严重的生死存亡的危急时刻，革命同志领袖对于革命的主义政策实行叛变，居然压迫工农运动与共产党分裂，这种叛变可以使国民党变成反动派工具，和反革命军人的傀儡。”接着，谴责汪精卫借口共产国际五月紧急指示“来解释他们自己篡改孙中山先生政策的理由”的“分共”阴谋，揭露国民党右派从三二〇事变到七一五反革命政变逐步背叛革命的罪恶历史，指出：“武汉的国民党中央现在已经变成了政客的俱乐部。他们实际上已经没有自称国民党领袖的资格，他们已是革命的国民党的叛徒，如果国民党不能脱离这种指导机关，这是国民党的亡党”。“如今只有决然的完全和背叛革命与党的少数领袖决裂，而团结广大国民党员群众于革命的政纲之下才能救党，使国民党的旗帜不要变成反动的旗帜。”[2]

接着，提出九条革命政纲：（一）“进行中山先生的三民主义的政纲”，“实行扶助工农、联共、联俄政策”。（二）“反对背叛革命的汪精卫一派的人”，“努力建立国民党的新中心”。（三）“决然的推翻封建制度的壁垒及其一切余孽”，“农民自己起来力争土地，从豪绅手中夺回政权”。（四）“消灭城市工人、手工〈工〉人、店员的牛马奴隶们的劳动条件”，“对工农运动予以切实赞助”。（五）“力争真正民主政权的建立”，“推翻压迫剥削民众背叛革命之官僚军阀的政权”。（六）“取消一切军阀性的军队，造成真正人民的军队”，“实行武装工农”。（七）“无妥协的实行反国际帝国主义的斗争”，“力争中国的解放与统一”。（八）“改良工人阶级的生活状

① 《中共中央文件选集》（一九二七），中共中央党校出版社1989年版，第224—226页。
② 《中共中央文件选集》（一九二七），中共中央党校出版社1989年版，第227—235页。

况”，“恢复一切工农组织及工会的权利”。（九）“力争一般革命群众工农团体的一切政治自由”[①]。

《致中国国民党革命同志书》最后指出：“只有实行这种政纲方能辟开发展革命的道路”。“孙中山先生的真正信徒，真正革命的党人，应当团结起来开始为这个政纲而奋斗。”“我们共产党员决心和这种中山先生的真正的信徒，共同工作，同生同死决一死战。”“要准备着在无论何等环境无论何等条件之下，我们大家都应当继续孙中山先生的国民革命伟业，努力为解放中国广大的劳动民众而奋斗，而牺牲，力求革命之最后胜利，毋使国民党竟亡于封建资产阶级反动联盟之手！”[②]

中共中央改组以后，“五人临时中央”连续召开会议，初步总结大革命失败的教训，讨论挽救革命方略，在先后发出上述文告的同时，还作出挽救革命的三项重大决策。这就是：（一）实行土地革命，发动和领导湘鄂赣粤四省农民举行秋收暴动；（二）领导党在国民革命军中掌握和影响的主要部队举行南昌起义；（三）召开中共中央紧急会议。

在中共中央改组后第三天即 7 月 14 日，共产国际发表《关于中国革命目前形势的决定》，指出中国共产党领导犯了一连串最严重的错误，“必须彻底纠正这种机会主义错误”，要剥夺“不遵守国际领导者在中央之领导权”，作出“刻不容缓地公开宣布退出武汉政府，但不退出国民党；用一切办法加强在无产阶级群众中间的工作，建立群众性的工人组织，领导无产阶级的日常斗争；开展土地革命，继续用‘平民’的方式，有系统地武装工人和农民；采用种种办法，纠正中国共产党中央机会主义错误，在政治上健全全党的领导机构”等决定[③]。

根据这些决定，“五人临时中央”从 7 月 16 日到 18 日连续召开会议，决定实行土地革命和秋收暴动，以武装的革命反抗武装的反革命。

① 《中共中央文件选集》（一九二七），中共中央党校出版社 1989 年版，第 235—236 页。
② 《中共中央文件选集》（一九二七），中共中央党校出版社 1989 年版，第 237 页。
③ 《共产国际、联共（布）与中国革命档案资料丛书》第 5 卷，中国图书馆出版社 1998 年版，第 515 页。

随后，接连发出一系列关于农民运动的通告、决议和指示，明确提出目前农民运动的总策略就是开展土地革命，推翻地主政权，建立农民政权和农民武装。

7 月 18 日，中共中央机关刊物《向导》第 201 期发表《国民革命的目前行动纲领草案》，并在文前标注："中国共产党提出此草案，愿与全国一切革命分子共同商榷而实行之。"这份由"反对帝国主义""经济""政治""工人""农民""军人""教育""妇女"八部分构成的行动纲领草案，是对 7 月 13 日《中国共产党中央委员会对政局宣言》所提任务的具体化①。

7 月 20 日，中共中央政治局临时常委会发布《中央通告农字第九号——目前农民运动总策略》。通告指出："近年农民运动的进展，已表明中国革命进到一个新的阶段——土地革命的阶段。""我们党的责任"就是"积聚一切革命势力，开展这一革命的新阶段——土地革命。""怎样开发土地革命的潮流呢？只有敏捷的认清客观情势，抓住每一个机会，提出适当的口号，领导广大的群众继续不断的争斗才能达到此目的。"接着，通告提出"实现耕者有其田""打倒贪官污吏""打倒土豪劣绅""打倒新旧军阀""实现革命民权""实行农民武装"等 16 句口号，作为"开发土地革命的总的动力"②。

通告特别指出："土地革命只是一个过程，政权争斗是这一过程的主要特点。必有夺取政权的争斗，才能推翻封建地主的乡村统治，才能促进土地问题的爆发而且给他以解决的权力机关。""所谓政权的争斗，就是要建设农民的革命民权，换言之即农会政权之建设。""农民协会在现时就是乡村中穷苦农民联合其他小资产阶级的革命的政治联盟——农会政权。这是乡村政权的一个正确的形式，要开始在各地实现起来。"③

① 《中共中央文件选集》(一九二七)，中共中央党校出版社 1989 年版，第 209 页。
② 《中共中央文件选集》(一九二七)，中共中央党校出版社 1989 年版，第 215—217 页。
③ 《中共中央文件选集》(一九二七)，中共中央党校出版社 1989 年版，第 218 页。

通告尤其强调："农会政权的斗争和土地革命必需革命的武装才能保障其胜利"，这"在现时阶段中农民运动确是最严重而紧迫的问题，每一个农民运动者如果没有十二分注意这个问题而谋给予正确的答复，便等于没有准备农民革命得到胜利。各地党部应当用种种方法使农民接受军事训练，获得武装"。接着，通告提出建立农民革命武装的四种办法：第一，夺取地主阶级及一切反革命武装以武装农民。第二，组织农协会员投入军队接受训练并夺取其武装。第三，对团防局、保卫团等地主武装采取上项同样的办法。第四，"农民武装现时没有以'农民自卫军''农军'这类名义公开存在的可能，只能在下面三种形式之下存在：A. 以合法的名义存在，如'挨户团''保卫团''联庄会'之类；B. 平时分散，秘密训练，一遇战事则随时集中；C. 两种形式都不可能时则可以'上山'。"第五，在北方红枪会、大刀会和南方会匪等武装团体中，"党要派适当同志打入其下层群众，领导他们为他们的利益而争斗以取得他们的信仰，让他们渐次脱离反动领袖成为革命的武装"①。

8 月 1 日，中共中央政治局临时常委会又在致南昌起义中共前敌委员会信中指出："南昌暴动，其主要意义，在广大的发动土地革命的争斗。因此这一暴动，应当与中央决定之秋收暴动计划汇合为一贯的斗争。在此原则之下，中央曾训令湘粤赣鄂四省立即进行，响应南昌暴动：一方索［牵］制破坏压迫南昌之敌，一方开始秋收斗争。同时决定由前敌分兵一团或二团交由郭亮处，希率领到湘南占据郴宜汝一带，组织湘南革命政府，受前方革命委员会的指挥，并供给相当的饷弹。党内由泽东（即毛泽东——引者注，下同）、郭亮、夏希［曦］、卓宣（即任卓宣——引者注）组织湘南特别委员会，以泽东为书记，在湘省委指导之下主持之，同时与前委发生关系。除派泽东克日动身往湘南工作，望兄处即遵照此信抽调兵力，交郭亮即日率领前往目的地为要。"②

① 《中共中央文件选集》（一九二七），中共中央党校出版社 1989 年版，第 219—220 页。
② 《中共中央文件选集》（一九二七），中共中央党校出版社 1989 年版，第 238 页。

《关于湘鄂粤赣四省农民秋收暴动大纲》

8 月 3 日，中央农民部起草《关于湘鄂粤赣四省农民秋收暴动大纲》，具体部署湖南、湖北、广东、江西四省农民秋收暴动。大纲首先指出："中国革民［命］正转向一个新的前途—— 工农德谟克拉西独裁，土地革命将占最重要的过程。在这里党的政策需要新的变更，革命的社会势力需要新的聚焦和训练。现时反动的统治始终没有稳定，农民群众满心期望秋收胜利，因为新遭了挫折，正在寻找他们新的奋斗的方略，'秋收暴动'是对于这个客观情势的适当的答案。这次抗租抗税的暴动是土地革命急剧发展之新阶段，他至少要动摇反动的新旧军阀的政权，在湘粤则有建立新的革命政权的可能的前途。"①

接着，大纲提出秋收暴动的六项战略。这些战略中主要是"以农会为中心，号召一切接近农民的社会力量"，"实行暴动，宣布农会为当地的政府"，"除夺取乡村政权之外，于可能的范围应夺取县政权，联合城市工人贫民（小商人）组织革命委员会，使成为当地的革命中心，对各地的暴动及革命的政权尽可能的联络，向反革命势力进攻"；"夺取一切政权于农民协会，歼灭土豪劣绅及一切反革命派，并没收其财产"；"农民协会组织土地委员会决定土地之分配"②。

---

① 《中共中央文件选集》（一九二七），中共中央党校出版社 1989 年版，第 240 页。
② 《中共中央文件选集》（一九二七），中共中央党校出版社 1989 年版，第 241—242 页。

最后，大纲对四省农民秋收暴动的具体工作进行部署。湖北：按照湖北省委提出、中央通过的“湖北暴动大纲”[①]，“政治上给现统治者一个扰乱，使其不能稳定，牵制其对江西压迫；经济上实行‘四抗’(租、税、捐、粮)。其他可根据大纲拟一具体的计画。”湖南：“准备于不久时期内在湘南计画一湘南政府，建设革命政权，及一切革命团体，在广东革命委员会指挥之下。现即须组织湘南特别委员会受省委指挥，于交通不灵通时得有〈权〉独立指挥此委员会所能活动的地方工作。”江西：“1. 马上夺取乡县政权；2. 实行中央土地革命政纲；3. 尽量杀戮土豪劣绅与反革命派；4. 积极参加革命军对反革命派的军事战争。”广东：“革命军所占地方，原则与江西相同，军力暂未达到地方即起来暴动响应，夺取乡村政权，建设农会威力并实行土地革命政纲；如有可能即夺取县政权，因此引导革命政权夺取全省。”[②]

8 月 4 日，中央政治局临时常委会又将暴动决定分别通知山西、广东等省委，要求做好有关工作。

在此之前，中央政治局临时常委会已经拟订《最近农民斗争的议决案》草案。议决案指出：“农民的革命运动在国民政府的境域内有了广大的发展(主要的在湖南)，现在却遇见暂时的失败”，“主要原因应当认为是共产党方面对于农民的群众暴动没有坚决的革命指导，这是由于党的指导对于中国革命的主要问题带有机会主义的犹豫及摇动政策”。“共产党应当转变过去的方向，坚决的发展与提高农民革命。”“农民运动不得无产阶级政党有统系的革命指导，很容易无组织的、凌乱的、自然的爆发，反动军阀可以不费力量把他镇压下去，因之共产党现时最主要的任务是有系统的有计划的尽可能的在广大区域中准备农民的总暴动，利用今年秋收时期农村中阶级斗争剧烈的关键。”“中国共产党及中国共产主义青年团应当在极短期间调最积极的、坚强的、革命性稳定的、有斗

① 指 1927 年 8 月 3 日中共中央政治局临时常委会通过的，由中共湖北省委书记罗亦农提出的《总同盟政治罢工后湖北党的策略》。

② 《中共中央文件选集》(一九二七)，中共中央党校出版社 1989 年版，第 242—243 页。

争经验的同志尽量分配到各主要的省份做农民暴动的组织者。”①

接着，议决案提出最近期间农民暴动的11句口号。其中包括：“乡村政权属于农民协会。”“肃清土豪劣绅与一切反革命分子，没收他们的财产。”“解除民团团防等类的武装与其他地主的军队，而武装农民。”最后，特别强调“农民运动的主要力量是贫农，他们应当是农民协会的中心，农民暴动之中应当以贫农为主力，联合一般失业的贫民会党等势力”②。

“五人临时中央”在决定举行秋收暴动的同时，还决定并领导举行南昌起义，筹备召开中央紧急会议。另外，面对汪精卫集团“分共”造成的白色恐怖，还安排党的组织迅速转入秘密状态。从7月10日前后开始，中共中央机关及各有关部门相继迁移办公地点，党的领导人和公开活动的共产党员陆续改换住所，党的组织转入地下活动。这时从全国各地退避武汉的共产党员和领导干部约万人。为防止国民党反动派捕杀，保存革命力量，“五人临时中央”决定由周恩来、李维汉、陈乔年负责，采取三种办法将他们疏散转移。（一）凡能秘密返回原地原籍工作的便派回原地原籍；（二）不能返回的派到其他地方工作，其中大部分派到南昌参加起义；（三）送一部分人去莫斯科学习。尽管时间匆促，白色恐怖严重，环境险恶，人心动荡，周恩来、李维汉、陈乔年始终沉着地、有条不紊地工作，夜以继日处理各种棘手问题，设法筹集经费、安排交通，迅速将这批干部派往各地，为党保存了一大批精华和骨干，为革命的再度兴起准备了条件。

“五人临时中央”是一个过渡性领导机构，只存在25天。在这短暂的25天里，“五人临时中央”力挽狂澜，作出一系列重要的正确决定，使中国共产党免遭灭顶之灾，对于稳定局势、统一思想、重振旗鼓、继续斗争起到关键作用，并为后来的发展奠定了重要基础。

---

① 《中共中央文件选集》（一九二七），中共中央党校出版社1989年版，第294—295页。
② 《中共中央文件选集》（一九二七），中共中央党校出版社1989年版，第295—297页。

南昌起义打响武装反抗国民党反动派第一枪

如前所述，中共中央改组以后，中央政治局临时常委会先后作出三大决策，其中之一就是领导党在国民革命军中掌握和影响的主要部队举行武装起义。这时，中国共产党所能掌握或影响的军队主要集中在张发奎统率的国民革命军第二方面军中。国民革命军第二方面军所辖第十一军第二十四师由共产党人叶挺指挥；第四军第二十五师第七十三团、七十五团以北伐战争时期的叶挺独立团为骨干编成，第十师第三十团为共产党所掌握；第二十军由接近共产党的贺龙（南昌起义后南下途中加入中国共产党）指挥。在南昌，还有原由朱德指挥的受共产党影响的第五方面军第三军军官教育团和南昌市公安局保安队。

1927 年 6 月下旬，汪精卫、唐生智为与蒋介石的南京国民政府争夺国民党中央的正统地位，下令东征讨蒋。张发奎也想借东征讨蒋名义，率部从江西南下，返回广东老家，与广西军阀争夺地盘。武汉国民政府下令东征讨蒋，让正在谋划武装起义的中国共产党人得到一个调兵遣将、准备起义的绝妙机会。于是，叶挺名正言顺地以东征讨蒋的名义，率领第二十四师师部离开武昌，沿长江东下挺进九江。他指挥的第二十四师七十团、七十一团、七十二团和教导队也分别离开武昌，与驻武昌的第二十五师师部及第七十三团、七十五团陆续踏上南昌起义的征途。与此同时，贺龙也率领第二十军从鄂城出发，抵达九江。至此，云集九江地区的革命武装力量已达两万人以上。

正因如此，7 月 15 日汪精卫公开“分共”以后，便调动第三、六、九军对九江地区形成包围之势。张发奎也感到军中形势不妙，开始动摇，并暗中与汪精卫勾结，准备在第二方面军“清党”。局势已到千钧一发关头，再不当机立断而稍有迟疑，仅有的这点革命武装力量必将被完全断送。

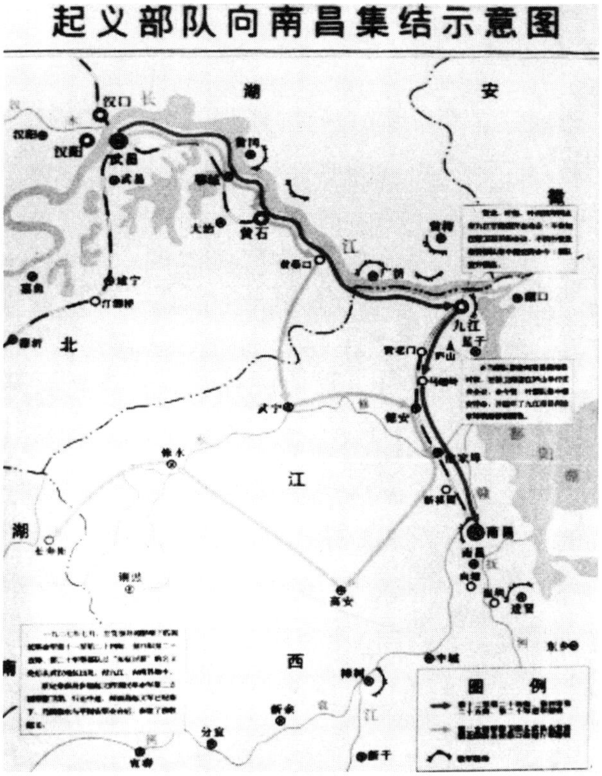

起义部队向南昌集结示意图

在这关键时刻，中共中央政治局临时常委会派遣李立三、邓中夏、谭平山、恽代英等人奔赴九江，准备组织党在国民革命军第二方面军中掌握和影响的力量，联合第二方面军总指挥张发奎重回广东，以建立新的革命根据地，实行土地革命。

7 月 20 日，李立三、谭平山、恽代英、邓中夏、叶挺、聂荣臻在九江齐聚叶挺第二十四师师部，秘密举行谈话会。因为他们得知张发奎已经倒向汪精卫集团，要求叶挺等共产党人离开军队或脱离共产党，并准备在军队中“清党”。显然，中央原定的争取张发奎第二方面军参加起义，重返广东建立根据地已经不可能实现。会议经过激烈争论，一致决定向中央建议：“在军事上赶快集中南昌，运动二十军与我们一致，实行在南昌暴动解决三、六、九军在南昌之武装。在政治上反对武汉南京两政府，建立新的政府来号召。”[①]会后，李立三等立即向中共中央发出电报，建议在南昌举行起义。

第二天，李立三、邓中夏、聂荣臻又赶往庐山，向中共中央改组后来到庐山的瞿秋白、张太雷、鲍罗廷报告谈话会情况和南昌起义准备工作。瞿秋白和鲍罗廷在宾馆的厨房里听完他们的汇报后，瞿秋白当即表示完全赞同九江谈话会同志们的意见。第二天，他就动身返回武汉，向中央转告九江谈话会的意见。

中央政治局临时常委会和共产国际代表收到李立三等人的电报后，立刻表示同意他们的意见。7 月 24 日，张国焘、周恩来、加伦和新到任的共产国际代表罗米那兹在武汉举行会议。周恩来在会上要求中央从速决定南昌暴动的名义、政纲和策略，切实计划发动湘鄂赣和广东东江一带工农势力，并要求共产国际经由汕头迅速予以军火和物资接济。会议决定在南昌举行起义，并根据加伦提议，规定起义后部队行动方向：立即南下，占领广东，取得海口，以取得国际援助，再举行第二次北伐。会议决定成立中共前敌委员会，以周恩来为书记，李立三、彭湃、恽代英为成员，负责组织和领导起义。会议还决定周恩来立即前往九江和南昌。会议结束后，即向共产国际报告起义计划。

第二天晚上，周恩来就离开武汉前往九江。邓颖超后来回忆道：恩来直到“要离开武汉的时候，在晚饭前后才告诉我，他当晚就要动身去九江。去干啥，呆多久，什么也没有讲。我对保密已成习惯，什么也没有问。当时，大敌当前，大家都满腔仇恨。我们只是在无言中紧紧地握手告别。这次分别后，不知何日相会？在白色恐怖的岁月里，无论是同志间、夫妇间，每次的生离，实意味着死别呀！后来还是看了国民党的报纸，才知道发生了南昌起义。”[②]

7 月 26 日，周恩来在陈赓陪同下赶到九江。这时，李立三、谭平

① 《李立三报告——“八一”革命之经过与教训》，《中共中央文件选集》第三册，中共中央党校出版社 1989 年版，第 406 页。

② 邓颖超：《一个严格遵守保密纪律的共产党员》，《不尽的思念》，中央文献出版社 1987 年版，第 599 页。

山、邓中夏、恽代英、聂荣臻等人正在九江进行第二次会商。周恩来向大家报告了中央的意见。会上，对起义后要不要没收大地主土地的问题发生争议。周恩来明确指出，应该以土地革命为主要口号。会议同意周恩来的意见，并作出决定。会后，周恩来又交代聂荣臻，到九江、南昌之间的马回岭，将第四军的二十五师拉到南昌，参加起义。

就在这时，汪精卫、张发奎感到贺龙、叶挺部队“不稳定”，企图以开会的名义把贺龙、叶挺召到庐山，解除他们的兵权。第四军参谋长叶剑英得知这一消息后，立即从庐山秘密赶赴九江，与叶挺、贺龙商量对策，决定不执行将所辖部队集中到德安的命令，而把部队开到南昌及其附近地区。

7 月 27 日，周恩来等人从九江秘密来到还处在国民党控制下的南昌，住在朱德的寓所。同一天，叶挺、贺龙的部队乘火车通过抢修恢复的铁桥，先后开到南昌。也在这一天，中共前敌委员会在江西大旅社正式成立，作为起义的最高指挥机关。前委详细讨论南昌起义具体事宜，决定由贺龙任第二方面军代总指挥，叶挺任前敌代总指挥，统一指挥部队行动，于 7 月 30 日晚举行起义。

南昌起义指挥部旧址

第二天，周恩来来到设在子固路的第二十军指挥部看望贺龙，把行动计划告诉他。贺龙毫不迟疑地回答："我完全听共产党的话，要我怎样干就怎样干。"[①]贺龙虽然南昌起义后才加入共产党，但他6月间在武昌就对周恩来明确表示："我听共产党的话，决心和蒋介石、汪精卫这班王八蛋拚到底。"[②]从鄂城到九江后，谭平山把起义的打算告诉他，征求他的意见，他又立刻作出热烈同意的表示。就在周恩来看望贺龙这天，中共江西省委召开共产党员、共青团员紧急会议，部署工人纠察队、农民自卫队和工会、农会、学联、妇联等群众团体配合起义行动。

正当起义各项准备工作紧锣密鼓进行的时候，突然在7月29日上午接连收到中央代表张国焘从九江发来的两份密电，说暴动宜慎重，无论如何要等他到后再作决定。周恩来同前委其他成员商议后果断决定，暴动决不能停止，继续进行一切准备工作。原来，中央在7月26日收到共产国际关于南昌起义计划的复电。内容大致是：如毫无胜利的机会，则可不举行南昌起义。共产国际这一指示是因为不了解具体情况提出的措辞模糊的意见，具体有无成功的把握，需中共自己判断决定。于是，中央决定派张国焘以中央代表身份赴南昌，传达共产国际指示，考察情况并参与决策。7月27日，张国焘到达九江，随即召集在九江的中央委员和江西省委负责人开会。会上，他传达共产国际指示，提出应重新讨论南昌暴动问题。7月29日，他便两次向南昌前敌委员会发电报，要求暴动要慎重。

7月30日早晨，张国焘到了南昌。前委立即召开紧急会议。张国焘在会上提出，起义如果有成功的把握，可以举行，否则不可动；应该征得张发奎的同意，否则不可动。李立三一听，就对他说："什么都预备好了，哈哈！哪里现在还讨论。"周恩来也明确表示："还是干。"前委几个成员都指出："暴动断不能迁移，更不可停止，张（指张发奎——引者注，下

① 《周恩来亲笔修改的"八一"起义宣传提纲》，《南昌起义资料》，人民出版社1979年版，第2页。

② 廖汉生：《沧海横流，方显出英雄本色》，《怀念贺龙同志》，湖南人民出版社1979年版，第32页。

同）已受汪（即汪精卫——引者注）之包围，决不会同意我们的计划。在客观应当是我党站在领导的地位，再不能依赖张。”[①] 坚持暴动要按计划进行，决不能拖延。张国焘一看受到如此强烈的反对，就说这是共产国际代表的意见。平时对人很温和的周恩来这时再也忍不住了，激动地说：“国际代表及中央给我的任务是叫我来主持这个运动，现在给你的命令又如此，我不能负责了，我即刻回汉口去吧！”[②] 说话时还气得拍了桌子。双方各持己见，争论几个小时，因为张国焘是中央代表，不能用多数来决定，会议不欢而散。谭平山十分气愤，在会后主张把张国焘绑起来。周恩来制止说：张国焘是党中央的代表，怎么能绑呢？第二天早晨继续开会，又辩论了几个小时。最后张国焘屈服了，表示服从多数。于是，会议决定当晚举行起义。

7 月 31 日下午，起义准备进入最后阶段。起义部队以军、师为单位召开团以上干部会议。周恩来、贺龙、叶挺等分别在会上传达党中央和前委决定，宣布起义命令，并给各团、营明确战斗任务和有关规定。这时突然发生意外情况：第二十军第一团一个姓赵的副营长跑到敌人指挥部告密。这个军的一个士兵发现后，立即向贺龙报告。前敌委员会当机立断，提前两小时发动起义。

8 月 1 日凌晨，在以周恩来为首的前委领导下，贺龙、叶挺、朱德、刘伯承等率领在党直接掌握和影响下的军队两万余人，举行南昌起义。经过四个多小时激烈战斗，起义军先后攻克鼓楼，消灭敌警备团，占领朱培德的总指挥部和省政府，全歼守敌 3000 余人，缴枪 5000 多支、子弹 70 多万发、大炮数门，占领南昌城。

8 月 1 日，南昌城内一片欢腾，大街小巷贴满起义军及党政团体的布告和红绿标语，全城到处洋溢着胜利欢乐的气氛。上午，举行庆祝大会，各界群众数万人参加，庆祝起义胜利。上午 9 时，在原江西省政府

① 《李立三报告——“八一”革命之经过与教训》，《中共中央文件选集》第三册，中共中央党校出版社 1989 年版，第 406 页。

② 叶挺：《南昌暴动至潮汕的失败》，《南昌起义》（资料选集），中共中央党校出版社 1981 年版，第 81 页。

召开有共产党人和国民党左派人士参加的联席会议，叶挺报告起义经过后，选举产生革命委员会。按照中央事先决定，仍使用国民党旗号，成立中国国民党革命委员会，推举宋庆龄、邓演达、贺龙、周恩来等25人为委员，以宋庆龄、邓演达等七人组成主席团。同时，以宋庆龄等人名义发表《中央委员宣言》，指出南京的蒋介石和武汉的汪精卫等曲解三民主义，背叛国共合作，毁弃联俄、联共、扶助农工三大政策，已成为孙中山事业的罪人，号召一切革命者团结一致，继承孙中山的革命遗志，"继续为反帝国主义与实行解决土地问题奋斗"。起义部队沿用国民革命军第二方面军番号，下辖第九、第十一、第二十军。

8月2日，革命委员会任命吴玉章为秘书长，刘伯承任参谋长，贺龙代第二方面军总指挥仍兼第二十军军长，叶挺代前敌总指挥兼代第十一军军长，朱德任第九军副军长，郭沫若任总政治部主任。这时，聂荣臻、周士第率领在马回岭起义的第四军二十五师两个团3000人赶到南昌，加上临时参加起义的蔡廷锴部第十一军第十师，起义军兵力达到20500人。

南昌起义部队序列（1927年8月）

中国共产党前敌委员会	
书　记	周恩来
委　员	李立三　恽代英　彭　湃　谭平山
中央代表	张国焘
国民革命军第二方面军	
代总指挥	贺　龙
前敌代总指挥	叶　挺
参谋长	刘伯承
政治部主任	郭沫若（郭沫若未到职前章伯钧代）
第二十军军长	贺　龙（兼）党代表　廖乾吾
第一师师长	贺锦斋　党代表　方维夏
第二师师长	秦光远　党代表　陈　恭
第三师师长	周逸群　党代表　徐特立
第十一军军长	叶　挺（兼）　党代表　聂荣臻
第十师师长	蔡廷锴
第二十四师师长	叶　挺（兼）　党代表　颜昌颐
第二十五师师长	周士第　党代表　李硕勋
第九军军长	韦　杵（未到职）
副军长	朱　德　党代表　朱克靖
教育团参谋长	陈奇涵

南昌起义部队序列

同一天，中共湖北省委为援助南昌起义，牵制敌人兵力，发动武汉工人总同盟罢工，武昌震寰、裕华、一纱、纱布丝麻四局，汉口印刷、染织、邮务，汉阳车夫、码头等工厂和行业七万余名工人参加。日产子弹150万发、步枪270支的汉阳兵工厂成为罢工的重点。罢工工人停工封厂，组织示威游行，散发传单，高呼“打倒国民政府”“打倒汪精卫、唐生智”等口号。总同盟罢工后，武汉三镇出现断电、断邮、断航现象，处于半瘫痪状态，引起国民党武汉当局恐慌。唐生智调兵残酷镇压，逮捕60余人，杀害工运领袖十余人。在反动政府的高压政策下，码头、车夫、邮电等行业工人陆续复工，汉阳兵工厂工人孤军奋战两个星期后也于8月15日被迫复工。

8月3日，起义军开始撤离南昌，取道临川（抚州）、宜黄、广昌，南下广东。因为中共中央在起义前已经决定，南昌起义后部队立即南下，占领广东，取得海口，以求得到国际援助，再举行第二次北伐。所以，起义军没有休息，没有得到整顿，也来不及等候一些正在赶来的部队到达（包括中央军事政治学校武汉分校、第二方面军警卫团），就在起义的第三天匆忙从南昌启程南下。8月4日，中共中央致信广东省委：“我们原定计划是攻击朱军（指朱培德军——引者注）后直奔东江。中央昨日会议议决令粤省委即刻以全力在东江接应。”

关于部队南下的路线，一种意见主张沿赣江南行，经过樟树、吉安、赣州等比较富庶的地区，取道韶关，直下广东，周恩来等人却主张由赣东经寻邬直取东江。周恩来之所以选择这条路线，主要有两个原因：一是前一条虽是大路，却是敌军重兵驻扎的地区，朱培德的第三军在吉安，钱大钧部在赣州，李济深可利用粤汉路集中兵力在粤北与我军决战，张发奎余部一万多人也可能沿这条路尾追而来，走这条路势必陷入腹背受敌的苦战之中，而赣东敌军力量则较薄弱。二是东江是广东农民运动发达地区，直取东江可以较快取得当地群众支持，使兵力得到补充，还可以通过汕头这个重要海口取得共产国际接济。周恩来的主张得到多数人支持，起义军撤离南昌后就取道这条路线南下。

8月3日至7日，起义军分批撤离南昌。8月5日，周恩来向中央写信报告南昌起义情况，然后离开南昌。出发前，周恩来会见了当地党组织负责人，向他们了解江西各县农民运动发展状况，特别是由南昌到临川（抚州）再经寻邬到广东这一路上各县农民运动状况、地方反动武装情况、宗族封建势力情况，以及沿途居民有多少、有什么特殊风俗习惯。根据了解的情况，周恩来感觉到这时赣南农民运动还没有很好地发动起来。这以后，前委和中央的联系就中断了。

起义军在向广东进军途中，由于党的领导和政治工作薄弱，天气又很炎热，士兵逃跑和病倒的很多，部队减员严重。起义开始时就表现动摇的第十一军第十师师长蔡廷锴，又在行抵江西进贤时率部离开革命队伍。起义军在南下途中同前来堵截的国民党军进行多次激烈战斗，虽打了一些胜仗，本身也遭受很大伤亡。9月下旬，起义军攻占广东潮安、汕头后，主力部队经揭阳向汤坑（今丰顺县城）西进，少数部队留守潮、汕。这些部队于10月初在敌人优势兵力围攻下均遭严重失败，只有第十一军第二十四师余部1200余人在董朗、颜昌颐率领下转入海丰、陆丰地区，留守三河坝的第二十五师近800人在朱德、陈毅率领下转入粤赣湘边界地区。起义失败后，正患恶性疟疾、连日发高烧的周恩来，在当地党组织掩护和叶挺、聂荣臻扶持下，乘小船到香港治病。他们总结教训，决定起义军余部就地与农民结合，在农村开展武装斗争。后来，董朗、颜昌颐率领的部队在海陆丰地区同当地农军会合，组建成工农革命军第二师，并在11月间树起苏维埃旗帜，建立海陆丰红色政权；朱德、陈毅率领的部队与国民党军钱大钧部激战后突围，转战闽赣粤边，并在第二年初发动湘南起义，随后上井冈山同毛泽东领导的秋收起义队伍会师，成立工农革命军第四军（后改称工农红军第四军）。

在中国共产党历史上，南昌起义具有重要历史地位。正如2002年中共中央党史研究室撰著出版的《中国共产党历史第一卷（1921—1949）》评价："南昌起义打响了武装反抗国民党反动派的第一枪，用血与火的语言，宣告了中国共产党人不畏强暴、坚持革命的坚强决心。它在全党和全国人民面前树立起一面革命武装斗争的旗帜，标志着中国共产党独立地领导革命战争、创建人民军队[①]和武装夺取政权的开始，因而具有重大的历史意义。”

挥汗如雨夜以继日 14 天

中共中央改组以后，中央政治局临时常委会先后作出的三大决策，除前述秋收暴动和南昌起义之外，就是召开中央紧急会议。中共五大以后，以汪精卫为首的国民党中央和国民政府迅速走向反动，中共领导人却一味采取妥协退让策略，党内在政治上、思想上陷入混乱状态。这是中国共产党自成立以来从未遇到的重大危机，急需召开一次会议系统纠正党内错误，制定应对危机的方针策略。这次秘密召开的紧急会议，从提出到召开将近一个月，而具体筹备的时间只有 14 天，其筹备工作时间之紧迫、任务之繁重、环境之险恶，可想而知。

1927 年 7 月，面对中国革命的危难形势，共产国际和联共（布）中央多次召开会议研究中国问题，不断给予指示，要求中国共产党立即召开会议纠正自己的错误。7 月 8 日，联共（布）中央政治局召开紧急会议，研究中国问题，指示“中国共产党应该召开（最好是秘密召开）紧急代表会议，以便根据共产国际执委会的指示纠正党的领导所犯的根本性错误。必须采取各种措施保存党”[②]。7 月 13 日，共产国际执委会东方部主任拉斯科尔尼科夫提出《对中国共产党组织方面建议》，“建议中共中央政治局立即召开中共中央全会，讨论共产国际执委会的指示”，“建议全

① 1933 年 7 月，中华苏维埃共和国临时中央政府通过决议，指出中国工农红军是由南昌起义开始组建的，因此“批准中央革命军事委员会的建议，规定以每年‘八一’为中国工农红军纪念日”。这是 8 月 1 日成为中国人民解放军建军节的由来。

② 中共中央党史研究室第一研究部译：《联共（布）、共产国际与中国国民革命运动》第 4 册，第 398 页。

会选出能保证无条件执行共产国际方针的新一届政治局”①。

拉斯科尔尼科夫在这份建议中，还说“认为有必要立即向中国派遣一名有影响的俄国工作人员，取代被召回的‘银行家’”②，就是新派一名共产国际代表赴中国指导中国共产党的工作和筹备召开党的全会。这里说的“银行家”就是鲍罗廷。鲍罗廷是俄国人。1923 年 10 月来华，担任苏联驻中国国民党代表，帮助国民党改组，促进国共合作。1924 年 7 月，被聘为国民政府高等政治顾问。他是孙中山的顾问，也是私人朋友，深得国民党上层看重。1926 年 12 月，随国民政府北迁武汉。鲍罗廷虽是国民党中央和国民政府的顾问，实际上也担负着中国共产党总顾问的重要职责，因为共产国际主要是通过他来贯彻莫斯科的指示。在武汉期间，他实际成为协调国共两党关系的关键人物，也是中国共产党的主心骨。

1927 年 6 月 17 日，鲍罗廷被武汉国民党中央解除政治总顾问职务。7 月 12 日，主持中共中央改组。第二天，就同瞿秋白一起离开武汉，到江西庐山“休息疗养”。鲍罗廷上庐山为什么要带瞿秋白呢？因为瞿秋白 21 岁就作为《晨报》特派记者前往苏俄，结识了俄共许多领导人，还见过列宁，并成为共产国际远东书记处机关刊物撰稿人。在苏俄，他先后参加共产国际第三次、第四次代表大会，从一名进步青年记者成长为坚定的国际共产主义战士，成为受苏俄共产党和共产国际欢迎的中国人。瞿秋白回国后，从事党的宣传理论工作。中共四大以后，开始进入中共中央核心领导层，成为中共中央局五名委员之一。从 1923 年 10 月到 1925 年 1 月，他又在鲍罗廷身边工作一年多，陪同鲍罗廷参与促成国共合作的所有工作，在政治上受到历练。鲍罗廷对瞿秋白的理论水平和与共产国际亲密合作的工作能力十分看好。

实际上，鲍罗廷和瞿秋白上庐山并不是休息疗养，而是研究汪精卫集团叛变后如何应变的问题。在庐山，鲍罗廷和瞿秋白分析汪精卫集团

---

① 中共中央党史研究室第一研究部译:《联共（布）、共产国际与中国国民革命运动》第 4 册，第 412—413 页。

② 中共中央党史研究室第一研究部译:《联共（布）、共产国际与中国国民革命运动》第 4 册，第 413 页。

叛变后的形势，主要讨论了两个问题：一是中共中央领导改组之后的善后工作，二是计划武装暴动。鲍罗廷向瞿秋白交代了善后工作，其中一项重要内容就是大革命失败的责任承担。鲍罗廷心里清楚，中国共产党的一切工作都是遵照共产国际和联共（布）中央政治局的指示进行的，但不能让莫斯科来承担失败的责任。为了让莫斯科能够继续领导世界革命，为了不助长托洛茨基派攻击斯大林的气焰，为了使中国共产党人继续信任共产国际的领导，也为了稳定中共中央的领导，这个责任必须由陈独秀一人承担。

鲍罗廷还告诉瞿秋白，新的共产国际代表罗米那兹马上要到武汉来取代他，这个代表"是少共国际出身，不懂中国情形，素以左倾著称"。他要瞿秋白和中共中央领导人好好与他打交道。29 岁的罗米那兹于 1917 年 3 月加入俄国布尔什维克党，俄国十月革命胜利后担任共青团工作，1926 年 4 月参加共产国际领导机构工作，成为共产国际主席团成员，是共产国际在中国革命的危急关头派来的新的"钦差大臣"。

罗米那兹

7 月 21 日，鲍罗廷和瞿秋白从庐山回到武汉。23 日，罗米那兹带着助手诺依曼风尘仆仆赶到武汉，以基督教徒身份作掩护，住在汉口基督教青年会。当天，鲍罗廷与罗米那兹交接工作。与鲍罗廷交接工作后，罗米那兹就开始以共产国际"全权代表"身份指导中国共产党的工作，督促中国共产党领导机关执行共产国际执委会 7 月上旬作出的《关于中国革命目前形势的决定》。26 日，鲍罗廷同辞去国民政府政治部主任职务的邓演达一起秘密离开武汉，取道冯玉祥管辖的郑州、甘肃、宁夏，经蒙古国返回苏联。

鲍罗廷与罗米那兹交接工作时，将同他一起从庐山回武汉的瞿秋白引荐给罗米那兹。罗米那兹对瞿秋白早有所闻。听了鲍罗廷的介绍，罗米那兹对眼前这位戴着一副近视眼镜的白面书生颇有好感，决定将瞿秋白留下来参与中共中央工作。瞿秋白虽然不是中央政治局临时常委会成员，但由于罗米那兹的看重，从此开始实际进入中央核心领导层。

这时，尽管中共中央已发表《中国共产党中央委员会对政局宣言》，并没有从根本上改变党内思想的混乱，许多党员对大革命失败的原因和陈独秀右倾错误的严重危害缺乏真正的深刻认识。不统一思想，必将影响中央全会的及时召开。所以，罗米那兹在与鲍罗廷交接工作以后，当晚就找瞿秋白、张国焘等中共领导人谈话，了解情况，传达共产国际指示。他说，中共中央违反共产国际指示，犯了严重的右倾机会主义错误，发生这种错误的根本原因是中共中央的小资产阶级知识分子领导人对共产国际正确指示加以机会主义的曲解。张国焘见罗米那兹把大革命失败的责任都推到中共中央和陈独秀头上，当场就同罗米那兹顶了起来，谈话陷入僵局。瞿秋白因为鲍罗廷在庐山给他介绍过罗米那兹的情况，多少有些心理准备。为了维护共产国际的威信，他必须顾全大局。经过瞿秋白的调解，张国焘和罗米那兹都冷静下来。接着，罗米那兹谈到立即召开中央全会统一党内思想的重要性，使瞿秋白、张国焘对他有了好感。最后，瞿秋白和张国焘请示需要紧急处理的南昌暴动问题，罗米那兹却显得十分茫然，声称要请示莫斯科。

此后，罗米那兹又一再催促瞿秋白和中央政治局临时常委会，尽快召开中央全会。在很短时间内，基本上统一了党内特别是领导层的思想认识。7 月 26 日，中央政治局临时常委会召开扩大会议，决定张国焘到南昌向周恩来、李立山传达有关起义的指示，瞿秋白、李维汉、张太雷留在武汉同罗米那兹一起负责筹备召开中央全会的工作。于是，召开中共中央全会的筹备工作在罗米那兹指导下夜以继日地紧张进行。会议筹备主要是四项工作：一是起草会议文件；二是确定会议议程；三是确定会议时间和会议代表；四是选定会址。

经过研究，会议文件确定起草《中国共产党中央执行委员会告全党党员书》和《最近职工运动议决案》《最近农民斗争议决案》《党的组织问题议决案》。由于时间紧迫，由罗米那兹、瞿秋白、李维汉、苏兆征等人分别承担。位于汉口天津路 2 号的德林公寓是起草文件的主要地点。德林公寓位于前英租界内，英租界收回后变成特三区，国民党的势力不能到达，比较安全，所以大革命失败后被中央领导人选为秘密住地。起草会议文件的日子，正是武汉一年中最热的时间。尽管如此，他们还是紧闭门窗，以防万一，只得以电扇和蒲扇散热驱蚊。不会汉语的罗米那兹负责用俄文起草《中国共产党中央执行委员会告全党党员书》。《告全党党员书》分“国民革命与阶级斗争”“中国共产党与工人运动”“中国共产党与土地革命”“中国共产党与国民党”“共产党员之参加国民政府”“武装问题与对于军队之关系”“党内问题与对国际的关系”七部分，中心内容是总结大革命失败的经验教训，批评党内右倾机会主义错误，并根据这些教训、错误提出中共下一步工作方针，翻译成汉语长达两万多字。由于内容多，篇幅长，时间又紧迫，罗米那兹夜以继日地写着、修改着。他写一段，瞿秋白翻译一段。直到会议召开前一天晚上，瞿秋白还在挥汗如雨地翻译。李维汉站在一旁，不停地为他们扇扇子，降温驱蚊，直到深夜。经过罗米那兹、瞿秋白、李维汉、苏兆征等人夜以继日地工作，终于在会议召开之前拟定了会议的四个主要文件。

大革命失败后中共中央领导人住地——汉口天津路2号德林公寓

因为交通不便、时间紧迫，会议只准备开一天，议程确定为三项：（一）接受共产国际最近对中国革命的指示；（二）批评党中央的错误，确定新的方针策略；（三）改组中央领导机构。8 月 3 日，中央政治局临时常委会又一次召开扩大会议，李维汉、张太雷、瞿秋白、蔡和森、邓中夏、苏兆征、任弼时、张浩等人参加。会上，李维汉和张太雷报告了与罗米那兹谈话的情况，进一步明确会议议程，对改组中央问题进行酝酿，提出新的常委会应加入工人，今后中央的指导应集体负责。对于陈独秀的问题，会议决定一方面等待共产国际复电，另一方面还是劝他去莫斯科。

关于会议时间，原定于 7 月 28 日在汉口召开。可是，一部分中央委员去了南昌，无法到会；由于时局非常紧张，交通非常不便，不但北方、上海、广东等地的代表来不及召集，就是很近的江西代表虽经召集也不能来。这时，南昌起义的部队已南下数日，武汉的紧张气氛已令人窒息，会议要等中央委员全部到齐已不可能。直到 8 月 6 日，外地代表只有湖南省委到达，出席会议的代表仍不能到齐。在不得已的情况下，瞿秋白、李维汉、张太雷研究决定，立即尽数召集在武汉的中央委员、候补中央委员、中央监察委员会委员、中央军委委员、共青团中央委员及湖北、湖南、上海党组织的负责人参加会议，会议时间定在 8 月 7 日。结果，参加会议的中央委员仅十人，五届中央委员有 31 人，人数不过一半；候补委员仅三人，五届候补中央委员是 14 人，人数更不过一半；中央监察委员仅两人，也不到一半。因此，这次会议不叫中央全会，而称中央紧急会议。

关于会址，为确保安全，经过瞿秋白、李维汉、张太雷等人多次实地考察和分析，将会址选在汉口三教街 41 号苏联驻国民政府农民顾问拉祖莫夫的居所。三教街原为俄租界，这里外国商店林立，街道两旁公寓居住的都是俄国侨民和富商。北伐战争胜利后，苏联顾问和共产国际代表大都租住在俄租界。拉祖莫夫的居所位于三教街 41 号怡和新房第二单元。怡和新房是一幢 20 世纪 20 年代英国人建造的西式三层楼公寓，共有六个单元，每个单元有双楼梯通往楼上。拉祖莫夫住在二楼，一楼是一家印度商人开的百货店，从侧门可径直到达开会的二楼，客厅后门有一小楼梯，可下到后院，通往僻静的小巷。屋顶凉台与邻居凉台相连，开会时如遇紧急情况可从后院通往的小巷和屋顶凉台迅速撤离，比较安全。

20 世纪 20 年代的汉口三教街

在会议时间和会址确定以后，一名矮个子会务人员提前三天进入会场。这名会务人员约莫 20 岁出头，叫邓小平。半年前，他从莫斯科中山大学奉命回国，在冯玉祥部西安中山军事学校任政治处长兼政治教官。不过，他这时叫邓希贤。蒋介石在上海发动四一二反革命政变后，全国风云突变，一度参加革命、倾向进步的冯玉祥倒向蒋介石。不久，西安中山军事学校的共产党员被“礼送出境”，邓希贤提前离开西安，经郑州来到武汉，被安排到中共中央机关工作，担任中央秘书。汪精卫在武汉发动七一五反革命政变后，随着形势恶化，党的活动由公开转入地下。为适应秘密工作需要，邓希贤改名邓小平，与已经实际主持中央工作的瞿秋白以及中央政治局临时常委会成员、中央秘书长李维汉等人住在德林公寓，秘密筹备召开中央紧急会议。在武汉“火炉”

般的炎热天气里，他随瞿秋白、李维汉冒着酷暑穿梭于汉口的大街小巷，为紧急会议寻找会址，最后选定位于俄租界三教街 41 号的拉祖莫夫居所。由于紧急会议在白色恐怖的环境秘密召开，为安全起见，瞿秋白、李维汉等决定会议代表分批进入会场，并决定邓小平担任会务工作。邓小平便提前三天来到这里，安排会场，接待会议代表，对会场和代表的食宿、安全、撤离作出周密安排。会议期间，负责文件、机要、记录、交通等工作。会后第三天，他才结束工作离开这里。

八七会议：新民主主义革命时期第一次历史性转折

1927 年 8 月 7 日，中共中央紧急会议在汉口三教街 41 号召开。这时，武汉正是最热的时候，像火炉一样。但是，为了保密，房屋门窗都不能打开。为防止意外，房屋女主人拉祖莫娃在门口望风。

汉口三教街 41 号

参加会议的正式代表共 21 名，他们是中央委员李维汉、瞿秋白、张太雷、邓中夏、任弼时、苏兆征、顾顺章、罗亦农、陈乔年、蔡和森，候补中央委员李震瀛、陆沉、毛泽东，中央监察委员杨匏安、王荷波，地方代表彭公达（湖南）、郑超麟（湖北），共青团代表李子芬、杨善南、陆定一，军委代表王一飞。参加会议的还有共产国际代表罗米那兹及其助手诺依曼和中共中央秘书邓小平。

会议由李维汉主持。李维汉首先向大家报告会议酝酿和筹备经过，随后宣布这次会议的三项议程。据《“八七”中央紧急会议记录》记载，李维汉在宣布开会后讲了这样一段话。他说，在 7 月 4 日以后，国民党政府背叛以前，中央常委就进行了改组，由张国焘、周恩来、李立三、李维汉、张太雷五人组成临时常委会。后来，张国焘、周恩来、李立三到了前方，现在留在武汉的只有李维汉、张太雷二人。在新任共产国际代表未来以前，共产国际就发来一则训令，提出了我党中央的许多错误，明确指出中国共产党有机会主义，并要求中国共产党召开一次紧急会议，指出这种倾向并改组中央。后来，共产国际新任代表到了，对这个问题也谈得很多，并决定召集紧急会议。这次会议原定 7 月 28 日召开，后来因为种种原因不能举行，直到今天才实现。今天参会人员仍然不能到齐，中央委员不过半数。所以，这次会议是一次紧急会议，一共三项议程：“1. 国际代表报告——指出党的过去错误及新的路线。2. 常委代表报告——将来工作方针，过去我们与国际代表对于各种问题讨论得很多，并已提出草案。常委报告人已推定秋白。3. 改组中央政治局。”[①] 今天的会只能开一天，发言请简明扼要。

接着，进行第一项议程——共产国际代表罗米那兹作报告。罗米那兹在报告中首先指出召开中央紧急会议的重要性、迫切性，提出这次紧急会议所要解决的问题。他说，“国际要中国共产党集此会的原因是因

---

① 《建党以来重要文献选编》（一九一九——一九四九）第四册，中央文献出版社 2011 年版，第 385 页。

中国共产党的指导错得太远了。不召集此会来纠正，则 C.P. 将不成其为 C.P. 了。”① 这次紧急会议不仅要讨论过去的错误，还应该改组中央领导机关。“此会虽无权改组中央，但有权可以选举临时中央政治局。”② 在说明这次紧急会议的重要性、迫切性以及所要解决的问题之后，罗米那兹讲了三个方面的内容。

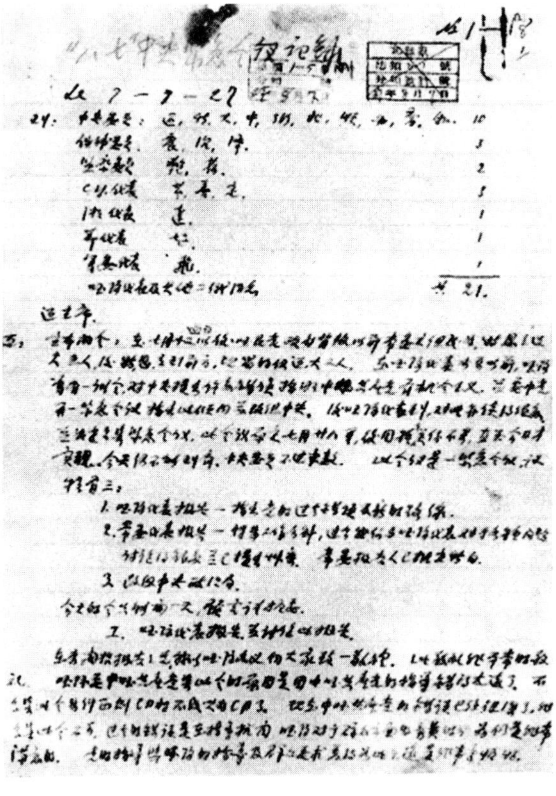

八七会议记录首页

第一，中共中央限制工农运动、向国民党让步的错误。罗米那兹说，从 1927 年“四月一直到七月底，党的指导都是按照改良主

① 《建党以来重要文献选编》（一九一九——一九四九）第四册，中央文献出版社 2011 年版，第 385 页。

② 《建党以来重要文献选编》（一九一九——一九四九）第四册，中央文献出版社 2011 年版，第 386 页。

义去决定他的策略”[1]。他不但对小资产阶级即对反动的小资产阶级也有很大的让步，对国民党的让步，甚至失掉了我们党自己的独立性。到现在他们要赶跑我们了，在街上杀戮我们了。我们的党为要阻止农民的运动，结果使农民运动遭了大的摧残，农民群众遭了大的屠杀。我们的党为要使工人让步，结果使工人运动大大失败。一直让步到党不能公开的成立。直到8月初南昌起义爆发，才开始有一个坚决的转机。这样，我们就可以断定以后的情形一定与过去不同了，这是因为我们能够坚决照革命路线上走。南昌起义，我们多少有点武器。“因此，我们如果实行坚决的革命策略，现时的环境一定与从前不同。”[2]

第二，中国共产党对国民党的策略问题。罗米那兹说，蒋介石四一二反革命政变以前，国民党的指导作用是在资产阶级手中。我们当时的任务是争取这种指导作用。这个任务在国民党下层的同志都实现了，但中央的策略却不能巩固这个任务，而将我们独立的政策及批评国民党的权限取消了。在联合战线中，我们应该有独立存在及坚决批评的自由，而中央的主张恰恰与此相反。现在谈到对国民党的错误，有些同志说：“要与国民党联合，必不能很自由的革命。好了，现在南昌独立了，我们可以独立的、自由的革命了。”这个结论也是同样错误的。“南昌这次政策是对的。我们的政策不要依靠到几个国民党的领袖上，而要依靠到国民党的群众上面。”现在不应退出国民党，与国民党破裂时，要在国民革命成功、社会革命时才能提出。“现既有一新的联合，我们有了过去的经验，我们要坚决的批评。只有照革命的路线，不怕小资产阶级的动摇，然后才能巩固革命。”[3]

---

① 《建党以来重要文献选编》（一九一九——一九四九）第四册，中央文献出版社2011年版，第387页。

② 《建党以来重要文献选编》（一九一九——一九四九）第四册，中央文献出版社2011年版，第388页。

③ 《建党以来重要文献选编》（一九一九——一九四九）第四册，中央文献出版社2011年版，第390页。

第三，中共中央与共产国际的关系和错误的责任问题。罗米那兹说：“有些同志说，这些错误国际方面应当负责任的。关于这方面，我们要问一问，国际有无一指令与现在的方向不同的。无论关于那一方面，我都可以坚决的声明：国际无一天不打算将中国党的路线引上正轨的。”①他接着明确指出，过去最大的错误是中国共产党中央没有将共产国际的指示传达到群众中去。中央委员即使知道了也不过只是口头上承认，甚至不接受。所以，共产国际要唤起所有各国支部及中国全体党员来批评这些错误。“至于过去错误的责任问题，中央的领袖独秀同志有许多问题虽经决议后，他仍要以个人的意思来改变此决议。但此责任应政治局大家来负。”②

罗米那兹最后说：“以后我们党的指导要集体化，不要族长化。党的问题要使群众知道。现在一定有人以为他自己是在党之上的，或者他要非难我们今天选出的临时政治局。我们对此应用党的纪律去与之实行坚决的斗争，然后党的指导才能巩固起来。”③

罗米那兹的报告很长，加上他讲一段还得由瞿秋白翻译一段，所以花去了整整一上午时间。罗米那兹报告结束，主持会议的李维汉对报告中的几个重要问题进行概括，说明这个报告常委已经接受，要求大家对这个报告进行讨论，但发言要简单。

这时已到中午，会议休息半小时。房屋女主人拉祖莫娃端来了中餐——“大列巴”、罐头牛肉和茶水。“列巴”就是俄语的“面包”。这种俄式大面包是俄罗斯人的主食。代表们简单用餐后继续开会，讨论罗米那兹的报告。毛泽东在讨论时第一个发言。他首先肯定罗米那兹的报告“全部是很重要的”，接着讲了四个问题。

第一，国民党问题。毛泽东说，国民党问题在我党是很长久的

---

① 《建党以来重要文献选编》（一九一九——一九四九）第四册，中央文献出版社 2011 年版，第 391 页。

② 《建党以来重要文献选编》（一九一九——一九四九）第四册，中央文献出版社 2011 年版，第 391 页。

③ 《建党以来重要文献选编》（一九一九——一九四九）第四册，中央文献出版社 2011 年版，第 391 页。

问题，直到现在还没有解决。首先是要不要加入的问题，接着又发生什么人加入，也就是产业工人不应加入的问题。实际上不仅产业工人，即使农民都没有决心令其加入。“当时大家的根本观念都以为国民党是人家的，不知它是一架空房子等人去住。其后象新姑娘上花轿一样勉强挪到此空房子去了，但始终无当此房子主人的决心。我认为这是一大错误。”“直到现在，才改变了策略，使工农群众进国民党去当主人。”①

第二，农民问题。毛泽东说，农民要革命，接近农民的党组织也要革命，但上层的党部就不同了。“当我未到长沙之先，对党完全站在地主方面的决议无由反对。及到长沙后仍无法答复此问题。直到在湖南住了三十多天，才完全改变了我的态度。我曾将我的意见在湖南作了一个报告，同时向中央也作了一个报告，但此报告在湖南生了影响，对中央则毫无影响。广大的党内党外的群众要革命，党的指导却不革命，实在有点反革命的嫌疑。”②

第三，军事问题。毛泽东说：“从前我们骂中山（即孙中山——引者注）专做军事运动，我们则恰恰相反，不做军事运动专做民众运动。蒋（即蒋介石——引者注）唐（即唐生智——引者注）都是拿枪杆子起的，我们独不管。现在虽已注意，但仍无坚决的概念。比如秋收暴动非军事不可，此次会议应重视此问题，新政治局的常委要更加坚强起来注意此问题。湖南这次失败，可说完全由于书生主观的错误。以后要非常注意军事，须知政权是由枪杆子中取得的。”③

第四，组织问题。毛泽东说：“以后上级机关应尽心听下级的报告，然后才能由不革命的转入革命的。”④

---

①《建党以来重要文献选编》（一九一九——一九四九）第四册，中央文献出版社 2011 年版，第 392 页。

②《建党以来重要文献选编》（一九一九——一九四九）第四册，中央文献出版社 2011 年版，第 392 页。

③《建党以来重要文献选编》（一九一九——一九四九）第四册，中央文献出版社 2011 年版，第 392 页。

④《建党以来重要文献选编》（一九一九——一九四九）第四册，中央文献出版社 2011 年版，第 393 页。

毛泽东这次发言虽然不长，但分量很重。李维汉后来在《关于八七会议的一些回忆》中说：“毛泽东同志的发言，是在党领导革命的根本性问题上，不但总结了以往的经验教训，而且提出了对尔后具有重要意义的指针。”①

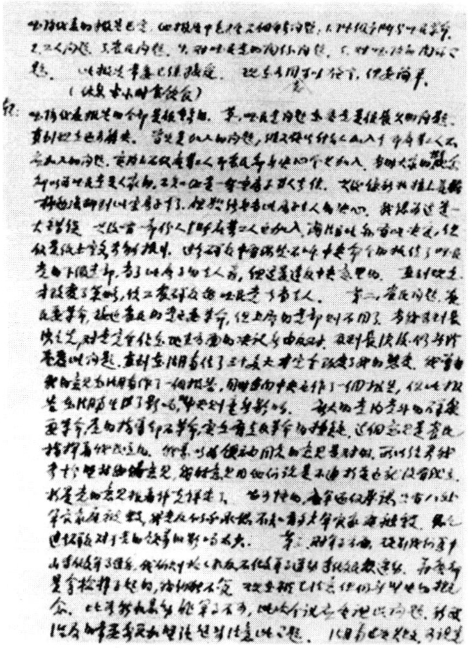

毛泽东发言记录

毛泽东讲完以后，邓中夏、蔡和森、罗亦农、彭公达、任弼时、李子芬、瞿秋白相继发言。李维汉在《关于八七会议的一些回忆》中说：这些“同志都指出，五次大会后党中央机会主义领导的中心在于强调联合小资产阶级，拒绝执行大会关于土地革命的决议。所谓联合小资产阶级，实际只看见上层，却不见群众（中夏并指出：甚至把谭延闿等等地主买办军阀都看成为小资产阶级了）。

① 中共中央党史资料征集委员会、中央档案馆编：《八七会议》，中共党史资料出版社 1986 年版，第 188 页。

为了向上层让步，把国民革命引向深入发展阶段的关键——土地革命束之高阁。亦农还指出党不注意为夺取政权而掌握武装。和森还指出：过去一切错误都无五次大会后的错误那样厉害，并自我批评说，他是过去政治局的一员，应负此错误的责任。弼时还指出机会主义者不但未深入领导民众，而且还要抑制群众的斗争。党要改变过去的错误，非有新的领导机关不可。秋白只对《告党员书》提了几点需要补充的意见”①。

瞿秋白提出补充意见后，蔡和森也提了一点补充意见。这时，罗米那兹向李维汉提议停止讨论。于是，李维汉说，刚才共产国际代表提议停止讨论。我也觉得，大家对两个重要问题的认识已经比较一致，一是“过去党的指导错误问题大家同意”，二是党的“指导机关改选大家也是同意”②。所以，可以停止讨论，由共产国际代表作结论。

接着，罗米那兹对大家讨论的几个问题发表结论性意见。一是关于鲍罗廷、罗易、维经斯基的错误。罗米那兹说，刚才，罗亦农、蔡和森说到鲍罗廷、罗易、维经斯基的错误，鲍罗廷的理论自然是错的，不管罗易、维经斯基等人的路线如何，总比我们中央有错不改要好些。不管共产国际代表有无错误，主要的还是中共中央机关的健全。只要我们是革命的机关，纵然共产国际代表有错误也是不十分严重的，最重要的还是我们如何能实行共产国际的指导。二是关于选举中央临时政治局。罗米那兹说：“大家的要求是选出工人同志来作领导。但有一困难，此会无权改选中央。还有一层，选出此等人还须得从事调查一下是否他能执行此新政策。”这次会议选举新政治局，将提出正式委员七人、候补委员五人的候选名单③。三是关

① 中共中央党史资料征集委员会、中央档案馆编：《八七会议》，中共党史资料出版社 1986 年版，第 188 页。

② 《建党以来重要文献选编》（一九一九——一九四九）第四册，中央文献出版社 2011 年版，第 397 页。

③ 《建党以来重要文献选编》（一九一九——一九四九）第四册，中央文献出版社 2011 年版，第 398 页。

于目前形势的估计。罗米那兹说："现在又是一种情形：农工都遭了摧残，反动势力高涨，革命遭了一严重的打击和损失，但革命并未停止。现在仍是资产阶级德谟克拉西革命，但由民权革命的发展中而发展的阶级冲突仍未消灭。"[①]四是关于民族革命中的矛盾。罗米那兹说："民族革命中有五矛盾：1. 上面说过我们仍要反帝国主义，从帝国主义铁蹄下解放出来，此第一矛盾仍然存在；2. 生产力不发达的矛盾，土地革命便是解决此矛盾之最好的方法；3. 工人阶级的生活状况之改良仍未实行，因此，必然要号召工人反对资产阶级；4. 工农城市贫民必然起来反抗一切压迫夺取政权；5. 统一中国现在不但未做到，而且更加分裂了。所有德谟克拉西的五个任务我们未实现一个。""现在我们的党应尽力号召坚决的斗争。我们先要有一正确的策略然后才能作此争斗。"[②]

讲完这四点意见之后，罗米那兹提议对《告全党党员书》在原则上付诸表决。瞿秋白把《告全党党员书》念了一遍，与会代表一致通过，并决定由瞿秋白、李维汉和苏兆征三人组成委员会进行文字修改。

李维汉后来在《关于八七会议的一些回忆》中说，在《告全党党员书》原则上一致通过以后，就进行"第二项议程——瞿秋白同志代表常委作党的新任务的报告。秋白不是五人常委的成员，为什么却能代表常委向八七会议作报告？这是因为秋白在七月中旬由武汉赴庐山，下旬已从庐山回到武汉，参加中央常委领导工作，并主持八七会议筹备工作"[③]。

瞿秋白在报告中分析了当前的形势和任务。他说："现在事实已经证明国民党已与我们分裂了。我们再不能以退让手段来争得民权，是要以

① 《建党以来重要文献选编》（一九一九——一九四九）第四册，中央文献出版社 2011 年版，第 398 页。

② 《建党以来重要文献选编》（一九一九——一九四九）第四册，中央文献出版社 2011 年版，第 398 页。

③ 中共中央党史资料征集委员会、中央档案馆编：《八七会议》，中共党史资料出版社 1986 年版，第 189 页。

革命方法来争得民权的。有一次政治局会议中曾有向国民党提出条件退出国民党的倾向。过去当我们能包办国民党的时候中央又不允许我们包办，现在想包办又不可能了。过去我们觉得只要利用某打某便可以得到一点民权，这种方法过去也是有效的，但现在已经不适宜了。七月十三日我党的宣言是党的新政策之开始，中央政治局与国民党反脸的宣言的内容是很坚决的。”①

瞿秋白说：“这次南昌的行动（指南昌起义——引者注），至少是无意识的走到新的方针。七月十五以前，我们参加政府，还有由上面来帮助发展下层工作的条件，现已全国反动，现在主要的是要从土地革命中造出新的力量来。我们的军［队］则完全是帮助土地革命。”②

将来的形势会如何发展呢？瞿秋白说，将来的局面会与以前不同，以前有大的领袖，如奉系军阀张作霖、南京蒋介石、直系军阀吴佩孚等，以后则要分为许多小军阀，进到很紊乱的时期。这证明了封建阶级的倒台和资产阶级的软弱。这一堆反革命的冲突是非常厉害的，因为他们内部极不稳定。这是革命前途的一个优点。“土地革命已进到最高点，要以我们的军队来发展土地革命。”叶挺已经这样做了，北方的张兆丰（共产党员，时在西北军工作——引者注）在相当时期也应该这样做。这是一定有胜利的机会的。“农民要求暴动，各地还有许多的武装。有这样好的机会，这样多的力量，我们必须要燃着这爆发的火线，造成土地革命。”③

接着，瞿秋白根据目前形势提出党的策略，这就是“独立的工农阶级斗争”。他说：“老实不客气的我们要包办国民党和国民革命。”④为了

① 《建党以来重要文献选编》（一九一九——一九四九）第四册，中央文献出版社 2011 年版，第 399 页。

② 《建党以来重要文献选编》（一九一九——一九四九）第四册，中央文献出版社 2011 年版，第 400 页。

③ 《建党以来重要文献选编》（一九一九——一九四九）第四册，中央文献出版社 2011 年版，第 400 页。

④ 《建党以来重要文献选编》（一九一九——一九四九）第四册，中央文献出版社 2011 年版，第 401 页。

使这一斗争策略付诸实现，他提出三条具体方针：第一，要更加注意与资产阶级争夺领导权。第二，为了纠正过去的错误，要由下而上地争取群众。第三，要在暴动中组织临时革命政府。

最后，瞿秋白提出将《最近职工运动议决案》《最近农民斗争议决案》和《党的组织问题议决案》交会议讨论通过，同时要求会议对1927年7月《中国共产党中央执行委员会致中国国民党革命同志书》予以追认。他说："因各种要求，常委及国际代表起草了三种决议，提出今天讨论。除此之外还有几个问题；1. 如何做国民党工作，团结国民党左派。我们已发表了一个告国民党同志书，此书应为左派政纲。2. 军队中及兵士中工作，现在也很重要，我已与一飞（即王一飞——引者注）商议要作此工作，临时政治局应注意此工作。3. 对国民党左派的政纲要追认。"①

李维汉在《关于八七会议的一些回忆》中说，瞿秋白提出将关于职工运动、农民斗争和党的组织问题的议决案交会议讨论后，"我依次将常委与国际代表起草的三个议决案，即《最近职工运动议决案》、《最近农民斗争议决案》和《党的组织问题议决案》，一一提请大家讨论。在讨论这三个议决案时，都是先由秋白宣读议决草案全文，经大家发表意见后，由秋白作结论或由国际代表答复问题。"②

讨论《最近职工运动议决案》时，陆沉、任弼时、瞿秋白先后发言。讨论《最近农民斗争议决案》时，毛泽东首先发言。毛泽东说，解决农民土地问题，应当规定大中地主的标准，并建议以50亩为限，50亩以上不管肥田瘦田通通没收。小地主问题是土地问题的中心问题，不没收小地主土地，"则有许多没有大地主的地方，农协则要停止工作，所以要根本取消地主制，对小地主应有一定的办法，现在应

---

① 《建党以来重要文献选编》（一九一九——一九四九）第四册，中央文献出版社2011年版，第401页。

② 中共中央党史资料征集委员会、中央档案馆编：《八七会议》，中共党史资料出版社1986年版，第190页。

解决小地主问题，如此方可以安民”[1]。自耕农中富农、中农的地权不同，农民要向富农进攻了，所以要确定方向。毛泽东的建议符合湘、鄂、赣、粤一带的土地占有情况，对于日后开展土地革命，制定正确的土地革命路线，奠定了认识上的基础。但是，共产国际代表没有采纳毛泽东的正确意见，并提出土地问题的根本解决办法是实行土地国有。毛泽东发言后，瞿秋白、彭公达、陆沉、李子芬接着发言。讨论《党的组织问题议决案》时，罗亦农、毛泽东、杨善南、瞿秋白、蔡和森、张太雷先后发言。在这次会议上，毛泽东先后七次发言，是发言最多的代表。

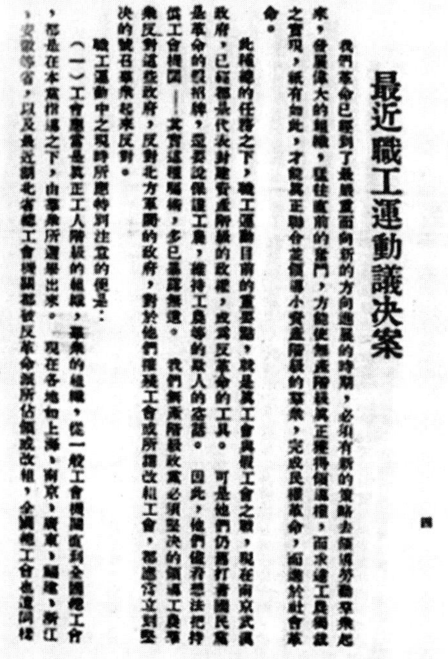

最近職工運動議決案

我們革命已經到了最嚴重而向新的方向進展的時期，必須有新的策略去領導勞動羣衆起來，發展偉大的組織，猛往直前的奮鬥，方能使無產階級真正獲得領導權，而求達工農獨裁之實現，祇有如此，才能真正聯合並領導小資產階級的羣衆，完成民權革命，而進於社會革命。

此種總的任務之下，職工運動目前的重要點，就是真工會與假工會之戰，現在南京武漢政府，已經都是代表封建資產階級的政權，成爲反革命的工具。可是他們仍舊打着國民黨是革命的假招牌，還要說保護工農，維持工農等的欺人的[illegible]。因此，他們儘有想法把持僞工會機關——其實這種騙術，多已暴露無遺。我們無產階級政黨必須堅決的領導工農羣衆反對這些政府，反對北方軍閥的政府，對於他們種種工會或所謂改組工會，都應當立刻堅決的號召羣衆起來反對。

職工運動中之現時所應特別注意的便是：

（一）工會應當是真正工人階級的組織，羣衆的組織，從一般工會機關直到全國總工會，都是在本黨指導之下，由羣衆所選舉出來。現在各地如上海、南京、廣東、福建、浙江、安徽等省，以及最近湖北省總工會機關都被反革命派所佔領或改組，全國總工會亦遭同樣

《最近职工运动议决案》

① 《建党以来重要文献选编》（一九一九——一九四九）第四册，中央文献出版社 2011 年版，第 402 页。

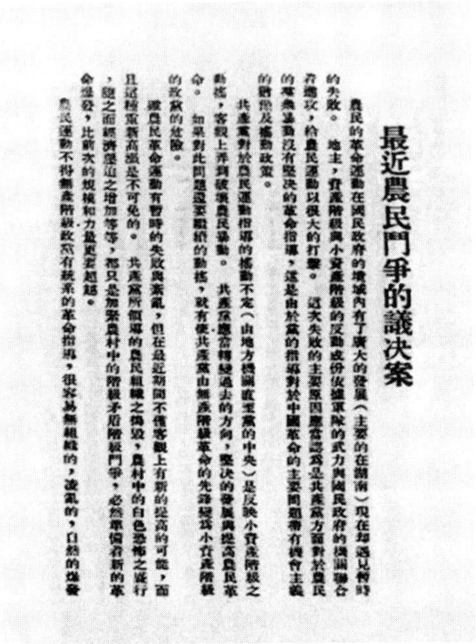

最近農民鬥爭的議決案

農民的革命運動在國民政府的境域內有了廣大的發展（主要的在湖南）現在却遇見暫時的失敗。 地主，資產階級與小資產階級的反動成份依據軍隊的武力與國民政府的機關聯合着進攻，給農民運動以很大的打擊。 這大失敗的主要原因應當認為是共產黨方面對於農民的革命暴動沒有堅決的革命指導，這是由於黨的指導對於中國革命的主要問題帶有機會主義的動搖及搖動政策。

共產黨對於農民運動指導的搖動不定（由地方機關直至黨的中央）是反映小資產階級之動搖，客觀上并且破壞農民暴動。 共產黨應當糾正過去的方向，堅決的發展與提高農民革命。 如果對此問題還要繼續的動搖，就有使共產黨由無產階級革命的先鋒變為小資產階級的政黨的危險。

雖農民革命運動有暫時的失敗與紊亂，但在最近期間不僅客觀上有新的提高的可能，而且這種重新高漲是不可免的。 共產黨所領導的農民組織之毀壞，農村中的白色恐怖之盛行，總之而經濟壓迫之增加等等，都只是加緊農村中的階級矛盾階級鬥爭，必然準備着新的革命爆發，比前次的規模和力量更要超越。

農民運動不得無產階級政黨有統系的革命指導，很容易無組織的，凌亂的，自然的爆發

《最近农民斗争的议决案》

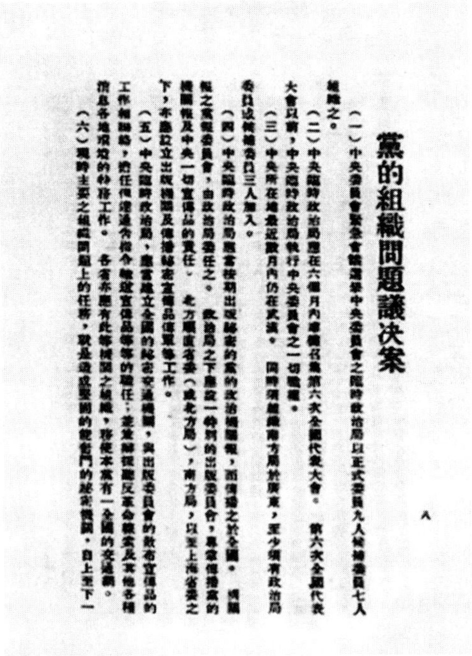

黨的組織問題議決案

（一）中央委員會緊急會議選舉中央委員會之臨時政治局以正式委員七人候補委員七人組織之。

（二）中央臨時政治局應在六個月內準備召集第六次全國代表大會。 第六次全國代表大會以前，中央臨時政治局執行中央委員會之一切職權。

（三）中央所在地最近數月內仍在武漢。 同時須組織南方局於廣東，至少須有政治局委員或候補委員三人加入。

（四）中央臨時政治局應當按期出版秘密的黨的政治機關報，而傳播之於全國。 機關報之黨報委員會，由政治局委任之。 政治局之下應設一特別的出版委員會，專管傳播黨的機關報及中央一切宣傳品的責任。 北方區或省委（或北方局），南方局，以至上海省委之下，亦應設立出版機關及傳播秘密宣傳品運輸等工作。

（五）中央臨時政治局，應當建立全國的秘密交通機關，與出版委員會的散布宣傳品的工作相聯絡，擔任傳遞命令輸送宣傳品等等的職任；並當解決預防反革命偵探及其他各種消息各地交換的轉移工作。 各省亦應有此等機關之組織，務使本黨有一全國的交通網。

（六）現時主要之組織問題上的任務，就是造成堅固的能奮鬥的秘密機關，自上至下一

《党的组织问题议决案》

关于职工运动、农民斗争和党的组织问题的三个议决案通过以后，会议进行第三项议程——选举中央临时政治局。首先，由共产国际代表罗米那兹提出临时政治局委员、候补委员候选人名单。临时政治局委员候选人为张国焘、瞿秋白、苏兆征、李维汉、任弼时、罗亦农、邓中夏，候补委员候选人为李立三、周恩来、彭湃、张太雷、顾顺章、向忠发、蔡和森。

接着，讨论候选人名单。蔡和森第一个发言，要求不把他列入候选人，其原因：一是作为过去政治局的成员，他应该对中央的错误承担责任；二是他已经决定去湖南。他建议在临时政治局委员候选人名单中去掉张国焘，加入毛泽东、陆沉、彭公达，因为要吸收新的分子。

毛泽东马上说，他准备去参加秋收暴动，不能加入政治局。马日事变后，为恢复湖南党的工作，中央政治局常委会议决定成立以毛泽东为书记的新的湖南省委。可毛泽东到湖南刚刚十天就被召回武汉，参加中央政治局扩大会议。就是在这次会议上，毛泽东提出农民武装“上山”以“造成军事势力的基础”的应变策略。七一五反革命政变后，中央实行紧急疏散时曾准备把他派到四川去，他要求仍回湖南，中央就把他暂时留在武汉，指导湖南省委的工作，并受中央委托筹划湖南秋收暴动。8月初，毛泽东向中央提出《关于湘南运动的大纲》。中央 8 月 3 日发布的《关于湘鄂粤赣四省农民秋收暴动大纲》，就是按这个大纲部署湖南秋收起义，并决定成立以毛泽东为书记的湘南特委。所以，毛泽东说他不能加入政治局，要准备参加秋收暴动。

李维汉也表示赞成蔡和森的意见，提议在临时政治局委员候选人名单中加入毛泽东，同时取消他自己的名字。毛泽东仍不同意李维汉的提议，说“自己非外面去做工不可”①。

陆沉接着发言，他也主张在临时政治局委员候选人名单中加入毛泽东，他自己和彭公达都不加入。彭公达马上表示赞同在临时政治局委员

① 《建党以来重要文献选编》（一九一九——一九四九）第四册，中央文献出版社 2011 年版，第 405 页。

候选人名单中加入毛泽东，说他自己不能担任这项工作。

见大家争相推让，瞿秋白说："现在不是法律问题，是工作问题、事实的问题，大家不能如此。"[①] 这时，罗米那兹认为可以将名单付诸表决了。

会议表决前，决定临时政治局正式委员和候补委员各增两名。表决结果，选出临时政治局正式委员九人、候补委员七人，九名正式委员是苏兆征、向忠发、瞿秋白、罗亦农、顾顺章、王荷波、李维汉、彭湃、任弼时，七名候补委员是邓中夏、周恩来、毛泽东、彭公达、张太雷、张国焘、李立三。选举完毕，天色已晚，李维汉宣布会议圆满结束。

1927 年 8 月 7 日在武汉召开的中央紧急会议结束了。因为只开了一天，后来将这次会议简称"八七会议"。八七会议结束后第三天，也就是 8 月 9 日，中央临时政治局召开第一次会议。会议由瞿秋白主持，经过充分讨论，决定由瞿秋白、李维汉、苏兆征组成中央临时政治局常务委员会。瞿秋白成为继陈独秀之后的中共中央最高领导人。

瞿秋白

李维汉

苏兆征

在中国革命处于严重危机的艰难时刻，八七会议总结大革命失败的

① 《建党以来重要文献选编》(一九一九——一九四九) 第四册，中央文献出版社 2011 年版，第 405 页。

教训，讨论党的工作任务，及时制定土地革命和武装起义的新方针，使党在政治上大进一步。“但是，由于受共产国际及其代表的‘左’倾思想及党内‘左’倾情绪的影响，八七会议在反对右倾错误时没有注意防止和纠正‘左’的错误，对在革命处于低潮形势下党应当组织必要的退却缺乏认识，容许和助长了盲目发动工人罢工和组织城市暴动的倾向。会议不通知陈独秀到会，只是指责犯错误的领导人，没有着重从思想上、理论上对所犯错误的教训进行认真的总结。会议还不适当地强调党的领导机关和党员的单纯工人成分的意义。会议认为反对封建制度的资产阶级民主革命的完成（土地革命亦在其内），尤其是反帝国主义斗争的完成，必须实现于反对已成反革命的资产阶级的斗争之中。这种认识为以后‘左’倾错误的发展提供了理论依据，给中国革命造成很大危害。”①

所以，李维汉后来在《关于八七会议的一些回忆》说：八七会议的主要缺点是“在反对右倾错误的时候，却为‘左’倾错误开辟了道路。它在政治上不认识当时应当根据各地不同情况，组织正确的反攻或必要的策略上的退却，借以有计划地保存革命阵地和收集革命力量，反而容许了和助长了冒险主义和命令主义（特别是强迫工人罢工）的倾向。”同时在组织上开始了惩办主义的过火斗争。“还有重要一点，就是看到民族资产阶级在一九二七年附和了蒋介石的反革命以后，便笼统地提出反对资产阶级的口号，而以后在党内长期把蒋介石反动统治笼统称为地主资产阶级专政。这种把中等资产阶级和大资产阶级同样对待的‘左’倾政策，给党在白区和根据地的工作带来重大损失。”而造成这种历史局限的主要原因或最重要原因，就是“当时党在理论上和经验上还属幼年，还很不成熟”②。

但是，正如中共六大所指出的：“八七紧急会议是根据共产国际的指示，从根本上改正旧时机会主义的错误，因此它是中国共产党历史上

① 中共中央党史研究室：《中国共产党历史第一卷（1921—1949）》上册，中共党史出版社 2011 年版，第 240 页。

② 中共中央党史资料征集委员会、中央档案馆编：《八七会议》，中共党史资料出版社 1986 年版，第 192—193 页。

的转变关键，它在使党布尔什维克化的事业上，有极重大的意义。八七会议用布尔什维克的公开的精神，指斥机会主义的错误，提出土地革命的中心口号，指出无产阶级与农民要推翻反动的国民党中央政权的目标，定出武装起义的总方针；党员群众起来，开始肃清指导机关中的机会主义成分，改变旧的指导机关，——这样，将党从机会主义的泥坑之中救出来，重新走上革命的大道。固然，八七会议对于左派国民党问题，还保存了些幻想，对于土地问题，还不大彻底，可是这种缺点绝不减少八七会议在历史上的极重大的意义。——中国共产党第六次大会对于八七会议的主要决议完全赞同。”①所以，中共六届七次全会通过的《中国共产党中央委员会关于若干历史问题的决议》，充分肯定“八七会议在党的历史上是有功绩的”，并指出这“是它的主要方面”②。

八七会议在大革命全面失败的天塌地陷之际，树立起土地革命和武装起义的坚固柱石，顶起塌下来的天，托起陷下去的地，使中国共产党和中国革命绝处逢生。正因如此，中共中央党史研究室集学术界多年研究成果撰著的《中国共产党历史第一卷（1921—1949）》上册，对八七会议作出这样的历史评价：“在中国革命处于严重危机的情况下，八七会议的及时召开，并制定出继续进行革命斗争的正确方针，使全党没有为极其严重的白色恐怖而惊慌失措，重新鼓起同国民党反动派斗争的勇气，从而为挽救党和革命作出了巨大贡献。中国革命从此开始由大革命失败到土地革命战争兴起的历史性转变。”③在中国共产党和中国革命历史上，八七会议是新民主主义革命时期第一次历史性转折。

---

① 《六大以来》（上），人民出版社1981年版，第6页。

② 《六大以来》（上），人民出版社1981年版，第1181页。

③ 中共中央党史研究室：《中国共产党历史第一卷（1921—1949）》上册，中共党史出版社2011年版，第240页。

第五章　星火烽起壮神州
——土地革命战争兴起与中共中央离汉

八七会议以后，中共中央在部署两湖地区秋收起义的同时，一方面发出一系列重要文件阐释八七会议精神，一方面派出多名重要领导干部分赴湖南、广东、上海、北京、天津等地传达八七会议精神，一方面通过信函指导陕西、河南、山东、山西、满洲、广东、广西、闽南等省区贯彻落实八七会议精神，要求各地务必实行党的新政策，恢复和整顿党的组织，发动武装起义，开展土地革命，并决定成立南方局、北方局领导所辖省区党的工作。1927 年 9 月，两湖地区秋收起义率先爆发。随后，广东、江西、陕西、河南、直隶等省爆发多次武装起义。湘赣边界秋收起义在遭到挫折后，毛泽东适时率领部队走上在农村建立革命根据地以保存和发展革命力量的正确道路。9 月下旬，鉴于两湖地区暴动高潮基本过去，中共中央决定将中央机关迁移上海，同时决定成立长江局管辖湖北、湖南、河南、江西、四川、安徽、陕西等省党的工作。9 月底至 10 月初，中共中央撤离武汉，迁往上海。

全力传达贯彻八七会议精神

如前所述，八七会议以后，8 月 9 日中央临时政治局召开第一次会议。这次会议除决定中央临时政治局常委人选外，还研究了北方工作、南方工作及其他问题。关于北方工作，会议决定成立北方局，由蔡和森、刘伯庄、彭述之和共青团一名代表组成，王荷波任书记，管辖顺直（今河北省）、山西、满洲、内蒙古和山东党的工作。关于南方工作，会议决定成立南方局，由周恩来、张太雷、彭湃、陈权、恽代英、黄平、张国焘组成，张国焘任书记，并在南方局之下组织军事委员会，由周恩来任书记。湖北、湖南、河南、江西、四川、安徽、陕西等省工作由中央直接管辖。

王荷波

中央临时政治局第一次会议后第三天，也就是8月12日，中央临时政治局常委会发出《中央通告第一号——八七会议的意义及组织党员讨论该会决议问题》。这是历史上第一次将这次中央紧急会议简称“八七会议”。通告正文前有一段附白：“八月七日中央紧急会议后，中央通告重新编号，且以后各部通告，统由中央常委发出”[①]。很显然，将中央通告重新编号，把《八七会议的意义及组织党员讨论该会决议问题》列为中央通告第一号，是为了表明中国共产党告别过去、重新起步的决心。通告着重阐明八七会议的重大意义，要求各级党组织迅速将会议精神传达到全体党员。

通告指出：“过去党的指导机关（自中央及地方）确有一种机会主义的倾向。第五次大会以前由于不能了解民族资产阶级的作用，已经做了些错误；第五次大会以后，又因为不能了解对付小资产阶级的策略，而更加错误，总以为既要联合国民党，便必须要一种让步政策，如是无产阶级政党的独立性不免泯灭了。其实布尔塞维克的革命策略，在资产阶级的民权革命中，是要领导无产阶级勇猛的进攻封建势力军阀及帝国主义，以至反革命的资产阶级，必须有这种独立的革命斗争，然后方能取得革命之领导权，然后方能领导小资产阶级的群众及农民。固然让步

① 《建党以来重要文献选编》（一九一九——一九四九）第四册，中央文献出版社2011年版，第458页。

退却有时是必须的，但是以前中央的政策客观上不仅是让步，却是放弃领导权”[①]。“过去党的指导机关，还有一种倾向，便是注重于领袖的接洽——民党、军队甚至于红枪会土匪等工作，都是如此。而对于群众的斗争，不能加以充分的领导，客观上往往反而加以阻滞。”“各省党部的政策亦多采用这条路线”[②]。

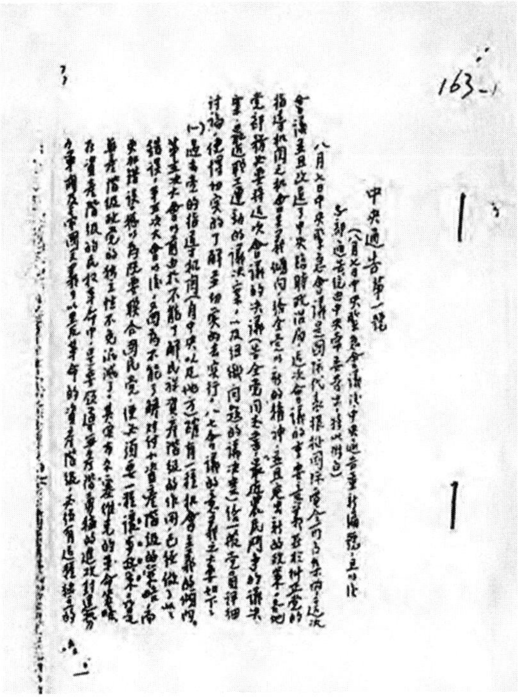
163-1
中央通告第一号

《中央通告第一号——八七会议的意义及组织党员讨论该会决议问题》

通告指出：“客观上中国革命的发展已经到以土地革命为中枢的时期，土地革命就是土地所有制度的剧烈的改革，彻底的铲除封建制度，这是最彻底的资产阶级民权主义革命的表演。中国民族资产阶级决不

① 《建党以来重要文献选编》（一九一九——一九四九）第四册，中央文献出版社 2011 年版，第 458 页。

② 《建党以来重要文献选编》（一九一九——一九四九）第四册，中央文献出版社 2011 年版，第 459 页。

能领导这种革命”。“如果土地革命已经由群众剧烈的发展，则组织这些群众的力量而独立领导工农城市贫民的联盟进攻，便是当然的结论。但是，当时中央机关及指导的同志对于土地革命问题有许多歧见，结果，是一个总退却的指示。”“这样，客观上便是党与正在奋斗的群众脱离了。”①

通告指出：“以前对于无产阶级在资产阶级民权革命中的职任，始终没有明了的观念。无产阶级在中国社会之中是唯一能引导民权革命到底的阶级。现在农民的土地革命及农会的政权革命，既是民权革命最高形式的表演，无产阶级自然应当和农民群众建立真正的斗争同盟，领导他们去打倒土地革命之一切障碍：新旧军阀、豪绅地主、反动的资产阶级以及虚伪的‘左派’。”“因此，早应有建立纯左派政府的决心，亦即建立共产党所领导的真左派的国民政府的决心——否则永无所谓工农民权独裁制。但是事实上当时对于武汉政府的观察，确有偏重于承认他已是工农小资产阶级独裁的意思，因为当时并没有力求剔除其中豪绅资产阶级的分子，却在保存这一联盟政府。”②

通告强调：“因此种种，当时中央政策之客观上的理论是：缓和些阶级斗争，以保存国民革命的联合战线。第五次大会的政策和方针并没有实行，却是抛弃了。如今中央紧急会议接受国际的批评，必须使党员群众完全了解这种批评的意义，造成真正布尔什维克的指导，因此，必须将这些紧急会议的决议，极普遍的发到各支部之中，使党员群众都能够研究而实行；使党员群众的意见得以督促各级党部机关。党的政策问题，都要使党员及青年团团员参加讨论，以实现真正革命意义的党内民权主义，党的群众正在努力斗争，依据他们的力量，是纠正机会主义错误最主要的方法。”③

---

① 《建党以来重要文献选编》（一九一九——一九四九）第四册，中央文献出版社 2011 年版，第 459 页。

② 《建党以来重要文献选编》（一九一九——一九四九）第四册，中央文献出版社 2011 年版，第 460 页。

③ 《建党以来重要文献选编》（一九一九——一九四九）第四册，中央文献出版社 2011 年版，第 459 页。

通告要求："各地党部接此通告及八七紧急会议议决案后，务必从速翻印传递下级党部，开始讨论，并立即遵照这些议案改正或实行党的组织、工会运动、农民运动、国民党运动之新方针"①。通告发出后，中央就通过信函寄送、派特派员等多种方式，把八七会议精神传达贯彻到各地党组织。

就在中央临时政治局常委会发出《中央通告第一号——八七会议的意义及组织党员讨论该会决议问题》的同一天，也就是8月12日，《中央通讯》第一期发表这个通告，并开始发表《八七会议文件》。《八七会议文件》包括《小引》《中国共产党中央执行委员会告全党党员书》《最近农民斗争的议决案》《最近职工运动议决案》和《党的组织问题议决案》。由于《中央通讯》篇幅限制，第一期只发表了《小引》和《中国共产党中央执行委员会告全党党员书》，《最近农民斗争的议决案》《最近职工运动议决案》和《党的组织问题议决案》随后在第二期发表。

8月19日，中央临时政治局常委会又发出《中央通告第二号——党的组织问题》，对八七会议通过的《党的组织问题议决案》要点进行提示，对贯彻落实这一议决案提出进一步要求。通告指出，《党的组织问题议决案》的要点"就是改正党的组织上的机会主义，和建立坚固的能奋斗的秘密机关"，要求"各级党部接到这个决议后，应当专门提出讨论，经过这一专门的讨论，定出实行计划，报告上级党部批准，省市党部须将实行计划和执行情形在十月十日以前报告中央组织部，不得延误"②。

通告特别强调："党的政治上的机会主义的倾向，虽则是不自觉的，却经过至少一年以上的历史的酝酿。这种历史上的机会主义的酝酿必然的影响到党的组织，使党的组织也带有不少的机会主义。这种机会主义

① 《建党以来重要文献选编》（一九一九——一九四九）第四册，中央文献出版社2011年版，第459页。

② 中共中央党史资料征集委员会、中央档案馆编：《八七会议》，中共党史资料出版社1986年版，第121—122页。

的倾向特别在党的各级指导机关之［及］农会指导机关的成分上表现得很明白，在党的各级指导机关中，工农分子向来是占绝对少数，几乎不能成比例。”“这种毛病，在组织上颇有了根基”。“紧急会议已将政治上的机会主义改正了，但这一改正的实现，必然要有组织上同样的改正，否则政治的改正将成为抽象的白纸黑字的，因此各级党部经过‘党内讨论’以改组党的机关，审查党员资格，是实现这次紧急会议所指出的政治路线的最主要的关键，各级党部应当极端忠实的去执行。”①

通告指出：“自从三月三十一日四川的屠杀（即重庆‘三三一惨案’——引者注），四月十二日上海的屠杀以至长沙的马夜事变（即马日事变——引者注），汉口的七月三十日，我们的重要党部如上海、湖南、广东、北京、四川、武汉、南京、江西、浙江——统在新军阀的极残暴的白色恐怖之下继续奋斗。以至于今在这白色恐怖的过程中同志被牺牲者约三四千人，被监禁者至少等于此数，因为这个缘故，大部分组织被破坏，需要重新建设。经过了这样大的悲惨的牺牲，党在组织上应当得着一种宝贵的教训，为以后改进组织的帮助，这无论如何是可能的事情。可是上述这些，党部对于中央不仅没有把这样的材料寄来，反而在当地事变以后，连一个比较详细的报告也没有。”②

为此，中央要求“直接于中央的各党部，无论如何，每月月底须将该党部所属组织，做一详细报告寄来”，“接此通告后第一次报告须尽速寄来”③。“江苏、广东、湖南、湖北、顺直、江西、浙江、山东、安徽、四川等省省委或临委，须指派专人在省委或临委组织部指导之下做成‘白色恐怖时期中组织变动的经过和教训’及‘白色恐怖时期中被难同志（死伤，在狱）的履历和统计’两个报告，至迟于十月十五日以前寄来中央。”通告最后呼吁：“各级党部的负责同志们！盼望你们接到这

① 中共中央党史资料征集委员会、中央档案馆编：《八七会议》，中共党史资料出版社 1986 年版，第 122 页。

② 中共中央党史资料征集委员会、中央档案馆编：《八七会议》，中共党史资料出版社 1986 年版，第 123 页。

③ 中共中央党史资料征集委员会、中央档案馆编：《八七会议》，中共党史资料出版社 1986 年版，第 123 页。

个通告后，战胜一切困难，一一立即执行！”①

中央第一、二号通告发出以后，各地先后对八七会议精神进行传达贯彻。由于收到文件的时间前后不一，开始传达贯彻的时间也有先有后。最早传达的从8月上旬开始，最迟传达的则到了12月上旬。湖北、湖南、广东、山东、河南在8月先后传达，安徽、江苏、四川、浙江、北方局、陕西、江西在9月先后传达，福建、满洲在10月先后传达，云南到12月上旬才开始传达。

“近水楼台先得月”，得地利之便的湖北最先传达贯彻八七会议精神。八七会议一结束，湖北省委书记罗亦农就分批召集在汉负责人和积极分子开会，口头传达会议精神。8月中旬至9月，省委负责人及从武汉派到各地领导秋收暴动的负责人分别在各暴动区传达八七会议精神。罗亦农两次到鄂南传达八七会议精神，部署、指挥秋收暴动。回武汉后，罗亦农又向到武汉请示工作的黄安县委书记郑位三等人传达八七会议精神，要求他们回去准备暴动。省委委员、农民部长任旭奔赴鄂中、鄂西巡视工作，传达贯彻八七会议精神。8月底，中央发来六本决议案，省委立即分发武汉三镇区、县负责人传阅讨论。9月底10月初，中央发来大量翻印文件，省委又迅速分发下属各级党部。10月13日，省委向各县、市区发出《关于讨论〈中央告全党党员书〉的第三号通告》，并附讨论提纲53条。通告要求，在党的各种会议上依据提纲详加讨论，限一个月讨论完毕，并将讨论详情书面报告省委。湖北省委在传达八七会议精神的同时，修订省委在八七会议以前制定的湖北秋收暴动计划，准备发动全省暴动。

湖南省委在8月中旬传达八七会议精神。8月12日，毛泽东以中央特派员身份与彭公达一起秘密回到长沙。16日至18日，湖南省委在长沙市郊沈家大屋等处召开会议，传达八七会议精神。会议根据中央决定，改组湖南省委，由彭公达任书记。根据八七会议精神，新省委重点讨论

① 中共中央党史资料征集委员会、中央档案馆编:《八七会议》，中共党史资料出版社1986年版，第124页。

秋收暴动问题。经反复讨论决定，改变原定以长沙等四个中心城市全面开花的暴动计划，起义区域改为长沙及其周围县市；秋收起义摒弃国民党的旗帜，以共产党的旗帜号召人民，组织人民；在暴动取得胜利的地方，建立苏维埃式的政权；起义以工农力量和军事力量相结合。8 月下旬，成立以毛泽东为书记的前敌委员会，作为湖南秋收起义的最高领导机构。

湖南省委会议会址——长沙市郊沈家大屋

广东地区的传达贯彻是张太雷前去完成的。8 月 19 日，张太雷由汉口到达香港。他这次到广东的任务，一是传达中央紧急会议决议，二是筹划广东全省特别是东江地区的武装暴动。早在 8 月 11 日，中央就根据八七会议决议，决定成立南方局，以张国焘为书记，周恩来、张太雷、彭湃、恽代英、黄平、陈权为委员，领导两广和闽南等地工作。在周恩来等到职之前，由张太雷、杨殷、黄平组织临时南方局，负责传达八七会议精神和整顿广东省委，任命张太雷为广东省委书记。8 月 20 日，张太雷到达香港的第二天，即召开广东省委会议，传达八七会议精神，讨论通过《拥护中央紧急会议之决议》，改选省委。会议制定全省暴动计划、口号、工作大纲，组织广州、北江、西江暴动委员会。会后，张太雷写信向中央常委报告，准备发动秋收起义。后来，又在汕头向南昌起义后南下广东的周恩来等人传达八七会议精神。

张太雷向周恩来等人传达八七会议精神的广东汕头大浦会馆

8 月，中央致信山东省委，要求山东省委改组，由邓恩铭任省委书记。接到中央发出的八七会议文件后，省委立即召开会议传达贯彻，并根据中央来信指示精神改组省委。会议作出山东今后工作决议，并决定省委专设军事部指导各地军事运动。9 月至 10 月，山东省委又通过信函向中央汇报请示工作。

8 月底，河南省委接到中央发出的八七会议文件，即在开封召开活动分子和团省委会议，传达八七会议精神，讨论中央新政策，表示完全接受。会议改组省委，由易云任书记。会议通过农民运动、工人运动和组织工作决议案，决定发动工农斗争，举行暴动，进行土地革命，并决定成立豫南、豫中、豫北三个特别委员会，分别指挥各地武装起义。

安徽临时省委在9月6日之前接到《中共八七会议告全党党员书》《共产国际关于中国问题的决议案》等文件。随后，临时省委即召开会议传达贯彻，并在省委机关刊物《每周通讯》转载。同时，制定讨论大纲，要求各级组织进行党内讨论。会议作出《目前政治任务决议案》和《安徽三个月工作计划纲要》，在全省贯彻落实八七会议精神。

安徽临时省委秘书处旧址——原芜湖新民中学

八七会议结束后，邓中夏受中央指派，到上海恢复发展党组织，传达贯彻八七会议精神。他历尽周折，找到江苏省委农委书记王若飞，初步了解情况后马上开始工作。9月9日，江苏省委召开会议，邓中夏作关于中央紧急会议及各项决议案的传达报告。他详细传达八七会议告党员书和关于农民斗争、职工运动、组织问题的决议，强调指出“我们党的生死存亡以此会为转机”。邓中夏报告之后，会议进行讨论。大家在发言中列举中央指导机关妥协退让的种种表现，分析批判陈独秀的右倾错误，表示完全赞同中央各项决议案。会议通过《江苏省委对于中央紧急会议之决议案》，并决定改组省委，由邓中夏、王若飞等人组成新省委。

江苏省委办公地

9 月 1 日，四川临时省委常委刘披云携带八七会议文件到达重庆。9 月 10 日至 12 日，四川临时省委书记傅烈在重庆主持召开临时省委扩大会议，传达贯彻八七会议精神。会议首先对临时省委进行改组。然后，根据八七会议制定的新政策，讨论制定临时省委各项工作决议案，决定今后工作的重心是大力开展工农运动，利用军阀混战局面夺取武装，发展土地革命运动。会议还对农民运动、职工运动、学生运动、妇女运动、共青团工作和国民党工作确立方针和策略。10 月 15 日，临时省委又召开紧急会议，通过《临时省委紧急会议决议案》，表示完全接受中央的《政治任务与策略决议案》《左派国民党及苏维埃口号问题决议案》及对四川工作的批评与指示。临时省委还决定派特派员出巡宜宾等地，检查各地党组织恢复整顿情况；出版省委机关刊物《四川通讯》和《川潮》

旬刊，传达八七会议和临时省委会议精神，加强各地党组织与临时省委联系。

四川临时省委秘密机关旧址——重庆大梁子兴隆巷8号

浙江省委于9月26日至27日在杭州召开扩大会议，由中央特派员王若飞主持会议，传达八七会议各项决议和新政策要点，分析陈独秀在革命性质、革命领导权等问题上的右倾错误，阐述土地革命在中国革命中的重要意义。会议通过《浙江省委扩大会议对中央报告决议案》，表示完全同意共产国际对中国共产党所犯错误的批评，认为八七会议制定的新方针是中国共产党在目前革命阶段应有的决定，必须遵照执行。会议作出《今后浙江省工作决议案》，提出浙江党组织在政治、组织、宣传和工农运动、学生运动等方面任务，要求全省党员“不但要表示接受这个决议，必须要坚决去执行这个决议”。扩大会议还改组省委，由张秋人任书记。省委提出在宜兴、无锡、江阴、常熟四县组织暴动的计划，并且确定以宜兴、无锡两县为暴动重点。会后，王若飞来到宜兴，向县委负责人传达省委关于组织暴动的计划，研究宜兴组织暴动的具体措施。

设在杭州的中共浙江省委旧址

8月11日中央决定成立北方局后，王荷波、蔡和森等即离开武汉前往北京，不久迁驻天津，分赴山东等地调查，改组顺直省委和所属机构。9月10日，蔡和森为北方局撰写题为《关于八七中央紧急会议各项决议展开党内讨论》的通告，指出顺直及北方各省党的工作中存在着右倾机会主义，必须根据中央紧急会议精神予以纠正，要求各级党组织立即学习和讨论党的新方针，对组织进行改组。14日，北方局以第一号通告发出。9月22日至23日，北方局扩大会和顺直活动分子会在天津召开。蔡和森在会上传达八七会议各项决议，作题为《党的机会主义史》长篇报告。会议接受共产国际训令及中央紧急会议确定的新方针，开始筹备发动农民暴动。

9月26日至27日，陕西省委在西安召开第一次扩大会议，传达贯彻八七会议精神。八七会议文件是李子洲从武汉带回的。7月冯玉祥在陕西"清党"后，陕西省委无法与中央取得联系，便派李子洲赴武汉向中央汇报请示工作。8月8日至12日，李子洲在武汉两次向中央汇报后，辗转回到陕西，带回八七会议文件和中央指示。会议在听取李子洲赴中央汇报的情况报告后，讨论八七会议的决议和政治报告。会议通过的《接受中央八七决议案及其指示决议案》，表示完全接受中央决议及对陕西工作的指示。会议通过的《政治形势与工作方针决议案》，批评过去工作中的右倾错误，提出“要在土地革命的政纲之下，加紧农村中的阶级斗争，准备总暴动”。会议选出新省委，由耿炳光任书记，李子洲任组织部长兼军事部工作，李秉乾任宣传部长。

中共中央北方局办公地

9 月底，江西省委收到八七会议文件。南昌起义军南下以后，江西各级党组织遭到不同程度的破坏和摧残。9 月 5 日，中央发出指示信，指令改组江西省委。9 月下旬，陈潭秋接任省委书记。9 月底接到八七会议文件后，省委即作出传达贯彻八七会议精神的工作部署，着手清理和整顿各地党组织，决定“全省划为赣北、赣南、赣东、赣西四个特区，组织四个特别委员会，并将工作范围扩大，指挥整个工作”。同时，制定关于暴动的军事计划，报请中央审议。随后，派出领导成员分赴全省各地指导，层层传达八七会议精神，加强对土地革命和武装暴动的领导。

9 月底 10 月初，闽南临委接到八七会议文件和中央指示信。八七会议刚结束，中央就致信福建党组织，“决定闽省暂时划分闽南、闽北两区”，“闽北临时委员会直隶中央”，“闽南临时委员会由粤省委指挥”，指示“闽省工作应据中央紧急会议之决议确定自己工作之方向”。这封信辗转多时，将近两个月后闽南临委才收到。闽南临委收到中央这封指示信和八七会议文件后，立即开会传达贯彻。经过讨论，作出整顿扩大党组织、积极发展农民协会和武装等六项决定，并派负责人陈明赴上海，向刚从武汉迁到上海的中央作书面和口头报告。10 月 15 日，中央决定“闽南闽北应即合并组织一临时省委”，直接归中央管辖，指示福建党组织“要直接由我们的党组织宣传工农暴动，没收土地，推翻反动统治，建设工农贫民的民权政治”。陈明旋即回到闽南，于 10 月 26 日召开闽南临委扩大会议，讨论贯彻中央新政策。随后，陈明、陈祖康等受闽南临委派遣到龙岩、上杭、永定、平和等县传达八七会议精神。11 月 21 日，闽南、闽北临委在厦门碰头，共同筹备召开各县党的负责人联席会议。12 月 4 日，福建各县党的负责人联席会议在漳州召开。会议进一步传达八七会议精神，集中讨论目前政治任务、组织、宣传、农民暴动等 12 个问题，通过《福建政治现状及目前工作大纲》等文件，选举福建临时省委，由陈明任书记。此后，临时省委即开始筹备发动全省暴动。

八七会议之前，满洲的党组织已遭到严重破坏。八七会议后，中央派陈为人到满洲工作。陈为人 10 月 10 日到达满洲后，于 14 日召集哈尔滨、长春、吉林、奉天、大连等地活动分子举行会议。会议听取陈为人传达八七会议精神后，根据八七会议决议制定满洲工农运动任务和政治纲领，通过《我们在满洲的政纲》等重要文件。会议选举满洲临时省委，陈为人当选书记兼宣传部长、秘书长。此后，满洲临时省委全力领导东北地区工农革命运动，全东北党组织得到恢复和发展。

传达八七会议精神，时间最晚的是云南，因为云南特委 11 月底才接到八七会议文件。12 月 8 日至 9 日，云南特委在昆明召开扩大会议，讨论八七会议决议和云南工作计划，并通过《对中央紧急会议的决议》。决议表示“完全同意紧急会议在组织上、政策上扫除一切机会主义，发展群众斗争，暴动夺取政权，实行土地革命之新政策”。会议还通过《对云南政局及斗争策略决议案》和《云南工作计划》，提出云南农运方针——建立乡村农民政权，暴动实行土地革命，组织农民革命军。为加强对全省工作的领导，会议决定成立云南临时省委。

在部署党内传达贯彻八七会议精神的同时，中央临时政治局还以中国共产党中央执行委员会的名义，发表《中国共产党为汉宁妥协告民众书》，进一步揭露汪精卫和蒋介石背叛革命的罪行，号召全国人民继续奋斗，推翻新旧军阀统治。告民众书指出：“现在武汉的所谓国民政府及国民党中央已经公开的与南京反革命派妥协，最终的暴露自己的反动了。如果这种新旧军阀大小军阀的反动政府不推翻，那么，他们之间的妥协冲突并吞分裂，必定使中国更陷于实际上瓜分亡国的惨祸！只有真正的革命的国民党，如孙夫人、邓演达的主张，还是信任‘亿万民众的力量，仍然要继续奋斗，以达到最后的目的’。”“只有武装工农民众，创造民众的革命军队，力争真正民权政治的实现，工农兵士民众真正自己取得政权，推翻这些大小新旧的军阀统治，然后国民革命才能成功，然后工农解放的道路才能开辟出来”。告民众书庄严号召：“全国的民众兵士们！赶快起来，在共产党与革命的国民党旗帜之下，推翻这些互相勾结的叛徒和一切新旧军阀！”①

中共连续发出三项决议案和四份通告

为了更好地贯彻落实八七会议确定的土地革命和武装起义方针，在《中央通告第一号——八七会议的意义及组织党员讨论该会决议问题》和

① 《中共中央文件选集》（一九二七），中共中央党校出版社1989年版，第325—326页。

《中央通告第二号——党的组织问题》发出以后，中央临时政治局常委会又在 8 月 21 日召开会议，讨论通过《中国共产党的政治任务与策略的议决案》，进一步从理论、策略上对这一方针进行阐释，同时通过《最近妇女运动的决议案》《今后学生运动方针议决案》，提出妇女运动、学生运动的原则和方法。

《中国共产党的政治任务与策略的议决案》首先分析当前形势，提出中国革命现阶段任务。议决案指出："中国革命，现时正在自己发展之中，经过极危急极剧烈的转变关键。这一转变关键，即是各种阶级力量剧烈的变更其结合之形势；各阶级力量之变更其结合形势，实在早已开始，而以四月十二日的上海屠杀至七月十五的武汉政变为其结局。""完成中国的民族解放及资产阶级民权革命之任务，现在已经完全放到工农运动身上，只有工农的民权独裁，才能履行这一任务；只有工农的民权独裁与国际帝国主义、封建地主阶级以及一切资产阶级直接斗争——'民族'资产阶级亦在其中——如此，方能履行这一任务。"[①]"现在中国革命经过极厉害的危机，其原因便是革命的群众运动之失败——以前中国共产党指导群众运动的方向，完全是错误的不革命的。战胜这一危机的基本条件之一，便是中国共产党之正确的革命的策略，要从无产阶级的阶级利益出发，而力解决革命斗争中每一阶段中客观上可以解决的一切任务。"[②]

在分析当前形势的基础上，议决案提出了中国革命现阶段任务。议决案指出："中国革命在现时这一阶段之中，还是资产阶级的民权革命，不但反对封建制度的余孽，并且反对国际帝国主义对于中国的统治。而且革命已经造成一种力量，足以来解决资产阶级民权革命的任务。在这两年来，已经发展得非常之伟大。""革命在这资产阶级的民族主义的阶段上，其客观的内容是：一、完全解放中国于外国资本压迫之下"；

① 《建党以来重要文献选编》(一九一九——一九四九）第四册，中央文献出版社 2011 年版，第 469—470 页。

② 《建党以来重要文献选编》(一九一九——一九四九）第四册，中央文献出版社 2011 年版，第 470 页。

“二、建立全国的国外市场”；“三、肃清一切阻碍中国发展的封建遗毒”；“四、急剧的改良工人阶级之经济的、法律的、政治的地位，坚决的取消工人之无权无利穷困不堪的现状”[①]。

怎样才能完成这些任务呢？议决案指出：“这些任务，只有工农的革命民权独裁制，才能够实行。”那么，工农革命的前景如何呢？议决案指出：“据一般的客观形势看来，资产阶级军阀的反动，其胜利是极不巩固的，而革命之重新高涨，不但在最近期内是可能的，而且是不可免的。张发奎军队之中共产党员在南昌起义，提出土地革命的口号，就可以算得这种革命的重新高涨之先声。”[②]

革命为什么会重新高涨呢？议决案分析了三方面原因：（一）“中国现在任何稳定都不能有——因为资产阶级军阀的反动政变，其社会经济政治的基础本是如此。”现在，“极紧迫的经济危机”和“政治军事的危机互相联结着”。“这种全国的大危机的出路，只有民权革命彻底的胜利”。（二）“工农之革命的群众运动，虽然受着失败，然而还没有大破坏，还没有因为受了镇压简直不能够重新高涨。”“广东、湖南、湖北、陕西、河南等省，虽然有极残酷的反革命的压迫，然而农民运动的革命基础仍旧存在”。（三）“中国的国际状况没有经过任何的变更，使资产阶级军阀的反动得以巩固”。“帝国主义列强自己之间有冲突，资产阶级军阀的反动同盟之内，亦有冲突”。“苏联及国际的革命运动，又是加强中国群众革命斗争的绝有力的动力”[③]。

议决案指出：“有了这些客观条件之后，无产阶级的先锋——共产党之组织和正确的政策，便是革命的重新高涨之决定胜负的动力。中国共产党保存了自己的战斗队伍，不怕反动的缉捕压迫，而且能够改正过去指导的机会主义的错误。凡此一切，总合起来，便使中国共产党负有极

① 《建党以来重要文献选编》（一九一九——一九四九）第四册，中央文献出版社 2011 年版，第 471—472 页。

② 《建党以来重要文献选编》（一九一九——一九四九）第四册，中央文献出版社 2011 年版，第 472—473 页。

③ 《建党以来重要文献选编》（一九一九——一九四九）第四册，中央文献出版社 2011 年版，第 473—474 页。

大的任务，就要在一切客观上有可能的地方，都立刻准备组织革命的暴动，认清自己的任务是推翻资产阶级军阀的政权，而建立无产阶级及农民的民权独裁制。”①

在阐述中国革命现阶段任务及其前景之后，议决案根据中国国情，提出工农革命总方针。议决案指出：“因为中国各省的情形大不相同，因为没有集权的政府，所以中国共产党不能预定一个时期举行全国的暴动，以推翻中央政府来决定暴动的胜负。现在本党总方针应当是：准备并组织那些已成农民运动中心的各省之武装暴动，现时便趁秋收时期而实行抗租抗税，在这一样的时期之中，各省暴动的时日，只能看当地情形及一般情形去决定。”②

关于工农革命的方式，议决案提出：“中国共产党应当组织工农暴动于革命的左派国民党旗帜之下。”其理由：（一）“国民党是各种革命阶级的政治联盟之特殊的形式”。“这种政党必定要在与现时国民党不同的社会政治基础上方能发生”。（二）“国民党是一种民族解放运动之特别的旗帜，中国共产党加入了国民党，而且一直形成了国民党左派的中心。”“中国共产党现在不应当让出这个旗帜，使一般叛徒篡窃国民党的名号，而做军阀及反动资产阶级掌握的玩物。”（三）“中国共产党在革命的国民党旗帜之下组织暴动，还有一个目的，便是吸引小资产阶级的革命分子。”“尤其重要的：是使革命的国民党民权主义化”。这样“可以使将来革命发展到更高涨的阶段时，政权形式将要进于工农兵代表苏维埃——那时过渡更容易些，更没有流弊些”③。

关于建立政权问题，议决案指出：“本党现时不提出组织苏维埃的口号——城市、乡村军队之中都是如此。只有到了组织革命的国民党之计划，完全失败，同时，革命又确在高涨之中，那时本党才应当实行建立

---

① 《建党以来重要文献选编》（一九一九——一九四九）第四册，中央文献出版社 2011 年版，第 474 页。

② 《建党以来重要文献选编》（一九一九——一九四九）第四册，中央文献出版社 2011 年版，第 476—477 页。

③ 《建党以来重要文献选编》（一九一九——一九四九）第四册，中央文献出版社 2011 年版，第 477 页。

苏维埃。现时，本党既组织革命的工农暴动于左派国民党旗帜之下，自然还只限于宣传苏维埃的意义。”所以，“为指导各地暴动起见，应当在各地建立革命委员会。”“暴动成功之后”，“革命委员会就变成临时的革命政府之性质”。“乡村中之暴动成功之后，革命委员会立刻应当组织农民协会而以一切政权交给他”。“城市之中的革命委员会或则某省的临时革命政府在暴动胜利之后，就要着手组织新的政权”。“由选举平民代表会议，选出某县某市的革命执行委员会，城市之中的政权便完全交给他。”正因如此，“本党现在提出下列口号——乡村之中是‘政权归农民协会’，城市之中是‘革命的民选的政权万岁！’”（民选革命政府）①。

关于组建新的革命军队问题，议决案强调：“这种革命战争，必须要创造新的革命军队。”“创造新的革命军队，不要有雇佣的性质，而要开始于志愿兵的征调，渐进于义务的征兵制，建立工农的革命军。这种军队之中要有极广泛的政治工作及党代表制度，强固的本党兵士支部，要有靠得住的忠实于革命的军官——这是现时革命运动中最重要的任务之一。”②

关于对帝国主义的策略，议决案指出：“本党应当继续不断的增加反帝国主义的政治宣传，有必要的时候，可以领导经济的斗争”。“中国共产党在国际革命的无产阶级赞助之下，等到对于革命最有利的时机，然后要领导中国工农民众去直接的与帝国主义斗争。”③

8 月 21 日召开的中央临时政治局会议，除讨论通过《中国共产党的政治任务与策略的议决案》外，还通过了《最近妇女运动的决议案》和《今后学生运动方针议决案》。《最近妇女运动的决议案》和《今后学生运动方针议决案》通过以后，于 8 月 21 日分别以《中央通告》第五号、第六号下发全党。

---

① 《建党以来重要文献选编》（一九一九——一九四九）第四册，中央文献出版社 2011 年版，第 477—479 页。

② 《建党以来重要文献选编》（一九一九——一九四九）第四册，中央文献出版社 2011 年版，第 479 页。

③ 《建党以来重要文献选编》（一九一九——一九四九）第四册，中央文献出版社 2011 年版，第 480 页。

《最近妇女运动的决议案》指出："自处反动环境以来，本党妇女运动，似乎停顿了一样，这是表现我们的落后，表现我们的极大的错误，现在我们应该立刻纠正这些落后和错误，并且各级妇女部应在各地恢复积极工作！"①

所以，中央对妇女运动的要求是：（一）"恢复各级各地妇女部工作"。（二）"吸收女工农妇同志，并训练她们的秘密工作的知识"。（三）"在工农群众中必须根据党最近对政治上的策略，派人去秘密宣传，务使这种宣传深入群众"。（四）"要领导群众起来反对这些官办的假民众团体"，"同时可派女同志（可靠的）到反动组织中去活动"。（五）"我们对于妇女运动，必以女工和农妇为中心"。（六）"一般妇女运动的团体，必以女学生及其他知识分子为中心"。（七）"反动派的妇女团体中，本党亦可派少数得力同志去工作"。（八）"与左派的革命的国民党共同组织各种独立的知识妇女的小团体"。（九）"对于这些知识分子，在她们的营垒中必须根据我们的政策和理论，建筑一种革命舆论的中心"。（十）"本党妇女部应指导这种知识妇女的革命团体中之党团工作，并参加女工农妇的组织工作。"（十一）"革命妇女的小团体中的分子，可以加入公开妇女协会，在她们之中发生左派党团作用"②。

《今后学生运动方针议决案》首先提出今后学生运动的原则："学生群众是各种社会阶级青年的集合，当此社会阶级如此剧烈分化的时候，学生群众的分化及其组织之分裂是自然的趋势；今后学运的原则，应当抛弃以前笼统的'统一学生运动'的口号，在学生本身利益一直到实现土地革命的政纲之下，致力于团结左派学生的运动，以推动学生群众的分化，使左派学生群众在无产阶级影响之下参加民权土地革命中的各种紧急斗争，同时应分化右派影响下的学生群众以削减敌人的力量。"③

---

① 中共中央党史资料征集委员会、中央档案馆编：《八七会议》，中共党史资料出版社 1986 年版，第 142 页。

② 中共中央党史资料征集委员会、中央档案馆编：《八七会议》，中共党史资料出版社 1986 年版，第 142—143 页。

③ 中共中央党史资料征集委员会、中央档案馆编：《八七会议》，中共党史资料出版社 1986 年版，第 144 页。

接着，提出学生群众斗争的方式。一是政治斗争。“除领导学生继续进行反帝国主义军阀斗争外，应毫不妥协的反对反动派的国民党中央和所谓国民政府”，“务使左派学生实际参加土地革命的实施——在学生之中宣传本党最近的政策”。二是本身利益斗争。“须注意从本身利益的斗争，去引上政治斗争的道路”。三是思想斗争。“在学生群众中应从思想上去结合左派学生群众，攻击一切危害革命及阶级斗争的理论。”①

最后，对学生运动中的组织形式和全国学总工作作出规定。关于学生运动中的组织形式：一是“须保存学生会的秘密系统组织”；二是“发展左派学生青年团体的组织”；三是“注意破坏敌人的学生组织”。关于全国学总工作：一是“缩小机关，并完全使其秘密存在”；二是“学总应注意，武汉工作，可以与武汉市及湖北省学联建立极亲密之工作关系，协同准备开学时学生中各种活动”；三是“学总负责同志应多与党或团中央接洽，全国学生运动应由党与团共同负责指导”②。

8月21日，《中央通告》以第五号、第六号下发《最近妇女运动的决议案》和《今后学生运动方针议决案》的同时，还以第三号、第四号下发了《关于建立党内交通网》和《关于宣传鼓动工作》的通告。

《关于建立党内交通网》的通告首先指出：“八七紧急会议议决中央须建立通达各省的交通，各省委建立通达各省的交通，各县委建立通达各乡的交通——构成一个党的全国交通网。此交通网的职任有二：（一）传达党的一切文件，输送党的一切宣传品。（二）兼探听各地反动派的消息及其他各种消息。”接着，说明“中央因为经费困难，暂于中央所在地设立中央交通处，于上海设立交通分处，为中央于南北局及江浙间之总枢纽，暂时北方局所辖各省交通由北方局办理，南方所辖各省由南方局办理，江浙则由上海分处办理，其余各地由中央交通处直接办理”。③最后，

---

① 中共中央党史资料征集委员会、中央档案馆编：《八七会议》，中共党史资料出版社1986年版，第144—145页。

② 中共中央党史资料征集委员会、中央档案馆编：《八七会议》，中共党史资料出版社1986年版，第145—147页。

③ 中共中央党史资料征集委员会、中央档案馆编：《八七会议》，中共党史资料出版社1986年版，第137页。

对交通员和各级党部在交通工作方面提出具体要求。

《关于宣传鼓动工作》的通告首先指出："政治宣传和鼓动，乃是党调动群众领导群众兼以训练党员之必需的条件。此种工作，本党向来就没有加以适当的注意，自从第五次大会以后，中央宣传和鼓动更陷于停顿的状态，近来武汉政变，全国反动，全党的宣传和鼓动尤其减少，几乎等于零；到处只见反革命派攻击和污蔑本党和［的］宣传和鼓动，而不见本党的答复，更加谈不上党的主义和政策的宣传和鼓动了。这当然是本党很重大的损失之一。客观环境的恶劣固是致此损失之一个原因，但本党自中央至各级党部之忽略宣传和鼓动的工作，尤其应该担负责任，这样的忽视若不急起纠正，则将陷党于更大的损失，尤其在目前全国一切反动的势力——从张作霖代表的势力到汪精卫代表的势力——由实际上到理论上联合向本党猛烈的进攻的时候。八月七日中央紧急会议已经确定了党的新政策，为加紧党的政治宣传和鼓动起见，并为整理全国宣传和鼓动的工作成为一贯的系统起见，中央宣传部特决定下列的宣传鼓动的工作大纲并通告各级党部切实依照严密执行"①。

中央宣传部制定的宣传鼓动大纲规定：一是对内刊物，中央常务委员会主编《中央通讯》，省委常务委员会出版《省委通讯》，省委以下各级党部也须出版对内刊物。二是对外刊物，中央机关报《向导》重新恢复出版，省委机关报每个省委须筹备一种，省委以下各级党部也应在能力所及之内筹备机关报。接着，指出："党的出版物之分配和传播，各级党部应该认明是党的重要工作之一，各级党部应该使中央及自己对外的出版物深入于广大的群众，对内的出版物，中央的须使各区委和县委至少有一份，省委以下的则各支部都必须有一份。"同时，要求"各地必须注意日常的口头文字宣传，应在当地组织宣传队，指示以许多具体方法，每日分配他们按照所决定的宣传口号，到工人群众及一般民众中去

① 中共中央党史资料征集委员会、中央档案馆编：《八七会议》，中共党史资料出版社 1986 年版，第 139 页。

宣传”[①]。

《中央通告》在8月21日以第三、四、五、六号下发《关于建立党内交通网》《关于宣传鼓动工作》的通告和《最近妇女运动的决议案》《今后学生运动方针议决案》后，又在8月25日以第八号发出《关于职工运动》的通告。

这个通告主要是对八七会议通过的《最近职工运动议决案》作进一步说明，以便更好地贯彻落实。通告首先指出：“本党系无产阶级政党，应该特别注意工人运动，因为他们是中国革命的中心力量”，“故此更加要十二分注意”。“现在中国工人到了经济最苦痛的时期，我们应加切实注意指导，使工人阶级一致起来，作广大的斗争。”“这次本党对革命有新的策略，才能应付全国恶劣环境”[②]。然后，作出以下几点说明：

（一）“中国革命受了帝国主义影响，一班反动分子，都走到大资产阶级队里去”，“拿国民党招牌来屠杀工农与民众”。“这种手段，可说残忍毒计，破坏中国整个革命的罪人，屠杀民众的刽子手。”“我们对付方法，一方面向工人群众宣传”，“使工人明白，反抗他们欺骗工人之冒牌假工会，认识他们是无耻官僚新军阀及工贼之面目，不信任甚么军阀东征北伐，只有工农团体创立工农革命军，建设苏维埃政府”[③]。

（二）“我们积极领导工人及失业工人，组织起来，作有系统的斗争，尤要积极引工人奋斗，取得经济要求条件之胜利”。“同时须在日常生活宣传中，准备工人武装暴动的情绪及组织”。“总之，要使资产阶级经济动摇，反革命政权不能稳定，领导工人群〈群众〉，使他〈们〉了解必须工农民众自己起来暴动，夺取城市政权，建设平民政府。现在中国国民革命，主要的土地革命农民暴动，如遇当地农民土地革命的时候，对反动军阀应有破坏的行动，城市工人应即起来罢工或破坏交通扰乱敌人

---

① 中共中央党史资料征集委员会、中央档案馆编：《八七会议》，中共党史资料出版社1986年版，第139—141页。

② 《中共中央文件选集》第三册（一九二七），中共中央党校出版社1989年版，第357页。

③ 《中共中央文件选集》第三册（一九二七），中共中央党校出版社1989年版，第357—358页。

后方，以响应农民革命。”[①]

（三）“工会须由工人做领袖，反对一切反革命御用走狗，侵入我们真正工会”。“当然工人领袖智识简浅，我们惟有用十二分精神训练他们，使工人同志了解及加增其智识，成为工会领袖材干”[②]。

（四）“各地工会多被封闭或占领，我们要把工会秘密组织起来，作指导中心，无论在公开时期，亦应有预备秘密的组织，提防反革命摧残以得退步避免惨杀。”“每一个地方及工厂都要成立党团，使我们政策深入群众致能推动革命运动而底于成。”[③]

（五）“纠察队训练更加要注意”。“现在积极的训练工人纠察队，不仅单为自卫计，要预备工人革命军之组织，与反动军阀反攻，夺取政权。”[④]

（六）“反帝运动应该要顾到工人经济问题”。“我们的经济争斗要求应当是对中外资本家是一律的，我们工会的反帝国主义争斗在政治上固然要做一般民众的先锋，在经济上尤其要认清反对中外资产阶级的阶级的职任。”[⑤]

（七）“各地职工运动至少每月报告一次”，要求把当地工人运动情况，包括斗争经过、组织问题、人数统计、职业产业、工会成立日期、工会筹备情况、工人生活状况、对第四次劳动大会决议案有何意见、负责领袖姓名、经费收入支出，分别详细列表“从速报告，以便随时指导”[⑥]。

湘赣边界秋收起义队伍走上井冈山

8月9日召开的中央临时政治局第一次会议共有11项议程，其中之

① 《中共中央文件选集》第三册（一九二七），中共中央党校出版社1989年版，第358—359页。

② 《中共中央文件选集》第三册（一九二七），中共中央党校出版社1989年版，第359页。

③ 《中共中央文件选集》第三册（一九二七），中共中央党校出版社1989年版，第359—360页。

④ 《中共中央文件选集》第三册（一九二七），中共中央党校出版社1989年版，第360页。

⑤ 《中共中央文件选集》第三册（一九二七），中共中央党校出版社1989年版，第360—361页。

⑥ 《中共中央文件选集》第三册（一九二七），中共中央党校出版社1989年版，第361页。

一就是研究湖南工作。会议决定改组湖南省委，吸收与群众接近的人加入，加强湖南党的领导；由毛泽东、彭公达与湖南省委商选新省委名单报告中央，彭公达为新省委书记。会议批评湖南省委不应在湘南组编一师武装与南昌起义部队共同取粤，而应使湖南形成一广大基础，将革命力量扩大到全省。毛泽东在发言中指出，大家不应只看到一个广东，湖南也是很重要的。湖南民众组织比广东还要广大，所缺的是武装，现在适值暴动时期，更需要武装。

所以，会议通过的《中共中央临时政治局关于湖南省工作的决议》强调："中央前次决定湘鄂赣粤四省秋收暴动计划，其意义是要我们党坚决的去领导四省农民革命高潮，发动土地革命的暴动，推翻四省反动统治，建设工农德谟克拉西专政的革命政权"。"南昌事变是中央预定的计划，其目的在以军事力量帮助四省暴动的实现和成功。""你们要明白南昌事变要与四省秋收暴动联为一贯，在这一原则之下去决定实际工作计划。"[①] 这里说的"湘鄂赣粤四省秋收暴动计划"，就是8月3日中央农民部起草的《中共中央关于湘鄂粤赣四省农民秋收暴动大纲》。大纲关于湖南秋收起义的部署，就是组织湘南起义。而组织湘南起义的计划，就是毛泽东提出的。

汪精卫公开"分共"以后，武汉的环境变得极其险恶。中共中央实行紧急疏散时曾准备派毛泽东到四川去，他却要求仍回自己更熟悉，并且武装起义条件正趋成熟的湖南。这样，中央就把他暂时留在武汉，指导湖南省委的工作，并受中央委托研究湖南军事形势和农民运动状况，筹划湖南的秋收起义。这时，彭湃领导的广东农民武装约千人驻在湘粤边境汝城县，正在南下的南昌起义军有可能调出一部分兵力开赴汝城支援，浏阳、平江一带的农民武装也可以向这一带集中。所以，毛泽东把准备发动起义的重点放在湘南。8月初，毛泽东向中央提出《关于湘南运动的大纲》，主张"湘南特别运动以汝城县为中心，由此中心进而占

---

① 《建党以来重要文献选编》（一九一九——一九四九）第四册，中央文献出版社2011年版，第452—453页。

领桂东、宜章、郴州等四、五县，成一政治形势，组织一政府模样的革命指挥机关，实行土地革命，与长沙之唐（即唐生智——引者注，下同）政府对抗，与湘西之反唐部队取连络”，要求从南昌起义军中抽调一个团开赴汝城作为中坚，认为这样至少有占领五县以上的把握[①]。《关于湘南运动的大纲》经中央常委通过后转发湖南省委，并决定成立湘南特委，由毛泽东任书记。

八七会议结束后，主持中共中央工作的瞿秋白想留毛泽东在中央机关工作。因为中央机关要迁往上海，所以毛泽东说：我不愿跟你们去住高楼大厦，我要上山结交绿林朋友[②]。于是，中央决定毛泽东以中央特派员身份回湖南传达八七会议精神，改组湖南省委，领导秋收起义。8 月 12 日，毛泽东秘密回到长沙，先把妻子杨开慧和三个孩子送到杨开慧的老家板仓村。在杨开慧家里，他邀请五位农民、一位篾匠和一位小学教师开了两天调查会，了解到当地农民要求全盘解决土地问题的想法。回到长沙，他又征询从他的老家湘潭韶山到省城的五位农民意见。这两次调查的结果：一是了解到农民希望土地革命要“没收一切土地”；二是了解到国民党军队残酷镇压工农运动后，群众对国民党的看法已完全改变。

8 月 16 日，根据中央指示，湖南省委进行改组，彭公达任书记。8 月 18 日，湖南省委在长沙市郊沈家大屋召开会议，根据八七会议精神讨论和制定秋收起义计划。毛泽东参加会议，传达八七会议精神，并对会议讨论的几个主要问题发表重要意见。第一，举什么旗的问题。南昌起义时，打的是国民党左派旗帜。八七会议作出的是同样的规定。毛泽东坚决主张：湖南秋收起义时，“我们应高高打出共产党的旗子”，不能再打“左派国民党旗帜”。第二，暴动问题。毛泽东明确提出：“要发动暴动，单靠农民的力量是不行的，必须有一个军事的帮助。有一两团兵力，这个就可起来，否则终归于失败。”这是中国革命中一个至关重要的问

① 《建党以来重要文献选编》（一九一九——一九四九）第四册，中央文献出版社 2011 年版，第 456 页。

② 谭震林：《回顾井冈山斗争历史》，《井冈山革命根据地》（下），中共党史资料出版社 1987 年版，第 10 页。

题。第三，土地问题。八七会议决定的是没收大中地主的土地。毛泽东提出："中国大地主少，小地主多"，"单只没收大地主的土地，不能满足农民的要求和需要。要能全部抓着农民，必须没收地主的土地交给农民。"第四，暴动的区域。因为原定作为起义中心区域的湘南局势发生变化，中央要求湖南举行全省暴动。湖南省委经过反复讨论，认为"以党的精力及经济力量计算，只能制造湘中四围各县的暴动，于是放弃其他几个中心。湘中的中心是长沙"[①]。

湘赣边界秋收起义部队旗帜

8 月 19 日，湖南省委将湖南秋收暴动以长沙暴动为起点的计划报告中央。第二天，毛泽东又给中央写信，报告他对一些重大政策问题的不同意见。毛泽东在信中特别说明他对秋收暴动打什么旗帜的看法："在农工兵苏维埃的时候，我们不应再打国民党的旗子了。我们应高高打出共产党的旗子以与蒋唐冯阎（即蒋介石、唐生智、冯玉祥、阎锡山——引者注）等军阀所打的国民党旗子相对，国民党旗子已成军阀的旗子了，只有共产党旗子才是人民的旗子。这一点我在鄂时还不大觉得，到湖南

① 彭公达：《关于湖南秋暴经过的报告》，《湘赣边界秋收起义》，湖南人民出版社 1987 年版，第 96—101 页。

来这几天，看见唐生智的省党部是那样，而人民对之则是这样，便可以断定国民党的旗子真不能打了，再打则必会再失败。此前我们没有积极的取得国民党领导权而让汪蒋唐（即汪精卫、蒋介石、唐生智——引者注）等领导去，现在即应把这面旗子让给他们，这已经完全是一面黑旗。我们则应立刻坚决的树起红旗，至于小资产阶级，让他完全在红旗领导之下，客观上也必定完全在红旗领导之下。”①

8 月 22 日，因为还没有收到湖南省委的报告和毛泽东的信，中央迫不及待地给湖南省委发出《中共中央关于武装起义问题给湖南省委的信》。信中说：“子任、公达（即毛泽东、彭公达——引者注）回湘后，未得兄只字报告，不知暴动工作准备到如何程度？见否可以即时发动，甚以为念。”

信中说：“蒋介石因被客观逼迫下野，但武汉与南京之间的大小军阀并不能因此而完全妥协，使反动局面至于稳定。现在唐生智主张继续东征，意在使别人当敌而自己收渔人之利，汪（指汪精卫——引者注）则代表李、白、朱、张（即李宗仁、白崇禧、朱培德、张发奎——引者注）等企图南伐消灭叶、贺（即叶挺、贺龙——引者注）取得广东而委敌于唐（即唐生智——引者注）。另一方面，武汉三镇米粮绝市，店歇业者百分之七十以上。同时冯玉祥被逼无论（原文如此——引者注）有南下武汉之图，刘佐龙、魏益三等小军阀扰乱于肘腋之间，武汉经济从上至下到了异常摇动的时候，民众的革命情绪亦异常激昂。在湖南所有宋许之扰乱，和黔军入湘西之警耗，东军大举东下而回部如此摇动，实是土地革命暴动的好机会。中央对于武汉、南京间之变化已发表宣言与通告，兄处可以查照执行。对于广东亦另有决定。对两湖暴动认为应即时开始。一则为以精进的手段，牵制南伐敌人而消灭之；一则为抓住两湖境内反动统治摇动的机会，均应即时开始，并且要取一种相应的动作。”②

信中最后说：“兹将湖北准备情形另抄寄来，其中关于鄂南计划因与

---

① 《中共中央文件选集》第三册（一九二七），中共中央党校出版社 1989 年版，第 354 页。

② 《建党以来重要文献选编》（一九一九——一九四九）第四册，中央文献出版社 2011 年版，第 486 页。

湘省之平、浏、岳联络一致，因此，中央对于兄处有以下之决定：1. 全省暴动应于月底以前开始。2. 平、浏、岳一带设立特委于平江，直接与鄂南联络一致动作。3. 暴动中尽可能利用反唐（即唐生智——引者注，下同）军军事势力以打击唐，但这绝不是说可以因这种利用而动摇我们暴动的根本原则。4. 省委每三日送一报告到中央，以便随时指导，并在可能范围内计划湘、鄂动作之互相呼应。”①

中央给湖南省委的这封信刚刚发出，就收到湖南省委关于秋收暴动计划的报告和毛泽东的来信。所以，马上召开常委会研究。8 月 23 日，中央给湖南省委复信，虽然原则上表示湖南以长沙为暴动起点的计划是对的，但又批评暴动计划“偏重于军力，其结果只是一种军事冒险”。信中说：“中央认为湖南暴动应以农民军事力量最大的地方，并且是战争地势最便利的地方为发动点；可以湘南为一发动点；长沙为一发动点；长沙之发动，须先从平浏一常［带］及潭醴衡一带有充分的准备（民众的和军事的），同时在长沙城应有充分的政治宣传，与群众的组织的准备。在宝庆（今邵阳——引者注）一带如有可能，亦可做一暴动点。湘中发动，集中军力，扑城取长沙；湘南发动与湘中联合来攻唐许（即唐生智、许克祥——引者注，下同），并夺取唐许武装，然后向长沙发展，会合湘中湘南的力量，取得政权，湘南湘中的暴动，尽可能的同时发动，免陷一地之孤立。整个的湖南暴动要能与湖北互相呼应，尤其是湘北鄂南应发生直接的联络。”②

复信明确指出，现在抛去国民党的旗帜、实现苏维埃政权是不对的。信中说：“中国现在仍然没有完成民权革命，仍然还在民权革命第二阶段。此时我们仍然要以国民党名义来赞助农工的民主政权，但不是照以前那样的赞助国民党。到了第三阶段才是国民党消灭苏维埃实现的时候，你们以为目前中国革命已进到第三阶段可以抛去国民党的旗帜实现苏维

① 《建党以来重要文献选编》（一九一九——一九四九）第四册，中央文献出版社 2011 年版，第 486—487 页。

② 《中共中央文件选集》第三册（一九二七），中共中央党校出版社 1989 年版，第 351 页。

埃的政权，以为中国客观上早已到了一九一七年了，这是不对的。中央从各方面来证明政治决议案是正确的，你们务必依此决议执行。”①

复信还对湖南省委关于土地问题的意见提出批评。信中说：“土地问题，这时主要口号是‘没收大地主土地’，对小地主则提出减租的口号，‘没收小地主土地’的口号不提出，但我们不要害怕没收小地主土地，革命发展到没收小地主时，我们要积极去组织领导，其结果仍是没收一切土地，不马上提出这一口号只是对小地主的一种策略。”②

在中央给湖南省委复信六天后，也就是 8 月 29 日，中央政治局临时常委会通过《两湖暴动计划决议案》。决议案强调：“两湖的农民暴动必须开始于九月十日，因为两湖的环境不同，两湖应各有中心区域，应各创成一种独立的暴动局面以发展暴动，但总的政治目标口号与行动须一致。”③

决议案指出：“湖南暴动可分为三大区：一为湘南各县，郴州、宜章、汝城、永兴及衡阳、耒阳、衡山两路，准备须于九月六日开始暴动，夺取衡阳，暴动成功后，会合潭醴之师合取长沙。第二区为湘中、湘东各县，为安源、醴陵、湘潭、湘乡一路，浏阳、平江一路，宁乡、益阳、安化一路，湘阴、岳阳、长沙与其近郊一路，各路以长沙为中心作准备，于九月十日开始总的暴动。各区暴动成功之后，除留一部分力量维持本区之秩序外，即应调遣大部分力量攻长沙。长沙于九月十二、三号，应有一暴动，实行取得政权，推翻湖南省政府。湘西分临澧、安乡一路及常桃汉一路，常德为中心，准备于九月十日开始爆发，夺取常德为长沙声援。此外湘中之宝庆一带，及湘西之澧县一带，亦须有准备于九月十日左右发动，以为各路主力之声援。如此全省范围的暴动，应普遍的以中国革命委员会湖南分会的名义为号召的中心，此革命委员会于暴动成功之后组织湖南省临时革命政府。”④

---

① 《中共中央文件选集》第三册（一九二七），中共中央党校出版社 1989 年版，第 353 页。

② 《中共中央文件选集》第三册（一九二七），中共中央党校出版社 1989 年版，第 353 页。

③ 《建党以来重要文献选编》（一九一九——一九四九）第四册，中央文献出版社 2011 年版，第 488、507 页。

④ 《建党以来重要文献选编》（一九一九——一九四九）第四册，中央文献出版社 2011 年版，第 488、489、507 页。

在中央政治局临时常委会通过《两湖暴动计划决议案》的时候，毛泽东和湖南省委还没收到8月23日中央给湖南省委的复信。8月30日，毛泽东和湖南省委收到中央复信以后，决定对其中符合实际情况的部分贯彻执行，对不切实际的批评给予答复。

当天，湖南省委即致信中央，对有关问题进行解释说明。信中写道：中央复信“指出此间两点错误，事实及理论均非如兄所说”。第一，“兄处谓此间是军事冒险”，“实在是不明了此间情形，是不要注意军事又要民众武装暴动的一个矛盾政策”。第二，“兄谓此间专注意长沙工作，而忽略各地，这并不是事实”，“没有把衡阳做第二个发动点，是因为我们的力量只能做到湘中起来；各县暴动，力量分散了，恐连湘中暴动的计划也不能实现。”毛泽东和湖南省委仍然坚持从实际情况出发，制订明确的暴动纲领：“（一）省的党组织同国民党完全脱离关系；（二）组织工农革命军；（三）没收大地主以及中、小地主的土地财产；（四）在湖南建立独立于国民党的共产党力量；（五）组织工农兵苏维埃。”[①]

同一天，湖南省委就制定秋收暴动计划再次召开会议。毛泽东参加会议，并在会上指出：湖南秋收暴动单靠农民的力量是不行的，必须有一个军事的帮助。我们党从前的错误是忽略了军事，现在应以百分之六十的精力注意军事运动。实行在枪杆上夺取政权，建设政权。会议认为，鉴于国民党已经变成压迫、屠杀民众的工具，起义不应再用国民党的名义，而必须用共产党的名义来号召，并应竭力宣传和建设工农政权。会议决定实行以长沙为中心，包括湘潭、宁乡、醴陵、浏阳、平江、岳阳、安源七个县镇的起义。会议决定成立以毛泽东为书记的中共前敌委员会，作为秋收起义的领导机构；成立以易礼容为书记的行动委员会，负责组织上述各县工农起义，并在长沙工人起义接应下，配合工农革命军夺取长沙。会议决定9月9日开始破坏铁路，11日各县同时起义，15日长沙起义，16日各路起义军向长沙前进，夺取长沙。

---

① 《毛泽东传》（1893—1949），中央文献出版社1996年版，第145页。

部署湘赣边界秋收起义的地点——安源张家湾

9 月初，毛泽东先后到达安源和铜鼓，召开军事会议，部署秋收暴动。会议决定，将在湘赣边界地区的革命武装共 5000 余人统一编为工农革命军第一军第一师，由卢德铭任总指挥，下辖三个团：第一团由原国民革命军第二方面军总指挥部警卫团主力、平江工农义勇队和崇阳、通城农民自卫军组成，第二团由安源工人纠察队、安源矿警队和安福、永新、莲花、萍乡、醴陵等县部分农民自卫军组成，第三团由原警卫团一个营和浏阳工农义勇队组成。会议计划在当地农民起义军配合下，第一团夺取平江，第二团夺取萍乡、醴陵，第三团夺取浏阳，然后各团一齐向长沙推进，在各县农民起义军和长沙工人起义军配合下，夺取长沙。

9 月 9 日，起义从破坏粤汉铁路北段开始发动。9 月 11 日，起义军分别从江西修水、安源、铜鼓出发，形成三路分别向平江、浏阳、萍乡推进的态势。毛泽东兴奋地写下《西江月 · 秋收起义》：

军叫工农革命，
旗号镰刀斧头。
修铜一带不停留，
便向平浏直进。

地主重重压迫，
农民个个同仇。
秋收时节暮云沉，
霹雳一声暴动。

三路起义军进入湖南境内，会合平江、浏阳地区起义农民，准备会攻长沙。长沙近郊农民参加起义。进军途中，起义军虽占领醴陵、浏阳县城和一些集镇，但遭到远比自己强大的反革命军队抵抗，加上兵力分散、对敌情估计不足、缺乏作战经验、有些指挥员指挥失当和邱国轩团叛变，先后遭受很大损失。9 月 14 日，毛泽东在浏阳东乡上坪召开紧急会议，决定改变攻打长沙的计划，命令部队迅速到浏阳文家市集中。9 月 15 日晚，湖南省委作出决定，停止执行长沙武装起义计划。

湘赣边界秋收起义和全国革命形势的发展，使中共中央的认识很快发生变化。9 月 19 日，中央临时政治局会议通过《关于“左派国民党”及苏维埃口号问题决议案》，改变了 8 月 23 日给湖南省委复信中的一些观点。决议案指出：“最近几月的经验（包括南昌军队中的暴动与两湖广东革命的农民暴动的爆发）指示出中央以前复兴左派国民党的估计不能实现。资产阶级军阀的反动已经很快的把国民党变成政治的尸首，形式上国民党现在正经过分化堕落的过程，由其腐烂的尸体中产生出赤裸裸的军阀专政。所有共产党员的努力，打算创造秘密的革命国民党的组织，或稍为团结左派分子，一直到现在尚无成绩之可言。在别一方面呢，以前国民党在群众中的革命威信，已因资产阶级军阀之到处利用国民党的旗帜实行流血屠杀、恐怖与压迫而消灭了。这是毫无意义的。现在群众看国民党的旗帜是资产阶级地主反革命的象征，白色恐怖的象征，空前未有的压迫与屠杀的象征。可见土地革命的急剧的发展，已经使一切动摇犹豫的上层小资产阶级脱离革命的战线。彻底的民权革命——扫除封建制度的土地革命，已经不用国民党做自己的旗帜。中央根据此点，所以认为八月决议案中关于左派国民党运动与在其旗帜下执行暴动的一条必须取消。”“以后关于组织群众的革命斗争，当然无论如何说不上再在国民党的旗帜下进行。”“中国共产党对于国民党左派问题既有不同，则对于八月决议案中的苏维埃的问题亦有异点。现在的任务不仅宣传苏维埃的思想，并且在革命斗争新的高潮中应成立苏维埃。但中央同时又预先防止那种急忙的与真正革命高潮不相连贯的成立苏维埃。”“在农村中最近期间‘一切政权属于农民协会’仍完全有效。”[1]

文家市里仁学校

就在中央临时政治局会议通过《关于“左派国民党”及苏维埃口号问题决议案》同一天，湘赣边界秋收起义部队到达文家市。晚上，毛泽东在文家市里仁学校主持召开前委会议，讨论下一步行动。毛泽东主张放弃攻打长沙，起义军向南转移到敌人统治力量薄弱的农村山区，寻找落脚点。卢德铭等多数前委委员支持毛泽东的意见。会议决定起义军撤离湘东地区，向南转移。9 月 20 日，前委在里仁学校操场举行工农革命军大会，毛泽东发表重要讲话。毛泽东满怀信心地说：现代中国革命没有枪杆子不行，有枪杆子才能打倒反动派。这次武装起义受了挫折，算不了什么！胜败乃兵家常事。我们当前力量还小，还不能去攻打敌人重

① 《建党以来重要文献选编》（一九一九——一九四九）第四册，中央文献出版社 2011 年版，第 507—508 页。

兵把守的大城市，应当先到敌人统治薄弱的农村，去保存力量，发动农民革命。我们现在好比一块小石头，蒋介石反动派好比一口大水缸，但总有一天，我们这块小石头，一定要打烂蒋介石那口大水缸！毛泽东的讲话鼓舞了广大指战员的斗志[①]。

起义军在向南转移途中，处境十分困难。部队中党的组织不健全，思想比较混乱；缺乏弹药，没有给养，指战员伤病残增多；在江西萍乡县芦溪又遭敌人伏击，总指挥卢德铭牺牲。因此，许多人情绪低落，不少人离队。9 月 29 日，部队到达江西省永新县三湾村，前委决定对保留下来的不足千人的队伍进行改编：由原来的一个师缩编为一个团；建立党的各级组织和党代表制度，党的支部建在连上，班、排有小组，连以上设党代表，营、团建立党委；在连以上建立各级士兵委员会，实行民主制度，在政治上官兵平等。三湾改编从组织上确立党对军队的领导，是把工农革命军建设成为无产阶级领导的新型人民军队的重要开端。

1937 年，参加湘赣边界秋收起义的部分人员在延安合影

① 《毛泽东传》（1893—1949），中央文献出版社 1996 年版，第 152 页。

毛泽东在率领起义军南下途中，经过调查研究，选定位于湘赣边界的罗霄山脉中段即井冈山地区作为部队立足点。10 月初，工农革命军到达江西宁冈县古城。前委在这里召开扩大会议，初步总结湘赣边界秋收起义的经验教训，研究建立根据地和对井冈山地区的农民武装袁文才、王佐部队采取团结改造方针的问题。10 月 6 日，毛泽东在宁冈大仓村和袁文才接触并建立联系，决定工农革命军主力在井冈山周围盘旋打游击。不久，毛泽东应袁文才要求，派一些党员军事干部到袁部帮助进行政治和军事训练，工农革命军和袁、王部队关系逐渐密切起来。工农革命军在酃县（今炎陵县）、遂川等地转战后，返回井冈山，于 10 月 27 日抵达茨坪，11 月初到达茅坪。

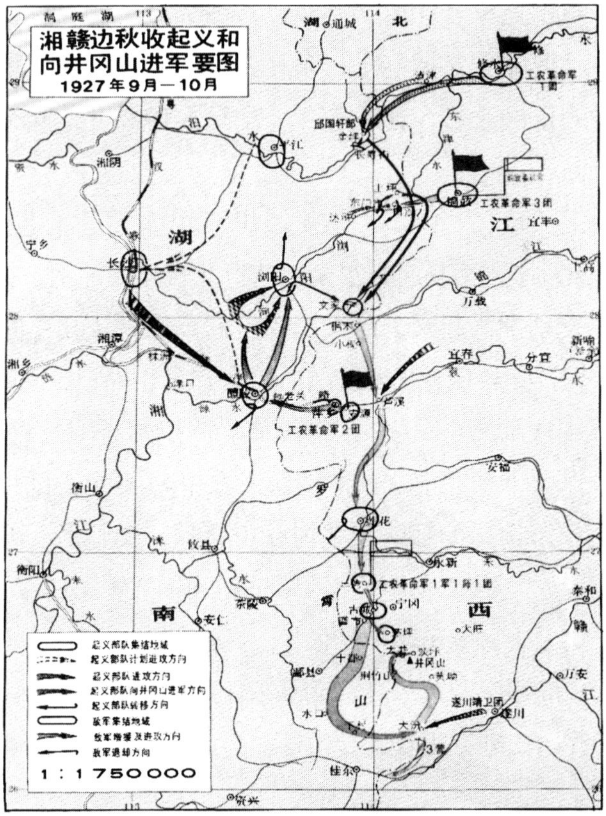

湘赣边界秋收起义和向井冈山进军要图

井冈山

毛泽东领导的湘赣边界秋收起义，首先在武装起义中打出中国共产党的旗帜，在全国人民面前进一步表明了中国共产党独立领导革命战争的坚强决心。这次起义开始时虽然也以攻占大城市为目标，但在遭到挫折后，毛泽东适时率领部队走上一条在农村建立革命根据地，以保存和发展革命力量的正确道路。这条道路，代表了 1927 年大革命失败后中国革命的发展方向。

在毛泽东率领工农革命军上井冈山三个多月后，也就是 1928 年 1 月，朱德、陈毅率领南昌起义军余部从粤北转移到湘南，在湘南特委和农军配合下，发动湘南起义。起义军攻占宜章后，成立工农革命军第一师，朱德任师长，陈毅任党代表。随后，在宜章、郴州、耒阳、资兴、永兴等县成立苏维埃政府。4 月，因遭湖南、广东两省国民党军联合进攻，朱德、陈毅率保留下来的部队和湘南起义农军一万余人陆续转移到井冈山地区，与毛泽东领导的部队在宁冈砻市会师。会师后，毛泽东和朱德所率部队合编，成立工农革命军第四军（后改称红军第四军），朱德任军长，毛泽东任党代表，王尔琢任参谋长。在这期间，还召开第四军党的第一次代表大会，成立第四军军委，毛泽东任书记。毛泽东和朱德所率部队会师，增强了井冈山地区工农武装力量，为进一步扩大革命根据地创造了条件。

毛泽东和朱德所率部队在井冈山会师后三个月，共产党员彭德怀、滕代远领导国民党军独立第五师第一团于1928年7月22日在湖南平江起义。随后，黄公略、贺国中也率部参加起义。平江起义第三天，成立平江县苏维埃政府，起义部队改编为中国工农红军第五军第十三师，彭德怀任军长兼第十三师师长，滕代远任党代表。7月30日，起义军撤出平江县城，转战于湘鄂赣边界地区。8月20日，根据中共湖南省委指示，彭德怀、滕代远率领红五军主力向浏阳、万载边界发展，并寻机与毛泽东率领的以井冈山为根据地的部队联络。黄公略率领红五军一部留在平江、浏阳一带坚持游击战争。12月11日，彭德怀、滕代远等率红五军700多人，从湘鄂赣边界平江、浏阳地区到达井冈山，与红四军会师。这两支红军的会师，进一步增强了井冈山地区工农武装的力量。

荆楚大地遍燃起义烽火

八七会议前夕，中央政治局临时常委会就制定《关于湘鄂粤赣四省农民秋收暴动大纲》，部署湖南、湖北、广东、江西四省农民秋收起义。八七会议后，中央临时政治局又抽调陈乔年等人加强湖北省委领导力量。湖北省委由书记罗亦农、组织部长陈乔年、宣传部长郑超麟、农委主任任旭组成常委会，集中主要精力，收集被打散的党员、干部，恢复整理各级组织，制定农村斗争计划。临时政治局还决定，中央机关暂不迁往上海，留驻武汉就近指导湖北、湖南两省秋收起义。

早在7月下旬，湖北省委农民部就开始酝酿草拟全省农运策略。南昌起义和武汉工人总同盟罢工爆发后，湖北省委又多次召开会议，根据中央《关于湘鄂粤赣四省农民秋收暴动大纲》和八七会议精神，全面分析湖北的革命形势和经济、政治状况，从本地实际出发，制定详细的秋收起义纲领和计划。省委将全省划分为武汉、鄂东、鄂南、鄂西、鄂北、鄂中、京汉路七个暴动区域，各暴动区成立党的特别委员会，具体领导所辖各县党务和起义工作。同时，选派264名政治、军事干部到各区担任农运、军事特派员，以加强基层领导力量。

中央原定湖北秋收起义以鄂北区为中心，派遣陆沉、王一飞、李富春前往襄（阳）枣（阳）随（县）地区，组建中央鄂北特委，策动西北军方振武部张兆丰（共产党员）师起义。不久，张兆丰被解职遭到通缉，起义计划被迫中止。8月中旬，中央临时政治局常委瞿秋白、李维汉和湖北省委书记罗亦农在汉口路珈山街12号开会，根据变化的形势，比较各区情况，一致认为鄂南区条件优越，“既可以在政治上直接影响武汉，在地理上断绝武（昌）长（沙）路的交通及邮电，又可以造成湖南军队与政治的恐慌，而大有利于湖南的农民暴动”，决定调整起义部署，改以鄂南为中心，鄂中、鄂西积极配合，发动全省总暴动，并制定《鄂南农民暴动计划》。暴动时间暂定于9月上旬。

8月下旬，中央批准湖北省委秋收起义计划。8月29日，中央又作出《两湖暴动计划决议案》，明确规定湖北、湖南起义时间统一定于9月10日，起义部队在乡村称农民革命军，在城市称工人革命军，合称工农革命军；起义成功后，立即组织临时革命政府。据此，湖北省委主要成员分赴鄂南、鄂中、鄂西，检查武装起义准备情况。

早在8月上旬，湖北省委就派符向一率40余人前往鄂南，传达八七会议精神，着手整理各县党组织，恢复各级农民协会。《鄂南农民暴动计划》通过后，省委又派吴德峰、黄赤光等到鄂南，正式成立由吴德峰任书记的鄂南特委，全面负责武装起义的组织、宣传和发动工作。特委机关设蒲圻中伙铺。

8月中下旬，鄂南部分条件成熟的县区率先发动较大规模农民暴动，拉开鄂南秋收起义序幕。8月14日，崇阳农民自卫军暴动，进占县城。20日，崇阳农民自卫军与通城党组织里应外合，巧取通城县城，成立崇（阳）通（城）农民自卫军。21日，根据湖北省委关于“暴动实行民选革命政府”指示，召开全县各区农协代表大会，宣布成立通城县劳农政府。下旬，国民党第十三军逼近通城，崇通农民自卫军主动转移，行至通城麦市，陷入重围，伤亡惨重，余部100余人在党代表罗荣桓率领下突出重围，抵达江西修水，后编入中国工农革命军第一师特务营，参加毛泽东领导的湘赣边界秋收起义。8月30日，中共通山县暴动委员会组织数千名农民武装暴动，夺取县城，成立通山县工农革命政府，同时组织20多个小分队深入区乡，发动群众，打击土豪劣绅。

崇阳、通城、通山暴动沉重打击三县反动势力，为鄂南全境秋收起义奠定坚实的战略后方。8月底，湖北省委书记罗亦农、农委主任任旭赴蒲圻，在莲花塘召开鄂南六县党的负责人会议，决定在十天之内举行六县联合暴动。此后，各县根据会议决议，积极进行暴动准备。9月6日，罗亦农再次来到蒲圻莲花塘，主持召开各县党组织和农军负责人联席会议，宣布将各地农军统一整编为鄂南农民革命军，实行集中统一指挥，起义时间定为9月9日。

蒲圻莲花塘会议旧址

9月8日，鄂南特委获悉将有一列火车由武汉开往长沙，内装大量子弹、饷银，押运敌军仅一班人，遂决定先行劫车以资军费，然后攻打蒲圻、咸宁县城。当晚，特委派黄赤光率300名农军夜袭中伙铺车站，缴获甚巨，获得成功。但是，这时咸宁、蒲圻两县情况发生变化。咸宁农军只能集中800人，蒲圻县城敌军守备力量突然增强，农民起义军已无占领县城的把握。鄂南特委果断改变原定计划，集中力量向反动势力相对薄弱的农村进军，同时将特委机关迁往蒲圻新店，准备与蒲圻县人民自卫团会合。

鄂南秋收起义打响第一枪的地方——中伙铺车站

9月9日，根据特委部署，蒲圻四乡数万农民首先破坏武（昌）长（沙）铁路，使羊楼司至汀泗桥200余里的路段全部瘫痪。嘉鱼农军1000余人占领米埠镇，处决土豪劣绅，分发地主浮产。通山工农革命政府公开审判反动县长，并派部分农军增援咸宁。10日，咸宁农军300余人进攻汀泗桥，击毙敌营长以下数十人，形成对咸宁县城包围之势。就在这时，蒲圻县人民自卫团叛变，蒲圻农军遭袭击，鄂南特委机关被打散，吴德峰、符向一、黄赤光等负责人被迫撤回武汉。

9月15日，咸宁、通山、嘉鱼和蒲圻泉口农军7000余人进攻咸宁县城，终因众寡悬殊而告失利，伤亡严重。18日，咸宁、通山农军分头退到通山、咸宁山地，准备向九宫山发展。下旬，咸宁、通山农军成立联合军事委员会，积极储备粮食、弹药于九宫山地区，计划与国民党军长期周旋。21日，敌重兵“进剿”蒲圻，全县农民武装2000余人分三路迎战，左、中两路遭受很大伤亡，被迫埋枪隐蔽，转入地下斗争，右路农军辗转作战，弹尽粮绝，全部壮烈牺牲。10月初，敌重兵逼近通山，通山县委决定主动放弃县城，幸存的农军转移至九宫山、沉水山、消水山一带坚持斗争。

在鄂南秋收起义全面展开的时候，鄂西秋收起义也大规模爆发。早在8月，为配合鄂南秋收起义，湖北省委就调整暴动区域，将与鄂南毗邻的鄂中江陵、公安、石首、荆门四县和鄂西当阳、枝江、松滋三县单独划出，合组江陵特别区，先后派刘植五、张计储率20余人前往工作。9月初，省委常委兼农委主任任旭又奔赴鄂西，检查秋收暴动准备工作，决定健全领导班子，将江陵区并入鄂西区，成立鄂西特委，由张计储任书记，同时组建鄂西革命委员会，直接领导武装起义。

9月上旬，鄂西特委制定《鄂西区暴动计划》，决定将全区22县以长江为界划为南北两片，江南以公安为中心，江北以当阳为中心，分别于9月中旬发动农民起义，夺取政权，然后分头向荆（州）沙（市）推进；如果形势不利，则“集合所有武装上山或辗转集合于湘鄂边境”。为加强对当阳、公安两县武装起义的指导，鄂西特委又先后成立当阳瓦仓起义指挥部和江陵弥陀寺暴动指挥部。湖北省委认真研究《鄂西区暴动计划》后，对鄂西区发展方向作出明确指示，强调如果江南、江北不能同时行动，“则须集中全力发展公安、石首、监利以至沔阳一带的暴动，与鄂南区连成一片”①。9月11日，湖北省委根据鄂南秋收起义已全面展开的形势，指示鄂西特委应将施鹤地区作为公安、当阳暴动的后方基地，并派杨维藩（杨礼贤）到施鹤活动。

9月中旬，鄂西特委发动大规模农民起义。14日晚，当阳瓦仓农民自卫团和农协会员2000余人攻打团防局。次日，召开群众大会，宣布成

① 《中共湖北省委农民部关于湖北秋收暴动经过之报告》，1927年10月。

立瓦仓区革命政府（后改称苏维埃政府）。受其影响，当阳观音区五个乡农民举行暴动，成立五乡政权联合办事处。随后，与之紧邻的远安南乡、方家口等地农民自卫团也纷纷配合行动。起义军很快控制当阳、远安、荆门、南漳四县边界广大地区。按照鄂西特委原定计划，瓦仓起义后要相机夺取县城，向江陵、公安发展，进而夺取荆州、沙市。但是，从10月下旬起，起义部队遭到当阳、南漳、远安、荆门等县地主武装优势兵力围攻，作战失利，余部突围至荆（门）当（阳）远（安）地区，组成鄂西挺进大队继续开展武装斗争。

9月20日，公安县农民武装600余人枪分三路向江陵南部重镇弥陀寺进军。23日拂晓，公安农军在当地数千名暴动群众配合下占领弥陀寺。这时，因为瓦仓起义部队未能依约前来接应，沙市工人武装没有如期成立，公安农军难以单独扩大战果，鄂西特委和暴动指挥部乃令公安农军撤离江陵，返回公安县境，开展反苛捐杂税、反豪绅斗争，逐步割据公安南部地区。

继当阳瓦仓起义、江陵弥陀寺起义之后，鄂西其他各县也相继爆发农民起义。石首农民武装攻打塔市驿，占领袁家铺，成立石首农民革命军。荆门200余名农民暴动，搜捕土豪劣绅，焚烧田契，分发浮财。松滋、枝江发动饥民斗争，冲破团防武装封锁，涌入地主家中，强行开仓分粮。与此同时，贺锦斋和李明铨等人在南昌起义失败后，奉中央指示来鄂西收集旧部，组建百余人枪的游击队，活动于荆江两岸。

在鄂西秋收起义爆发的同时，鄂中区秋收起义也分片全面展开。鄂中区自江陵等四县划归鄂西区后，即分南北两部组建党的特委。南部特委管辖沔阳、潜江、监利及新堤市，由肖人鹄任书记；北部特委管辖汉川、天门、京山、应城，由王平章任书记。9月上旬，湖北省委分别致信两特委，指示南部特委以沔阳南部为重点，北部特委以天门、汉川为重点，筹划秋收起义。省委和特委还先后派出干部赴潜江、天门、沔阳、新堤、钟祥开展工作。

鄂中戴家场暴动旧址

9月10日，鄂中南部特委领导沔阳南部党员、群众数十人夜袭戴家场，击伤土劣涂老五（后因伤重毙命），恢复农民协会。随后，戴家场附近和潜江部分区、镇20余处农（渔）民积极响应，摧毁基层反动政权和地主、土匪武装，组建行使政权职能的群众团体和农民赤卫队、游击队。下旬，在新堤策动驻军起义未果，转移至沔（阳）监（利）边界螺山活动，决定今后充分利用湖区地理优势，收购船只，联络渔民、猎户，集中力量，“以洪湖为中心，沿湖出没无常地杀戮土豪劣绅，破坏税收及交通机关”[①]。10月，南部特委将沔阳、监利起义武装合编为工农革命军第四军，肖人鹄任军长，下辖一、二两师。不久，两师合编为第十三师，开始发动洪湖地区游击战争。

9月，鄂中北部特委领导汉川庙头、分水、杨林、榔头等地农民起义，打出“工农革命军榔头独立团”旗帜，随后又与汉阳党组织联合行动，袭击汉阳七肖大湾。与此同时，天门县委也成功组织芦市、净潭农民暴动。11月下旬，天门、汉川两县游击队按照特委指示，协同攻打汉川分水咀、杨林沟、芦排、南渡河等区镇，镇压地主、团防武装百余人，“土豪劣绅不敢在县安身，只得外逃，政府惊恐万状”[②]。

① 《中共湖北省委农民部关于湖北秋收暴动经过之报告》，1927年10月。
② 《天门、汉川工作报告》，1927年12月3日。

鉴于鄂中地区秋收起义的发展形势，湖北省委决定鄂中南北两部合并，成立新的鄂中特委。12 月 3 日，工农革命军第四军和各地农民武装数百人一举攻克沔阳县城，取得震惊鄂中的重大胜利。4 日，鄂中特委率暴动武装撤离县城，转往沔阳西部，以邻近洪湖的拖船埠为中心开展斗争，不久成立沔西区苏维埃政府，将部队整编为工农革命军第五军，军长肖人鹄，党代表娄敏修，下辖一师一团共 200 余人。

鄂东是大革命时期湖北农运基础较好的地区之一，但因南昌起义前鄂东党务、农运骨干奉令“悉随贺龙、叶挺部队东下”[①]，领导力量相形薄弱。9 月初，湖北省委农民部决定成立鄂东农运指导委员会，指定梅电奎为书记，并派 20 余名军事干部分赴各县指导。9 月上旬，鄂南起义即将爆发，鄂东工作更趋重要，为便于集中指挥，湖北省委将鄂东所辖 11 县划为大阳、黄蕲、黄麻三个特别区，分别组建特委，分区发动武装起义。

大阳区特委，管辖大冶、阳新、鄂城，由施炳乾任书记。9 月 9 日，特委制定全区工作计划，决定长江南岸以大冶为中心，同时派人赴江北寻找山乡作为军事退路，目前工作着重政治宣传和组织发动，待条件成熟时再集中力量攻打县城。16 日，湖北省委复函批评该区“坐待农民自己起来的错误”，要求改变工作方针，“在各乡组织游击队，十人至多十五人一组，出没无常杀土豪劣绅”[②]，进而激起更大的斗争浪潮。9 月 27 日，大冶农民武装潜入县城，散发传单，埋设炸药，切断通信联络，吓得知县当晚逃走。

黄蕲区特委，管辖黄梅、广济、蕲春、蕲水，由吴致民任书记。9 月 21 日，特委研究工作步骤，决定以黄梅为中心，首先恢复组织，扩大宣传，逐步发动城乡起义，并报告省委。26 日，湖北省委复函，指出秋收暴动应该以农民群众为主力，外来军事援助只是一种助力，要求黄蕲区打消等待正规革命军队武装援助的幻想，立即领导群众，进行游击

① 《湖北革命历史文件汇集》甲 3，第 185、190 页。
② 《湖北革命历史文件汇集》甲 3，第 185、190 页。

战争和武装暴动，夺取县城。接到省委复函后，特委立即组织黄梅农民200余人攻打孔垄团防武装，惩处土劣10余人，缴枪16支，然后联合广济革命武装向黄梅县城进军，后因计划走泄而中止行动。

黄麻区特委，管辖黄安、麻城、黄冈、罗田。9月18日，湖北省委派李济棠前往该区，全权指导各县党务和军事工作，嘱其加强对土地革命意义和党的政策的宣传。此后，黄安、麻城县委率领农民自卫军和群众数千人日夜搜捕土豪劣绅，没收大中地主财产，形成被称为“九月暴动”的农运高潮。

在鄂北地区，张兆丰师兵变计划失败后，鄂北特委改属湖北省委领导，陆沉、张学武先后担任特委书记，辖区由襄阳、枣阳、随县三县扩及钟祥、宜城、南漳、谷城、光化、保康、均县、房县、郧县、郧西、竹山、竹溪等15县，工作重点转向组织农民举行秋收起义。

9月初，为加强武装起义准备、发动工作，枣阳县委成立军事委员会。军委会将全县分为四个乡，设立指挥分部，根据各自情况，整顿、训练和改造“红枪会”“大刀会”“硬肚会”等民间武装。9月上旬，鄂北特委指挥枣阳西部农民武装，联合襄阳东北部农民自卫军共1000余人，攻打枣西隆兴寺，捣毁国民党区公署、团防局，击溃前来镇压的反动建国军一个连。接着，乘胜攻占沈家大屋、琚家湾，消灭大批团防武装。

9月下旬，随县工农自卫军独立大队在吴山地区举行暴动，打垮反动建国军一个团，建立吴山镇革命委员会。祝林地区农民自卫大队和群众1000余人奋起响应，围攻团防局，消灭高庄地主武装。两区起义军不断向外扩展，逐步帮助附近五个区建立12个乡级农民协会。

同年冬，鄂北特委将各地农民武装合编，组编中国工农革命军第九军鄂北总队，程克绳任总队长，余世颂任党代表，李抱一（李实）任政治部主任，下辖三个大队共200余人枪，成为鄂北革命斗争的一支重要力量。

鄂北起义前后，武昌、汉口、汉阳和黄陂、孝感、应山、安陆、云梦等地工人、农民分别在武汉市委和京汉路特委领导下举行规模不同的武装暴动，将土地革命的火种撒向城乡广大地区。

9 月下旬，两湖秋收起义高潮已过，中央临时政治局按原计划开始将中央机关陆续迁往上海，同时决定在武汉设立长江局，代行中央职权，管辖湖北、湖南、四川、陕西、河南、安徽、江西七省，及时指导这些省的土地革命和武装斗争。10 月 2 日，中共中央长江局正式成立，罗亦农任书记兼所辖各省军事特派员。10 月上旬，长江局专题讨论湘、鄂、皖、豫、赣等省工作，决定改组湖北省委，指定陈乔年接任省委书记。不久，陈乔年因病卧床休息，由任旭、林育南先后代理书记职务。

10 月下旬，湖北全省大规模农民暴动告一段落，省委常委连续举行会议，总结经验，研究今后工作方针。省委认为，湖北秋收起义虽然未能完成武装夺取全省政权的任务，在鄂南等地又受到一定程度损失，但通过暴动组织工农群众向封建制度发起猛烈冲击，掀起土地革命风暴，取得了巨大成绩。

湖北秋收起义沉重打击城乡反动势力，动摇了国民党的统治基础。湖北秋收起义具有规模大、范围广、“遍地开花”的特点，暴动区域遍及全省 40 余县，共有约 20 万群众参加。武装农民先后攻占崇阳、通城、通山、公安、大冶、黄梅、沔阳七座县城，镇压土豪劣绅 900 余人，消灭地主武装 2000 余人，并在鄂中、鄂西、鄂北牢固控制几块红色区域，致使武汉国民政府米粮告急，物资匮乏，货币贬值，军心不稳，出现全面危机。

湖北秋收起义集中锻炼党员干部，建立了比较完整的组织系统。恢复党组织是准备、发动秋收起义的首要任务。经过三个月艰苦努力，全省共新建和重建八个特委、35 个县委、近 100 个区委或特支，初步构成以省、地（特区）、县、区委及支部为轴心的各级领导机构，党员人数重新回升到 6000 余人，成为革命力量的核心。

湖北秋收起义迅速培养军事骨干，创建了相当数量的革命武装。没有正规革命军队参加，依靠农民自身力量奋起暴动、夺取胜利，是湖北秋收起义的又一显著特点。土生土长的湖北农民拿起刀矛、土枪，勇敢地与武装到牙齿的凶恶敌人搏斗，十余支规模不一的游击队或工农革命军由此诞生。这些革命武装从无到有，从小到大，在挫折中摸索，在战斗中学习，积累经验，奠定了武装斗争的基础。

对于今后工作方针，湖北省委提出“农攻城守”策略。这就是：在农村集中力量发动游击战争，扩大武装，建立乡村农民政权，分配土地，创建大规模割据区域；在城市集中力量做失业工人的工作，以组织秘密工会和开展经济斗争为主要内容，逐步由经济罢工发展到总同盟罢工，然后准备武装暴动。

部署黄麻起义会议旧址——黄安县七里坪文昌宫

正是按照这样的方针策略，湖北省委在秋收起义结束不久，就组织一次大规模武装起义。这就是湖北省委和黄麻特委领导的黄麻起义。11 月 13 日，黄安、麻城等县农民自卫军和农民两万余人举行起义，占领黄安县城，成立黄安县农民政府，颁布以实行土地革命为主要内容的施政纲领，将起义武装组编为工农革命军鄂东军。12 月 5 日，国民党第十二军奔袭黄安县城，鄂东军奋力突围，总指挥潘忠汝等在战斗中英勇牺牲，部队遭受重大损失，起义军被迫转入黄陂木兰山区，开展游击战争。

荆江两岸年关暴动和桑植起义主要领导人——周逸群、贺龙

黄麻起义不到三个月，荆江两岸又爆发年关暴动。1928年1月下旬，遵照中央指示赴湘鄂边组织武装起义的周逸群、贺龙受湖北省委委托，从武汉来到洪湖地区，将鄂中特委和鄂西特委领导的三支游击队合编为中国工农革命军第四十九路军，举行荆江两岸年关暴动。工农革命军数战连捷，推动各县年关斗争开展，湖北、湖南中西部20余县掀起武装暴动高潮。2月18日，周逸群、贺龙按中央原定计划前往湘鄂边组织起义，鄂中武装继续在洪湖地区坚持游击战争。贺龙、周逸群到达湘西桑植后，很快组织起3000余人的工农革命军，并于3月下旬发动起义，攻占桑植县城，成立桑植县苏维埃政府和中共桑植县委，拉开湘鄂边工农武装割据序幕。4月初，周逸群在战斗中与贺龙失掉联系，转往洪湖地区领导革命斗争。

陕豫赣烽起暴动烈焰

八七会议以后，在中共中央直接管辖的省份中，中央临时政治局除直接指导湖南、湖北工作，还通过信函及其他方式对陕西、河南、江西等省工作进行具体指导。

8月中旬，陕西省委派出向中央汇报的李子洲到达武汉。中央听取陕西工作情况汇报后，专门召开会议研究陕西工作，并形成决议。8月14日，中央临时政治局拟定《中共中央给陕西省委的信》，交给前来汇报的李子洲带回。

信中指出："陕西省委对冯（指冯玉祥——引者注，下同）政策，与河南省委有同样的错误，就是想要以让步减少冯之反动程度，殊不知当冯开始反动时，我们不向他进攻便是帮助他的反动统治稳定。""两月以来，冯在政治立场上已显然的代表封建地主阶级，成为工农阶级的敌人，我们对他应毫不犹移的取进攻的政策。""可以成为推翻冯玉祥的真实力量的"，"只有工农阶级和一般穷苦民众，我们的政治路线要坚决的靠在群众的基础上，而不是靠上层的政治上、军事上的周旋。我们在陕西要推倒冯玉祥，我们只有坚决的去组织工农穷苦民众，率领他们向敌人进攻。""工农阶级不能把自己当做客体，只是去帮助人家得到政权，而要自己有决心准备夺取政权到自己手里。所以工农阶级在革命中始终要自居主人的地位指挥一切。"①

信中强调："陕西主要的革命力量自然是农民。最近的过去，农民也有相当的斗争。但是我们党对于农民斗争，却采取了书生的态度，决定没有力量时，不斗争，或斗争到可以得到胜利时，即稳住脚不再进。""这一态度以后根本去掉，在全省农民中要提出'耕者有其田'、'乡村政权交农会'、'取消高利贷'、'武装农民'、'铲除贪官污吏土豪劣绅'、'取消一切苛捐杂税'的口号"②。

信中还分别对红枪会、手工业工人、国民党的工作提出要求。"对红枪会工作，要注意抓住他们群众，不可只去联络领袖。对土匪不要怕他们，而要积极去联络他们"。"陕西省委应根据以前中央农字通告第九号

---

①《建党以来重要文献选编》（一九一九——一九四九）第四册，中央文献出版社2011年版，第462—463页。

②《建党以来重要文献选编》（一九一九——一九四九）第四册，中央文献出版社2011年版，第463页。

所指示的策略定出适当的工作计划。”[①]“对于大城市手工业工人，应当组织他们，率领他们，做加薪改良待遇等经济斗争。”[②]“国民党的工作仍要继续秘密的做，我们的目的是在造成许多左派群众的党部在我们的政纲之下成为革命的工具，而不可只联络几个似是而非的所谓左派领袖，反而使国民党成为这些假左派的工具。”[③]最后，要求“党的组织要根据紧急会议的组织决议案，改组各级党部，有农民基础的地方及淮南等县，应提取农民同志加入县委工作”[④]。

10月12日，在陕西省委领导下，共产党员唐澍（唐东源）、李象九、谢子长（谢浩如）、白明善（白乐亭）等以党组织掌握的陕北军阀井岳秀部第十一旅第三营为主力，联络其他几个连的千余官兵在陕西省清涧县起义，打响西北地区武装反抗国民党统治第一枪。10月12日下午，起义部队在李象九、谢子长带领下转战延川、延长，途经延长时歼灭驻军两个连并一个营部。次日，起义部队与城内部队里应外合，占领延川县城。驻宜川守军闻讯，立即向准备参加起义的宜川三个连发起进攻。这三个连当即应敌，激战一昼夜。第二天，唐澍、李象九、谢子长、白明善带领清涧、延川起义部队到达宜川城下，守军残部弃城而逃。三支起义部队会师宜川，共1700余人。不久，起义部队遭敌重兵围攻，唐澍去向陕西省委汇报，部队在李象九、谢子长率领下转移韩城。

11月，唐澍和陕西省委派遣的阎揆要来到韩城，与谢子长、白明善、史唯然组成军委，决定部队开往清涧、安定一带开展游击战争。经过短期准备，以谢子长营为基础的180余人在韩城举行二次起义，成立西北工农革命军游击支队。工农革命军北上途中进攻宜川受

① 《建党以来重要文献选编》（一九一九——一九四九）第四册，中央文献出版社2011年版，第463—464页。

② 《建党以来重要文献选编》（一九一九——一九四九）第四册，中央文献出版社2011年版，第464页。

③ 《建党以来重要文献选编》（一九一九——一九四九）第四册，中央文献出版社2011年版，第464页。

④ 《建党以来重要文献选编》（一九一九——一九四九）第四册，中央文献出版社2011年版，第464页。

挫，继续北撤到延安、延川、安定、安塞、保安一带，沿途屡遭国民党军袭击，损失惨重，遂分散隐蔽，等待时机。清涧起义是共产党人在西北发动的第一次武装起义，对西北地区的革命运动产生了深远影响。

1928年春，陕西省委又决定在渭南地区举行武装起义。4月底，刘志丹、唐澍等率领西北军新编第三旅起义，由潼关开往华县，成立西北工农革命军，唐澍任总司令，刘志丹任军事委员会主席。5月初，在陕东特委直接组织领导和西北工农革命军支援下，渭南、华县万余农民起义。6月，起义军失败，保留下来的部分革命力量转入隐蔽斗争。

渭华起义旧址

在陕西省委派李子洲到武汉向中央汇报的同时，河南省委也派人到武汉向中央汇报。中央在听取河南工作情况汇报以后，也在8月14日发出《中共中央给河南省委的信——冯玉祥统治下的河南形势与党的政策》。

信中首先列举冯玉祥在河南统治的六大危机，说明“这些危险证

渭华起义领导人之一刘志丹

明冯玉祥在河南政治上、军事上、财政上都没有出路，而民众方面从工农小资产阶级以至中小商人中小地主，革命的情绪日益高涨，特别是工农的暴动有一触即发的势力。假使我们党有相当的力量和正确的策略去领导他们，冯玉祥的统治是可以推翻的”。接着严肃指出：“当冯玉祥开始反动时，我们党对于估量冯之量力，采取一种妥协退让政策”。“殊不知这种让步妥协，一方面帮助了冯玉祥及反动统治的稳定，一方面使工农群众离开我们的党，使党走上灭亡的道路。”①

信中指出：“河南的工农群众以至大部分小资产阶级革命情绪是非常高涨的，只等待我们的领导”。接着，对河南省委制定“正确的政策”提出八项规定：（一）“党的策略是要以工农为中坚，积极的勇敢的领导其他成分向前斗争，经济的斗争汇合起来以至推翻整个的冯玉祥统治为止”。（二）提出“实行耕者有其田”“抗捐抗税抗粮抗租”“乡村中一切政权归农民协会”“打倒反革命的冯玉祥”“铲除贪官污吏、土豪劣绅及一切反动势力”等 15 句主要口号。（三）“对工人运动尤其是铁路工人，要开始经济斗争”，“现在应当实行罢工”。（四）“农民运动要求耕者有其田，乡村中一切权力归农民协会，铲除贪官污吏土豪劣绅，没收高利盘剥者之财产，没收大地主土豪劣绅之土地财产，武装农民及反抗的口号之下发生广大的斗争。”（五）“红枪会群众经过连年之战争，有两种新的表现”，“表示他们有自决的觉悟，我们应断然抛弃过去之消极政策，打进去领导他们”。“河北天门会”“政治觉悟和斗争力量都比红枪会强”，“中央认为河南省委应该马上分配人力到河北去领导他们实行夺取政权、建设政府”。（六）“对于国民政府工作也应当改变我们消极

① 《建党以来重要文献选编》（一九一九——一九四九）第四册，中央文献出版社 2011 年版，第 465—466 页。

的态度”，“我们党要毫不客气的在组织上政治上领导他们”。（七）“对于高桂滋、方振武、樊钟秀等一切反冯的军队，我们应促进他，可以利用他们反冯。”（八）“党的组织应当根据紧急会议组织决议案改组各级党部，省委应提取工农分子参加。”①

9月，河南省委根据八七会议精神和中央指示信要求，作出《河南目前政治与暴动工作大纲决议案》和《农民运动决议案》，决定在全省组织武装暴动，成立豫南、豫中、豫北三个特别委员会，负责武装暴动的具体领导工作。豫南暴动区以确山为中心，组织以前加入农民自卫军的农民在城乡暴动。同时，豫南特委在确山设立办事处，指定李鸣岐、杨靖宇具体负责，准备一切。

10月下旬，杨靖宇、李鸣岐在确山与汝南交界的沙河南岸杨张庄召开豫南特委确山办事处和确山特支扩大会议，传达河南省委关于立即举行武装起义以呼应湘赣秋收暴动的指示，讨论武装起义的地点、打击目标、组织领导等问题，最后通过两项决议：（一）建立刘店秋收起义总指挥部，由李鸣岐、杨靖宇、虞松如、张家铎、张耀昶五人组成，杨靖宇任总指挥；（二）秋收起义时间定于11月1日凌晨。

11月1日凌晨，起义如期爆发。经过两个多小时激战及政治攻势，彻底消灭刘店民团，取得秋收起义胜利。当天，豫南党组织在刘店召开庆祝大会，建立确山县工农革命军，杨靖宇任总指挥。11月3日，豫南特委和确山特支在刘店召开确山县第二次人民代表大会，选举成立确山县革命委员会，选举杨靖宇任确山县革命委员会主席。之后，又成立中共确山县委，李鸣岐任县委书记。刘店农民秋收起义是土地革命战争时期中国共产党领导的河南最早的农民起义，建立了河南第一个县级苏维埃政权，拉开了河南省土地革命的序幕。

在河南确山刘店起义爆发的同时，江西也爆发武装起义。早在9月，江西省委就根据八七会议精神和中央指示，制定《中共江西省委关

① 《建党以来重要文献选编》（一九一九——一九四九）第四册，中央文献出版社2011年版，第466—468页。

于秋收暴动的计划》，并报送中央。这个计划认为："江西农运过去无坚实的基础，而且发展未能普遍各县，所以只能部分的零碎的暴动，决不能实现全省总的大规模的暴动。"[①]"江西虽然不能实现总的、大规模的暴动，然而我们也应尽可能使各县互相影响"。[②]从 11 月开始，江西先后爆发吉安县东固及万安、泰和、永丰等县和赣东北弋阳、横峰地区武装起义。

大革命失败后，共产党员赖经邦等就在东固秘密恢复党的组织和农民协会，建立农军。11 月，东固农军在赣西特委指导下，发动武装起义。随后，成立东龙区委，扩大革命武装，实行土地革命，形成以东固为中心的革命根据地，全盛时期面积达 2000 平方公里，人口约 15 万。从 1928 年 9 月到 1929 年初，东固分别成立以李文林、段月泉为团长的江西工农红军独立第二、第四团，为赣西南革命根据地的形成奠定了基础。

万安武装起义是 1927 年 11 月在曾天宇、张世熙领导下举行的，起义农民四次攻打县城，终于在 1928 年 1 月 8 日占领县城，第二天成立万安县苏维埃政府。随后，敌人大举进攻，曾天宇牺牲，一部分起义农民转入井冈山和东固根据地。

参加弋横起义的赣南游击队整装待发

① 《建党以来重要文献选编》（一九一九——一九四九）第四册，中央文献出版社 2011 年版，第 527 页。

② 《建党以来重要文献选编》（一九一九——一九四九）第四册，中央文献出版社 2011 年版，第 529 页。

1928年1月，方志敏、邵式平、黄道等领导赣东北弋阳、横峰地区农民举行起义。起义后，建立工农革命军第二军第二师第十四团第一营第一连，并先后成立中共弋阳县委和横峰县委。5月，在弋阳县召开第一次工农代表大会，建立弋阳苏维埃政府。接着，又成立横峰苏维埃政府。后来，由于遭到优势国民党军进攻，起义武装转移到弋阳、横峰北部的丁山（即磨盘山）地区坚持斗争。

弋横起义领导人之一方志敏

北方局、南方局辖区的武装斗争

大革命失败后，为反抗奉系军阀和国民党反动统治，继续领导北方革命斗争，中共中央决定组建顺直省委。顺直省委管辖的范围先后为顺直、山西、山东、满洲和内蒙古等地党的工作。这一区域在全国革命中占有重要地位，中央历来十分重视这一地区的工作。所以，北方工作也成为8月9日召开的中央临时政治局第一次会议研究的重要议题。为加强对北方工作的领导，会议决定成立北方局，管辖原顺直省委管辖范围党的工作。因为顺直省委书记彭述之顽固推行右倾机会主义路线，广大党员严重不满，纷纷要求改组省委，会议决定撤换彭述之，由刘伯庄担任顺直省委书记。

8月11日，中央临时政治局就成立北方局发出《中央给山东省委山西满洲临委的信》。信中通知："兹政治局决定组织中央北方局，以和森、荷波、述之、昆弟、伯庄（即蔡和森、王荷波、彭述之、张昆弟、刘伯庄——引者注）为委员，以荷波为书记，管理顺直（今河北、北京、天津——引者注）、山东、满洲、山西及内蒙各党部。北方局负有报告此次中央紧急会议议案及根据之整理各该省党部之责。再，常委决定以伯庄为顺直省委书记。”[1]

中央临时政治局第一次会议结束后，王荷波、蔡和森等人立即赶往北方。9 月 22 日，顺直省委召开扩大会议，王荷波、蔡和森等参加会议。蔡和森在会上传达八七会议精神，作题为《党的机会主义史》的长篇报告。会上，宣布撤换彭述之顺直省委书记职务。根据八七会议精神，北方局和顺直省委决定配合南方的南昌起义和秋收起义，在顺直全省发动武装暴动，开展土地革命，建立苏维埃政权。

中共中央北方局机关旧址

这时，晋奉战争[2]已经爆发。不久，晋系傅作义部占领涿州。北方局认为，这是顺直地区实行革命暴动、夺取政权的有利时机，遂于 10 月 6 日制定并通过《北方暴动计划》，计划在三个特区（绥远、察哈尔、热

① 中共中央党史资料征集委员会、中央档案馆编：《八七会议》，中共党史资料出版社 1986 年版，第 116 页。

② 指晋系军阀与奉系军阀之间的战争。

河）、北京、天津、直南、唐山和京东四县（玉田、蓟县、遵化、丰润）发动大暴动，并准备在天津、唐山站不住脚时，退往热河，保持热河北部和内蒙古的联系。

根据北方局《北方暴动计划》要求，顺直省委于10月24日制定《顺直省委职工运动计划书》。由于京东以玉田为中心的农民运动基础较好，党的组织也有一定基础，北方局和顺直省委把玉田列为北方武装暴动的重点地区。北方局书记王荷波亲自到玉田，听取玉田中心县委工作汇报，传达八七会议精神和顺直省委关于在京东地区开展武装斗争的决定。会议分析京东四县的革命形势，认为玉田已具备暴动的条件，提出“扩大革命力量，准备武装暴动”的任务。随后，玉田中心县委根据王荷波的意见，拟订武装暴动计划，开始组织实施。与此同时，顺直省委派叶善枝为特派员到玉田指导工作，并成立京东特委和京东农民协会，以适应暴动需要。

10月18日，玉田县两万多农民协会会员举行起义。张明远、解学海率领东路起义队伍直逼玉田县城，经过激烈战斗，占领县城。起义胜利后，京东特派员叶善枝从遵化赶来，强令解散起义队伍撤出县城，起义武装遭受重大损失，撤至黄花山、杏树峪开展游击活动。这时，顺直省委派省委常委、组织部长于方舟带领黄埔军校毕业的几名军事干部来到玉田，加强对暴动的领导。于方舟到玉田后即传达省委指示：成立京东革命委员会，第二次攻占玉田县城，以玉田为中心“开展京东四县的武装斗争，实行土地革命”，并以玉田农民军为基础，组建京东农民革命军，深入开展武装斗争。经过短时间整顿，队伍恢复到200多人。11月初，农民革命军向玉田进发，沿途收缴警察和土豪劣绅武器，队伍扩大到300多人，不料遭敌两个团围攻，损失惨重。农民革命军突围后，转入秘密斗争。

8月9日召开的中央临时政治局第一次会议，在研究北方工作之后，又研究南方工作。为加强对南方工作的领导，会议决定成立南方局，并派张太雷到广东担任广东省委书记。8月11日，中央临时政治局就成立南方局发出《中央给广东、广西及闽南临时委员会的信》。信中通知："兹临时政治局决派恩来（即周恩来——引者注，下同）、太雷（即张太雷——引者注，下同）、彭湃、陈权、代英（即恽代英——引者注）、黄平、国焘（即张国焘——引者注，下同）为中央之南方局，以国焘为书记，并在南方局之下组织一军事委员会，以恩来为主任，管理广东、广西、闽南及南洋一带特支。恩来等未到以前，由太雷、杨殷、黄平组织临时的南方局。临时南方局之职权在于准备并指导上述区域内之暴动及一切政治军事事宜。此外，并须［负有］报告此次中央紧急会议之议决〈案〉且根据之整顿三省党部组织之责。至于前敌委员会与临时南方局相遇之后，前敌委员会即可取消。再，临时政治局决以太雷为广东省委书记。"①

中央临时政治局会议结束以后，张太雷即离开武汉前往广东。可过了十几天，中央还没有收到南方局和广东省委的报告，不知道南方局是否组织，也不知道广东暴动工作是否准备到可以马上发动，南昌起义部队"离南昌后之情形此间完全未得到报告，不知能否顺利达到目的地"，"中央对此悬念甚切"，便在 8 月 22 日发出《中共中央给南方局转广东省委的信——对敌人进攻叶贺军队的估计和对策》②。

信中指出："蒋介石因为津浦线上大受挫折，李、白（即李宗仁、白崇禧——引者注）动摇，武汉方面又实行出兵东下，军事、政治、财政均无办法，宣布下野。武汉方面对此表面上高唱党权胜利，实际只是进一步向南京投降。然武汉与南京间，实际并不能因此而即时妥协一致，以至于促成反动局面之稳定。对武汉与南京间局势之变化，中央已有告民众书寄往各地，望兄处广为散布，并根据此宣言之意义，搜集当地材料，用省委名义发一宣言。"③

根据局势的变化，中央决定："一、叶、贺（即叶挺、贺龙——引者

① 中共中央党史资料征集委员会、中央档案馆编：《八七会议》，中共党史资料出版社 1986 年版，第 115 页。

② 《建党以来重要文献选编》（一九一九——一九四九）第四册，中央文献出版社 2011 年版，第 483 页。

③ 《建党以来重要文献选编》（一九一九——一九四九）第四册，中央文献出版社 2011 年版，第 483 页。

注，下同）之师须迅速到达目的地占领东江，迟则恐被李（济深）、张、朱（即张发奎、朱培德——引者注）等联合围击，如能早拿住东江两个星期，则反客为主可以进击敌军夺取广州。二、东江须立即开始广大的暴动，发表政治的口号为叶、贺内应。三、为牵制李、黄（即李济深、黄绍竑——引者注）军队起见，对西江及南路亦须立即有军事的动作和农民暴动。四、省委须立即派出原路交通（步哨）与叶、贺通消息并为之作向导。”①

信中强调：“我们要假定在南伐的可能之下敌人对我们的围攻，而以敏捷的进取的战略消灭敌人。望兄处特别注意。”信中通告“中央已加紧督促两湖暴动的实现”，指出“湘鄂暴动的实现，一方面即是对各地的声援”，并附上湖北暴动实际计划及中央致湖南省委信。信中要求南方局和广东省委迅速建立中央上海交通处与汕头的交通联络，将南昌起义前敌委员会消息及广东全省暴动工作立即报告中央，并在以后每三天报告一次②。

9 月 5 日，南昌起义部队进抵福建长汀休整。周恩来在这里给中央写信，报告起义军撤离南昌后进行瑞金、会昌两次战役的情况。信中说：“经此两战，我虽胜敌，但兵员与子弹之缺乏，实成为入潮梅后必生之最大困难”。于是，提出“我方目的在先得潮、汕、海陆丰，建立工农政权。如情势许可，自以早取广州为佳”，促请中央电告共产国际在起义军取得潮汕后，设法支援经费和枪炮弹药，并电告广东省委号召“东江、潮、汕工农响应一切，以巩固工农政权及其武装”③。

就在周恩来在长汀给中央写信报告南昌起义部队情况的时候，中央临时政治局收到南方局和广东省委 8 月 22 日关于武装暴动计划的报告。9 月 9 日，中央临时政治局发出《中共中央关于广东武装起义计划给南

① 《建党以来重要文献选编》（一九一九——一九四九）第四册，中央文献出版社 2011 年版，第 484 页。

② 《建党以来重要文献选编》（一九一九——一九四九）第四册，中央文献出版社 2011 年版，第 484 页。

③ 《建党以来重要文献选编》（一九一九——一九四九）第四册，中央文献出版社 2011 年版，第 516—517 页。

方局并转广东省委的指示》。指示说："中央对于你们的暴动计划均大致同意，惟须立即开始，不要等贺、叶（即贺龙、叶挺——引者注）军到来，技术上并可参照两湖暴动计划"①。

针对"此间多传张发奎仍欲与我们妥协"的流言，指示强调："中央八月三十一日致你们的信中，即已指明张发奎到我们军队中来的危险性以及我们的态度应该是坚决的与他绝缘。张发奎已经是南昌事变的反叛者，已经是我们公开的敌人，我们与他已毫无妥协之可能，兹特再行郑重声明：前委应坚决的不犹豫的执行中央的策略，同时我们势力所及之地执行中央政治任务决议案，不能对这些政策及决议案发生不同的意见，南方局应迅速的将中央意见通知前委。"②

针对广东省委提出的暴动口号中既有"没收大中地主土地及分配没收的土地"，又有"佃租最多不过百分之三十"的问题，指示明确指出："中央认为广东的暴动必然要实行达到没收地主的土地。我们无所谓减租不减租，我们根本就不交租，一开始即提出抗租的口号，由抗租而进到没收地主土地，这点是非常重要的。此外，在目前的口号还应加上'打倒蒋介石'、'打倒投降蒋介石的汪精卫'、'打倒残杀工农的李济深'等口号。"③

就在《中共中央关于广东武装起义计划给南方局并转广东省委的指示》发出前两天，也就是 9 月 7 日，广东省委领导的海陆丰地区第一次武装起义爆发。9 月 17 日，起义军进占海丰县城，随即在海丰、陆丰两县分别成立临时革命政府，农会接管区、乡政权，在工农群众中发展党员，扩大革命武装，镇压反革命势力。

---

① 《建党以来重要文献选编》（一九一九——一九四九）第四册，中央文献出版社 2011 年版，第 497 页。

② 《建党以来重要文献选编》（一九一九——一九四九）第四册，中央文献出版社 2011 年版，第 497 页。

③ 《建党以来重要文献选编》（一九一九——一九四九）第四册，中央文献出版社 2011 年版，第 498 页。

海陆丰武装起义

海陆丰地区第一次武装起义爆发后，南方局和广东省委即向中央报告起义情况，并报送《暴动后各县市工作大纲》《工农军作战方法》及《告广东闽南民众书》。9 月 23 日，中央临时政治局发出《中共中央给南方局并转广东省委的信——对〈暴动后各县市工作大纲〉〈工农军作战方法〉的意见》。

关于《暴动后各县市工作大纲》，信中指出："中央认为有几点很重要的可以妨碍革命发展的：第一是你们保留一部分小地主的土地不没收。中央前信已经告诉你们对于小地主的土地必须全部没收，实现'耕者有其田'的原则。""第二是你们肯定小商人的选举权利，并且规定县革命政府选举小商等要占百分之二十。其实，以两湖的经验，大小城市的小商人，大部分自己是地主或与地主有深厚的关系，至于大城市的小商人则更有与买办阶级有密切关系的。这些分子在土地革命激剧的发展中，必然走到反革命的方面，所以我们不能肯定他们有一定的选举权，完全要看他们对于革命的态度而定。""第三是你们肯定'不没收工厂作坊'，这也是不正确的。在中央的政治任务决议案中，已指出对于反革命的工厂作坊是有没收的必要的。""总之，我们对于社会各阶级的态度，要以不妨碍革命的发展及工农的利益为原则，不可事先作法以自限。”①

关于《工农军作战方法》，信中指出：“第一，在整个的计划中，你们有胆小、怕牺牲、不相信群众力量的弱点。例如你们肯定：‘工农军与有训练和有组织的军队作战，要想取得胜利是很难能的’，因此你们便断定工农军作战必须要‘避免正面战斗’”。“你们在计划上这样胆怯的暗示，必然会影响到群众不能坚决的作战，并且处处避免正面的战斗，势必只能在乡村中迂回作战，而不能去夺取城市。实际，如果我们真正把暴动的主力建立在农民群众的身上，而不是靠单纯的工农军的军事行动，则我们枪支虽少，不难扑灭有数倍枪支的敌军（这是两湖的经验）。”“第二，你们肯定‘城市要实行暴动，必须要有得力农军的帮助’，这无异说没有农军的帮助，城市中即不要暴动，更具体的说，即是城市的暴动要等待农民的军事行动。”“这样的决定，实在太书生了。假设在乡村中农民暴动很激烈，城市已经很恐慌，而工人群众的革命情绪又很高涨的时候，我们无论有多少枪支，都应立即举行暴动，不能等待‘得力农军的帮助’。”“总而言之，农民暴动，要以农民为主，军力副之。要鼓动广大农民革命情绪和革命行动”。“如此发展广大农民的坚决斗争，暴动才能胜利。断不能有等待军事的心理。”②

信中说：“叶贺（即叶挺、贺龙——引者注，下同）军队不知已达到什么地方？此时广东全省应不等待叶贺之达到，即行发展普遍的暴动，对于这点前已有两次信给你们，现在执行的程度如何，你们应随时作详细的报告来。”③

就在中央临时政治局发出《中共中央给南方局并转广东省委的信——对〈暴动后各县市工作大纲〉〈工农军作战方法〉的意见》同一天，南昌起义军顺利进入潮安（潮州）。9月24日，汕头光复。汕头是广东东部主要

① 《建党以来重要文献选编》（一九一九——一九四九）第四册，中央文献出版社2011年版，第509—510页。

② 《建党以来重要文献选编》（一九一九——一九四九）第四册，中央文献出版社2011年版，第510—511页。

③ 《建党以来重要文献选编》（一九一九——一九四九）第四册，中央文献出版社2011年版，第511页。

海口城市，是起义军南下的重要目的地。起义军占领汕头后，曾想先在这里站住脚跟，再图发展，并在这里等待共产国际的接济。他们一入城，立即着手肃清反动分子，恢复社会秩序。随后，由贺龙以第二方面军总指挥名义发布安民告示，成立市政府和东江工农讨逆军总指挥部。同时，到处张贴“实行土地革命，耕者有其田”标语，开始没收50亩以上地主的土地，捉拿土豪劣绅，并派出宣传员到各地宣传，把枪支发给当地农民武装。26日，起义军在汕头市牛屠地召开有数万人参加的群众大会，周恩来在会上发表演说，号召人民起来斗争，争取自身解放。

南昌起义军指挥部——汕头大浦会馆

就在南昌起义军在汕头召开群众大会这天，奉中央之命从武汉来到广东的张太雷，经香港赶到汕头，召开南方局会议，传达八七会议精神和中央对前委的指示，要求取消起义军原用的国民党革命委员会名义，改为苏维埃，将部队开往海陆丰，会合当地农民武装，改组为工农革命军。同时，安排张国焘、李立三、谭平山离开部队，起义军一切事宜由周恩来负责处理。

9月30日，国民党军黄绍竑部绕道插入起义军后背，突然向潮州发起袭击，第六团一个营的兵力来往潮汕之间协防。这时，留守潮州的起义军只有第二十军第三师教导团一部约1000人，都是新参军、缺乏训练的学生，其中将近三分之一是伤病员；汕头几乎没有防守兵力。面对9000之众的来犯之敌，潮汕无险可守，起义军只得主动撤守放弃。

10月3日，起义军到达普宁县流沙，同先期撤到这里的革命委员会机关会合。随后，召开紧急会议，宣布今后不再使用国民党革命委员会名义，打出苏维埃旗帜，实行土地革命，并总结起义经验教训，提出今后行动方针：武装人员尽可能收集整编，向海陆丰撤退，帮助农民开展斗争，作长期革命斗争准备；其余人员分别从海口撤退，转往香港或上海。会后，起义军向海陆丰方向前进，中途遇国民党军陈济棠部拦截，大部损失，一部突围进入海陆丰地区同当地农军会合，随后组建为工农革命军第二师。

彭湃

10月底，在工农革命军第二师配合下，海陆丰地区第二次武装起义爆发，先后占领海丰、陆丰全境和惠阳、紫金部分山区。这时，彭湃受中共广东省委派遣，从香港回到海陆丰，兼任东江特委书记，领导筹建苏维埃政权。11月中旬，海丰、陆丰两县苏维埃政府相继成立。在此前后，汕尾、高潭等区级苏维埃政府相继成立。在彭湃领导下，各地纷纷推翻旧政权，实行土地革命，逐渐形成包括海丰、陆丰全县和惠阳、紫金部分地区的革命根据地。

就在南昌起义军进入潮安（潮州）的同一天，琼崖全岛武装总暴动爆发。琼崖地区的武装起义，是在琼崖特委书记杨善集和冯平、王文明、冯白驹等领导下，从9月开始在定安、琼山、万宁、陵水、乐会、文昌、琼东、儋县、临高等地先后发动的。9月上旬，琼崖特委和军委召开军事会议，决定于9月间举行一周全岛武装总暴动（又称九月暴动）。9月23日，琼崖全岛武装总暴动开始。由于敌强我弱，起义受挫。起义军在艰苦的条件下创建工农革命军，积极开展游击战争，建立琼崖革命根据地。

1928 年 2 月，琼崖工农革命军改称工农红军。8 月中旬，成立以王文明为主席的琼崖苏维埃政府。后来，由于国民党军进攻，红军转移到母瑞山区，长期坚持革命斗争。

琼崖五指山

海南岛妇女赤卫队

琼崖全岛武装总暴动以后，广东省委即根据中央指示，开始组织广州起义。11 月中旬，两广军阀为争夺地盘爆发战争。中央要求广东省委利用两广军阀冲突，“坚决地扩大工农群众在城市、在乡村的暴动，煽动士兵在战争中哗变和反抗，并急速使这些暴动会合而成为总暴动，以取得全省政权，建立工农兵士代表会议的统治”。11 月 26 日，广东省委书记张太雷从香港返回广州，秘密召开会议，决定组织共产党掌握的第四军教导团和警卫团一部以及工农武装，举行武装起义。12 月 11 日，起义军分数路向广州市各要点发起突然袭击，歼灭市区守军大部，攻占市公安局、国民党广东省政府等重要机关，成立广州市苏维埃政府。12 日，张发奎所部三个多师在英、美、日、法等国军舰和陆战队支援下，向起义军反扑。起义军前仆后继，浴血奋战，终因众寡悬殊，遭到严重损失，张太雷和许多起义者英勇牺牲。13 日凌晨，起义军余部 1000 余人撤出广州，改编为工农革命军第四师，后转移到海陆丰参加东江地区革命斗争。另外，还有部分人员转移到广西右江地区，后来参加百色起义；少数人员撤往粤北韶关地区，加入朱德、陈毅率领的南昌起义军余部。

广州起义指挥部旧址

广州起义三个月后，闽西地区爆发多次农民起义。1928 年 2 月，中共平和县委决定建立福建工农革命军第一团和暴动委员会。3 月 8 日，平和县委负责人朱积垒等领导农民举行起义，后撤离县城，转入山区坚持斗争。此后直到 6 月，龙岩、永定等县县委负责人郭滴人、邓子恢、张鼎丞等人，又先后在龙岩后田，永定溪南、金丰、湖雷和上杭蛟洋等地领导农民起义。与此同时，闽西党组织还在其他地区发动多次农民起义。随后，成立中共闽西特委和闽西暴动委员会及永定县溪南区苏维埃政府。这些斗争，为后来创建闽西革命根据地奠定了基础。

进入 1929 年后，全国各地又爆发多次武装起义，其中最具特色的是广西少数民族地区的百色起义和龙州起义。1929 年 6 月，新桂系军阀在蒋桂战争中失败，广西左派军人俞作柏、李明瑞掌握广西军政大权，要求与中国共产党合作。中共中央当即派邓小平、张云逸、陈豪人、叶季壮等共产党员到广西，以邓小平为中央代表，负责广西党的工作。邓小平等人到南宁后，即对俞作柏、李明瑞进行卓有成效的统战工作，准备武装暴动夺取政权。可是，俞作柏、李明瑞急于公开宣布反蒋，结果不战而败。邓小平当机立断，决定把中共掌握的武装力量拉到左右江地区，与韦拔群、黄治峰等领导的农民运动相结合，开展武装斗争。11 月上旬，中央批准左右江地区举行武装起义，创建红军和革命根据地计划，批准建立以邓小平为书记的前敌委员会，统一党和军队的领导，同时颁布红七军、红八军番号，任命红七军、红八军领导干部。邓小平立即召开前委会议，传达贯彻中央指示精神，决定在百色举行起义。12 月 11 日，百色起义成功，红七军正式成立，张云逸任军长，邓小平任政治委员，全军 3000 余人。与此同时，成立右江苏维埃政府和百色县临时苏维埃政府。1930 年 2 月 1 日，邓小平、李明瑞、俞作豫等人又领导警备第五大队和左江工农赤卫队在龙州举行起义，成立红八军，俞作豫任军长，邓小平兼政治委员，全军 1000 余人，同时成立左江革命委员会。此后，红七军、红八军统一行动，李明瑞任总指挥，在以邓小平为书记的前委领导下，创建左右江根据地。百色起义、龙州起义及其后创建的左右江根据地，是中国共产党在少数民族地区实行工农武装割据的一次成功实践。

百色起义旧址

长江局成立与中共中央离汉

八七会议以后，国内政治局势非常紧张，白色恐怖十分严重。以蒋介石为代表的国民党反动派在帝国主义和封建势力支持下，已经建立反共反人民的新军阀统治。民族资产阶级和上层小资产阶级的许多人被人民大革命所吓倒，也附和蒋介石反动。中国共产党和其他革命力量遭到极大摧残，许多共产党员、革命知识分子和工农群众惨遭杀害，党的组织遭到严重破坏，党的活动被迫转入地下。革命已经由高潮转入低潮。

9月中旬，两湖地区秋收起义失利消息传来。9月19日，中共中央临时政治局召开常委会议，讨论中央机关迁移问题。因为武汉的革命力量已经遭到严重破坏，如两湖秋收起义失败，中共中央在武汉将无立足之地，而上海的革命力量比武汉强，也比较容易隐蔽，所以会议原则上决定将中央机关迁移上海。

9月21日，中央临时政治局再次召开常委会议。会议分析当前形势，一致认为两湖地区暴动高潮基本过去，已无胜利可能，正式决定将中央机关迁移上海。会后，中央临时政治局立即派戴琨等人到上海布置住房，建立机关。

中共中央临时政治局在讨论中央机关迁移的时候，考虑到中央机关迁移上海以后，“在事实上中央将与长江各省隔绝关系”，势必影响中央直接管辖的湖北、湖南、河南、江西、四川、安徽、陕西七省工作。所以，决定成立长江局，在武汉代行中央职权，管辖这七省工作，并于10月1日讨论通过《中共中央对于长江局任务的决议案》。

决议案首先规定“长江局所辖范围为湖北、湖南、河南、江西、四川、安徽、陕西七省”，明确“长江局不是中央在上列七省的通讯机关而是代行中央职权，指挥上列七省的革命运动与党务，上列七省的党务须纯全受长江局的指挥，但长江局须随时将所处理之工作与决定报告中央，受中央的指导”[①]。

接着，决议案给长江局下达三项“最大任务”。第一，“坚决的发展土地革命”。“两湖与广东为中国土地革命的中心区域”，“两湖的土地革命”“须普遍的发展游击战争与没收地主的土地及杀戮土豪劣绅等工作”，“长江局必须领导所属党部坚决的执行这次工作，同时，并须特别努力建立与发展这次工作”。“河南也为农民运动比较发展的区域，长江局须同样注意河南农民运动之发展。至于安徽、四川、江西、陕西的农民运动亦不可忽略。”第二，“发展范围内之职工运动（特别是武汉三镇）”。“目前主要的工作为：发展经济斗争，建立秘密工会与工农革命夺取政权之宣传。”[②]第三，“改造所属各级党部”。“因现有党部多不能领导各地的革命运动，长江局负责同志须不断的巡行各地，实际指导各地工作。在党的内部工作须特别注意党内干部之培养与从党员群众中提拔负责同志工作。”“为增加各级党部的指导与党中干部之培养”，决议案还要求“长江局须不断的刊发政治通讯，至于对外的宣传，最好由各省党部独立的出一种政治刊物，如技

① 《建党以来重要文献选编》（一九一九——一九四九）第四册，中央文献出版社2011年版，第532页。

② 《建党以来重要文献选编》（一九一九——一九四九）第四册，中央文献出版社2011年版，第532页。

罗亦农

术上不能铅印至少须用油印办法”①。

10月2日，李维汉召集罗亦农、王一飞、任旭开会，传达中央成立长江局的决定，研究长江局的具体工作。根据中央决定，李维汉宣布长江局由罗亦农任书记兼所辖各省军事特派员，陈乔年、任旭、王一飞、毛泽东（未到职）为委员。接着，讨论湖南、湖北、安徽、河南、江西的工作。

中共中央长江局暨中共湖北省委机关旧址

《中共中央对于长江局任务的决议案》刚刚发出，中央临时政治局就收到南方局和广东省委10月2日给中央的信。信中报告了南昌起义部队潮汕失守的情况。中央临时政治局立即发出《中共中央给南方局暨广东省委的信》。信中首先告知：“中央正在迁徙中，尚未完全到沪。”然后，对南方局和广东省委“现时应采的策略”，作出“大略规定”：

① 《建党以来重要文献选编》（一九一九——一九四九）第四册，中央文献出版社2011年版，第533页。

（一）“极广泛的尽可能的发动农民暴动，夺取民团、驻军的枪械，在乡间成立农民协会。政府占领县城，即成立工农贫民代表会议。无情的歼灭豪绅，没收土地，一直到均分田地，以‘耕者有其田’为主要口号，绝对不交租。此等暴动农军应取积极的进攻策略——东江固然重要，而南北亦须起来，以围攻广州为主要目标。”

（二）“叶、贺（即叶挺、贺龙——引者注，下同）军应与农民军合起，直奔广州，沿途不能濡滞观望。此时再一犹豫，势必完全消灭。应以尽量多余枪械，沿途武装农民，扩大军队，一直杀去。”

（三）“广州城内，即须准备暴动，勇猛的号召工人、手工工人、一般贫民起来，夺取驻军、警察武装，以建立工农平民代表会议的政府为主要口号。广州附近的农民尤须注意。”①

（四）“如取得广州，应当召集各路暴动的农民、工人团体代表（能到多少是多少），开一革命会议，选出中国临时革命政府（广州市工农、兵士、贫民代表会议——实即苏维埃——应为政府之主干）。”“上述的农民暴动的大爆发，即使贺、叶完全败退（如报载回闽消息），也须积极进行。”②

这封信发出以后，中央又连续接到各方面关于南昌起义部队失利的报告。根据这些报告的情况，中央临时政治局对南昌起义部队失败后广东的工作及善后问题作出决定，并发出《中共中央给南方局并转广东省委的信——关于叶贺军队失败后广东的工作及善后问题》，向南方局和广东省委传达这些决定：

（一）“中央认为叶贺（即叶挺、贺龙——引者注，下同）既已溃败，在最短期间暴动夺取广东全省政权的计划，暂时已经不可能，因叶贺之溃败而停止各地之暴动。反而要矫正从前以农民为副力等待叶贺军队到来的错误观念（见中央前次各信），相信农民为主力的暴动，坚决的领

① 《建党以来重要文献选编》（一九一九——一九四九）第四册，中央文献出版社 2011 年版，第 525 页。

② 《建党以来重要文献选编》（一九一九——一九四九）第四册，中央文献出版社 2011 年版，第 526 页。

导他们继续不断的暴动，夺取县政权，杀土豪劣绅政府官吏，抗租抗税，分配土地，一直到推翻整个的反动统治，夺取全省政权。叶贺之残余部队应积极拥护农民暴动，剩余之枪支尽数武装农民，不可靠之部队以农民改编。就叶贺军队本身讲，亦只有极力拥护农民暴动才免被敌人消灭而可找寻最后的出路。”①

（二）“现时叶贺残部无论退到何地，必须紧守二个宗旨：第一，不投降敌人；第二，尽力帮助农民暴动。不得已时图向湘南发展，最后失败始上山。此时退往海陆丰之部队，亦不能作就地休养保守的想头，这不仅在地理上不能，即在给养上亦无办法，勉强取之则必与农民冲突。此时只有帮助农民猛烈的发展暴动才是出路。”

（三）“于全省发展暴动外，应特别注意海南岛之继续占领，并要立即派一人前往侦察其是否可以成为广东暴动的一根据地，调查结果报告中央。”

（四）“广州暴动的计划应即停止。但据报纸所载，张发奎到广州后，颇欲实行对工人的欺骗政策”，“意在以欺骗手段取得工人的拥护”。“此时我们的策略应迅速地领导工人起来做大示威运动，要求真正工会的集会、言论、出版、身体、罢工之自由（工人自己选举的工会，工人生命之保障等），要求工厂改善经济的条件（减时加薪等），省港罢工工人要求给工做等等。争自由和改善经济的斗争应实际的举行。同时于经济的口号之外，还应加上政治的口号，如反对投降蒋介石等等。”

（五）“关于从前溃散之同志，南〈方〉局应即在香港、厦门、汕头等处设一招待处招待他们”。“大要是可以留在广东的工作同志，或可以就近归家之同志，须尽量留在广东或暂时回家，不能留者则令其回沪。现尚在前敌〈委员会〉负重要工作的同志，无必要留在前敌〈委员会〉

---

① 《建党以来重要文献选编》（一九一九——一九四九）第四册，中央文献出版社 2011 年版，第 556 页。

时，须一律设法回沪[①]。”

（六）“整个的广东工作以后交南〈方〉局及广东省委指挥。”

（七）“右面各点须立即执行，并派人通知前敌〈委员会〉。各地农民暴动及前敌〈委员会〉情形须作详细报告来。”[②]

与此同时，中共中央机关陆续向上海迁移。在9月28日中央临时政治局常委会议决定瞿秋白、李维汉、苏兆征三名常委分批离开武汉的日期后，苏兆征最先离汉，瞿秋白几天后赴沪，李维汉最后到上海。10月上旬，驻武汉的中共中央机关全部秘密迁往上海。

迁到上海的中共中央机关旧址

1927年中共中央在武汉的历史，是中国共产党探索中国革命道路历程中极为曲折艰难的重要阶段。短短几个月，胜利和失败、高潮和低潮、

① 《建党以来重要文献选编》（一九一九——一九四九）第四册，中央文献出版社2011年版，第557页。

② 《建党以来重要文献选编》（一九一九——一九四九）第四册，中央文献出版社2011年版，第558页。

顺境和逆境接踵交织，跌宕起伏。幼年时期的中国共产党在统一战线、武装斗争和党的建设三个基本方面尚缺乏经验，还不善于识别和对待以各种面目出现的敌人和同盟者，在成长的道路上留下了沉痛的教训，付出了难以避免的代价。但是，始终顺应历史潮流的中国共产党人从未停下探索前行的脚步，也决不为反动派的屠杀所吓倒。他们以坚定的信念、坚强的意志和高度的智慧，在绝境中奋起，纠正自身的错误，勇敢承担起挽救革命的历史使命。以毛泽东为主要代表的中国共产党人，把马克思列宁主义基本原理同中国具体实际相结合，对经过艰苦探索、付出巨大牺牲积累的一系列独创性经验作出理论概括，开辟农村包围城市、武装夺取政权的正确革命道路，创立毛泽东思想，为夺取新民主主义革命胜利指明正确方向。在毛泽东思想指引下，中国共产党领导人民继续浴血奋斗，于 1949 年 10 月 1 日宣告成立中华人民共和国，完成前人奋斗 80 年没有完成的第一项历史任务——实现民族独立、人民解放，实现中国从几千年封建专制政治向人民民主的伟大飞跃。中国人民从此站起来了，中华民族任人宰割、饱受欺凌的时代一去不复返了，中国发展从此开启新纪元！

后　记

1927年中共中央在武汉奋斗的历史，是中国共产党探索中国革命道路历程中极为曲折艰难的重要阶段。这段历史中有两起重大历史事件，一是召开中共五大，二是召开八七会议。2006年，为纪念中共五大召开80周年，中共武汉市委、市政府修建中共五大会址纪念馆，举办中国共产党第五次全国代表大会历史陈列，我应邀参与并指导陈列大纲设计。2007年12月，中国共产党第五次全国代表大会历史陈列完成布展，我又具体策划由中共中央党史研究室、国家文物局和中共湖北省委、武汉市委联合举办的“从中共五大到八七会议——纪念中共五大和八七会议召开80周年”学术研讨会。所以，2010年11月，湖北人民出版社约我写一本全景式描述中共五大的书，作为纪念中国共产党成立90周年的重点选题，要求2011年2月底交稿。由于时间紧迫，我便邀约曾经参与中国共产党第五次全国代表大会历史陈列大纲设计或资料征编研究的周斌、赵晓林、宋健、万琳、王谦等几位专家合作，完成《烟雨莽苍苍——中共五大全景录》，按时交稿。2016年12月，为纪念八七会议召开90周年，我又邀约赵晓琳、王谦同志，合作撰写《正是天塌地陷时——八七会议全景录》，由中共党史出版社出版。这两本书的体裁均定位于纪实性学术著作，力求融学术性与文学性于一体，所以深受广大读者特别是各级干部欢迎。

这两本书完成以后，我就想再写一本全景式描述中共中央在武汉历史的纪实性学术著作，向中国共产党百年诞辰献礼。2020年春节前夕，中共党史出版社约我撰写纪念中国共产党成立100周年书稿，我谈了这个想法，出版社便将其列入选题计划。于是，我就想邀约赵晓琳、王谦同志再次合作，因为他们退休以后又参与武汉中共中央机关旧址纪念馆建设，征集了一些新的史料，完成了中共中央在武汉陈列方案撰稿任务。没想到的是，他们正在承担中共中央组织部旧址纪念馆陈列布展任务，无法参与这本书的写作。无奈之下，我只得独力笔耕，孤身奋战。这时，新冠疫情暴发，我正好宅在家中，心无旁骛，撰稿抗疫，用三个月时间完成《历史在江城拐弯——中共中央在武汉全景录》初稿，然后又反复修改打磨，于 6 月交稿。

《历史在江城拐弯——中共中央在武汉全景录》讲述幼年时期的中国共产党人坚守初心、力行使命，坚持社会革命和自我革命，艰辛探索中国革命道路，在大革命由高潮转入低潮、从大革命失败转入土地革命战争兴起的历史过程中，于绝境中奋起，纠正自身错误，勇敢承担挽救革命的历史使命，逐步找到一条推动中国革命走向胜利的道路的生动故事，同时透过历史真实揭示历史发展规律、表现历史审美内涵，从而与《烟雨莽苍苍——中共五大全景录》《正是天塌地陷时——八七会议全景录》构成完整系列，以便新时代共产党人同先辈先烈对照，从党的非凡历史中找寻初心、激励使命，不断叩问初心、守护初心，不断坚守使命、担当使命，始终做到初心如磐、使命在肩，向党和人民交出满意答卷。

本书体裁与前两本书一样，定位于纪实性学术著作，力求融学术性与文学性于一体。所谓学术性，即严格依据史料，再现历史原貌，总结历史经验，揭示历史规律。所谓文学性，即采用除虚构以外的一切手法，尽力增强作品的感染力和可读性。与前两本书相比，本书也有一点不同，就是根据中共中央的活动特点，反映了更多的历史文献。这就为增强可读性带来一定困难。为解决这一难题，只得在表现手法上下功夫，但仍然坚持绝不为追求可读性而损害学术性的原则。

本书的写作和出版得到中共湖北省委宣传部的高度重视。为保证本书按时顺利出版，我交稿以后即商请武汉中共中央机关旧址纪念馆向湖北省委宣传部报告，申请将本书列入省社会科学基金委托项目予以支持。纪念馆原负责人袁刚同志立即组织起草报告，徐冰娜同志承担大量具体工作。报告送上以后，得到省委宣传部领导和理论处的同志们大力支持。省委宣传部立即将本书纳入纪念建党100周年图书计划，并批准湖北省哲学社会科学发展规划办公室将本书立为2020年度湖北省社会科学基金委托项目予以支持。我衷心感谢湖北省委宣传部、湖北省哲学社会科学发展规划办公室和武汉中共中央机关旧址纪念馆为本书立项付出辛劳的领导和同志们!

在这里，我还要衷心感谢石仲泉老师为本书作序！衷心感谢赵晓琳、王谦同志从各方面给予我的大力帮助！衷心感谢武汉中共中央机关旧址纪念馆原负责人袁刚同志和现任党支部书记、馆长袁亚妮同志及徐冰娜同志的大力支持！衷心感谢当时抽调中共中央机关旧址纪念馆工作的八七会议会址纪念馆现任副馆长赵丽同志为本书提供大量资料！衷心感谢我的家人在我撰写本书时乃至几十年来，在生活上给予我的无微不至关怀，在事业上给予我的全力以赴支持!

由于时间紧迫和资料限制，加之作者能力水平所限，本书仍存诸多遗憾，尚祁方家及读者朋友不吝赐正。

方　城

2024年1月于武昌水果湖